杨艳春　方章东◇编著

中国特色社会主义理论与实践研究

ZHONGGUO TESE SHEHUIZHUYI LILUN YU SHIJIAN YANJIU

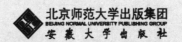

安徽大学出版社

图书在版编目(CIP)数据

中国特色社会主义理论与实践研究/杨艳春,方章东编著. —合肥:安徽大学出版社,2018.11
ISBN 978-7-5664-1692-6

Ⅰ.①中… Ⅱ.①杨… ②方… Ⅲ.①中国特色社会主义－研究 Ⅳ.①D616

中国版本图书馆 CIP 数据核字(2018)第 178993 号

中国特色社会主义理论与实践研究　　杨艳春　方章东　编著

出版发行：北京师范大学出版集团
　　　　　安 徽 大 学 出 版 社
　　　　　(安徽省合肥市肥西路 3 号 邮编 230039)
　　　　　www.bnupg.com.cn
　　　　　www.ahupress.com.cn
印　　刷：合肥远东印务有限责任公司
经　　销：全国新华书店
开　　本：170mm×240mm
印　　张：12.75
字　　数：200 千字
版　　次：2018 年 11 月第 1 版
印　　次：2018 年 11 月第 1 次印刷
定　　价：39.00 元
ISBN 978-7-5664-1692-6

策划编辑:姜　萍　　　　　　　　　　装帧设计:李军
责任编辑:姜　萍　　　　　　　　　　美术编辑:李军
责任印制:陈　如

版权所有　　侵权必究

反盗版、侵权举报电话:0551－65106311
外埠邮购电话:0551－65107716
本书如有印装质量问题,请与印制管理部联系调换。
印制管理部电话:0551－65106311

本书是以下基金项目的研究成果(排名不分先后)：

南昌工程学院研究生教育质量工程项目：中国特色社会主义理论与实践专题研究

南昌大学江西省高校人文社科研究基地招标项目：价值观教育的人学理论研究

江西省教育厅研究生教改项目：以四大平台建设提升研究生政治课实效性研究

江西省教育厅研究生教改项目：研究生思想政治理论课教学的生态性研究

闽江学院闽都学者专项项目：中国特色社会主义理论体系的发展理路研究

南昌工程学院教改项目：社会主义核心价值观嵌入思政课教育教学研究

安徽农业大学研究生教育创新计划项目：中国特色社会主义理论与实践研究(2016yjsjpk001)

目　录

专题一　社会主义曲折发展的哲学反思

一、正确认识和处理社会主义革命主题与建设主题……………… 2
二、准确把握马克思关于社会主义的理论设想同现实的反差………… 4
三、深化共产党执政规律研究,不断提高党的领导水平和执政能力 … 6

专题二　马克思主义科学性和意识形态性的当代价值

一、马克思主义的主要特征 ……………………………… 12
二、马克思主义的科学性和意识形态性 ………………………… 17
三、马克思主义科学性与意识形态性的当代价值 ……………… 22

专题三 增强马克思主义思想和价值引领应加强方法论教育

一、加强方法论教育是增强马克思主义战斗力和说服力的内在要求 …… 27
二、只有坚持马克思主义方法论才能促进马克思主义不断发展 …… 30
三、马克思主义对指导哲学社会科学研究的方法论意义 …… 32
四、坚持以马克思主义指导社会科学研究,推进中国特色社会主义建设 …… 38

专题四 毛泽东对建设中国特色社会主义的艰辛探索

一、毛泽东在创建中国特色社会主义基本政治制度中发展马克思主义 …… 46
二、毛泽东在构建中国特色社会主义基本经济制度中发展马克思主义 …… 55
三、中国特色社会主义建设在探索中的曲折前进 …… 60

专题五 解放思想与实事求是的矛盾辩证法

一、重新恢复和确立党的实事求是的思想路线,吹响改革开放的新号角 …… 67
二、回答了"什么是社会主义,怎样建设社会主义"历史性课题 …… 69
三、初步形成了系统的建设中国特色社会主义理论 …… 73
四、把握解放思想与实事求是的矛盾辩证法,促进中国特色社会主义科学发展 …… 77

专题六 "三个代表"重要思想对中国共产党执政理念的丰富与发展

一、"三个代表"重要思想:当代中国马克思主义发展的新战略 ……… 87
二、"三个代表"重要思想对中国特色社会主义理论体系的丰富与
　　发展 ………………………………………………………………… 93
三、"三个代表"重要思想对中国共产党执政合法性的提升 ………… 99

专题七 科学发展观的马克思主义哲学观照

一、科学发展观是以实践为基础的发展观,体现实践与认识的
　　辩证法 …………………………………………………………… 110
二、科学发展观是全面、系统的发展观,丰富了唯物辩证法的系统性、整
　　体性思想 ………………………………………………………… 112
三、科学发展观是可持续发展观,体现人与自然和谐发展的辩证
　　统一 ……………………………………………………………… 114
四、科学发展观是"以人为本"的发展观,充实了马克思主义人的全面
　　发展思想 ………………………………………………………… 115
五、科学发展观是关于社会和谐发展的发展观,继承和发展了唯物
　　史观 ……………………………………………………………… 116

专题八 习近平新时代中国特色社会主义思想

一、习近平新时代中国特色社会主义思想产生的时代背景 ………… 120
二、习近平新时代中国特色社会主义思想确立的发展目标和
　　发展战略 ………………………………………………………… 123
三、习近平新时代中国特色社会主义思想的精神实质 ……………… 126
四、新时代坚持和发展中国特色社会主义的基本方略 ……………… 127
五、习近平新时代中国特色社会主义思想的历史地位 ……………… 133

专题九　党的群众路线和思想路线的互动品质

一、关于党的群众路线 …………………………………………… 136
二、关于党的思想路线 …………………………………………… 140
三、党的群众路线与思想路线的辩证法 ………………………… 143

专题十　坚持"三严三实"，培育共产主义理想信念

一、"三严三实"是树立党员意识，培育共产主义理想信念的
　　基本要求 ……………………………………………………… 148
二、共产主义是社会发展的必然趋势，理应成为党员干部的
　　社会理想 ……………………………………………………… 151
三、在建设中国特色社会主义进程中为实现共产主义而奋斗 …… 154

专题十一　价值观教育的马克思主义人学理路

一、社会主义核心价值观教育应该以马克思人的本质观为基本
　　理论依据 ……………………………………………………… 160
二、以马克思人的本质观为指导，加强和改进社会主义核心价值观
　　教育 …………………………………………………………… 162

专题十二　把握"四个全面"战略布局的哲学底蕴，提升"两学一做"自觉性和实效性

一、深刻领会把握"四个全面"战略布局的马克思主义哲学底蕴 …… 169
二、深入学习运用习近平总书记系列重要讲话贯穿的马克思主义基本立
　　场、观点、方法 ……………………………………………… 174

主要参考文献 …………………………………………………… 189

后　　记 ………………………………………………………… 191

专题一
社会主义曲折发展的哲学反思

【导读】 社会主义的三次飞跃,特别是20世纪的曲折发展告诉我们,影响社会主义事业兴衰成败的主要因素有三个:一是怎样认识社会主义?二是怎样对待马克思主义?三是怎样搞好执政的共产党的建设?这三方面因素实质上是三位一体的,其中,马克思主义是指导思想,社会主义现代化建设是实践目标,党的建设是关键,不坚持加强和改进党的领导,就谈不上坚持和发展马克思主义、坚持和发展社会主义,中国改革开放的成功和苏联东欧社会主义改革的失败充分证明了这一点。为此,本章着力从科学认识社会主义革命主题与建设主题,马克思关于社会主义的理论设想同现实的反差,深化共产党执政规律研究、不断提高党的领导水平和执政能力等方面作出分析。

世界社会主义经历了从空想到科学、从理论到实践、从一国到多国的三次历史性飞跃,特别是20世纪的曲折发展,需要我们认真反思社会主义运动的成败得失。可以说社会主义运动理论与实践的摸索是20世纪世界重大的历史事件,在十月革命胜利100周年之际,我们更应该从哲学高度反思社会主义从理论到实践100年的建设经验,认真总结苏联解体、东欧剧变的历史教训,深化我们对共产党执政规律、社会主义建设规律和人类社会发展规律的认识。这对于中国共产党自觉加强和改进党的建设,坚持党要管党,全面从严治党,坚持走中国特色社会主义道路,科学分析世界社会主义运动的前景和发展规律有重大理论和实践意义。

总结社会主义曲折发展的经验表明:影响社会主义事业兴衰成败的主要因素有三个:一是怎样认识社会主义?二是怎样对待马克思主义?三是怎样搞好执政的共产党的建设?这三方面因素实质上是三位一体的,其中,马克思主义是指导思想,社会主义现代化建设是实践目标,党的建设是关键,不坚持加强和改进党的领导,就谈不上坚持和发展马克思主义、坚持和发展社会主义,中国改革开放的成功和苏东社会主义改革的失败充分证明了这一点。

一、正确认识和处理社会主义革命主题与建设主题

世界社会主义运动的曲折发展不仅有实践背景因素,也存在理论层面的争论。应该说,从马克思、恩格斯到列宁、毛泽东,马克思主义的革命领袖们已经创立了占主导地位的、较为系统、成熟务实的无产阶级革命理论,这是俄国十月革命和中国新民主主义革命之所以能够取得胜利的指导思想和理论武器。但是,由于历史条件的限制,过去关于世界社会主义运动的建设理论还是零散的、不太成熟的,甚至有许多理想化的设想成分。再加上目前新形势下世界社会主义运动已经发生着深刻变革,这样,在无产阶级政党夺取政权后,如何提高领导水平和执政能力,加快社会主义现代化建设,健全和完善社会主义制度,巩固社会主义运动成果,就是共产党执政过程中迫切需要解决的理论和实践课题。共产党执政应坚持马克思主义的基本立场、原则和方法,而不局限于其具体的理论观点,我们不能教条式地把马克思主义创始人分析革命问题得出的理论观点无原则地应用于社会主义运动,特别是现代化建设。相反,只有把握马克思主义实事求是的精髓和与时俱进的理论品质,才能在社会主义建设的伟大实践中不断发展马克思主义。这就要以马克思主义为指导,正确区分社会主义革命主题和建设主题,主题转换应以无产阶级是否夺取政权取得革命胜利为依据。这是深刻总结世界社会主义运动史上的经验教训而得出的一个基本结论。

马克思主义是共产党领导社会主义革命和建设的根本指导思想,马克思

主义基本原理和方法可以用来指导革命,也可以用来指导建设,但这种指导主要是方法论的指导。从国际共产主义运动发展史看,由于时代使命的需要,马克思、恩格斯创立的马克思主义主要侧重于革命,但也包含社会主义建设的指导思想。列宁后的社会主义,则主要侧重于如何建设社会主义,但由于没有搞清楚"什么是社会主义,怎样建设社会主义"的理论难题,因而没有解决如何更好地发挥马克思主义在社会主义建设中的指导作用。过去,在如何夺取和巩固社会主义政权方面,我们主要强调的是马克思主义的批判性和革命性,主要武器是唯物史观,特别是社会基本矛盾和阶级斗争理论,采取的主要方法是阶级斗争;现在,则主要是通过改革、开放的方法来建设社会主义,为了搞好建设,我们就不应把侧重点放在阶级斗争上。因此,今天要着重研究社会主义运动中的建设主题,发挥马克思主义的建设功能,全面推进社会主义建设。在当下中国,我们要按照"四个全面"战略布局,在新的历史条件下明确党的历史使命,全面推进中国特色社会主义理论体系与实践路径建设。

马克思、恩格斯在分析和解决资本主义主要矛盾时,系统阐述了生产力与生产关系、经济基础与上层建筑矛盾运动的规律和社会有机体思想,主张无产阶级革命主要应通过阶级斗争、阶级分析的方法来超越资本主义,实现无产阶级专政,这有其历史合理性;但传统社会主义国家把阶级斗争、阶级分析的方法泛化、绝对化,在社会主义建设中将阶级斗争扩大化,这是对马克思主义的误解。唯物史观的社会基本矛盾规律对社会主义建设同样有指导意义,我们不能因此忽视其本身包含着的建设主题;相反,我们对于唯物史观、社会基本矛盾,应从解放和发展生产力,加快社会主义建设的角度来深入研究。马克思认为生产力是推动社会发展的决定力量,也是社会主义最终战胜资本主义的物质保证,无产阶级革命胜利后的首要任务就是尽可能地大力发展生产力。过去,我们在这方面走向两个极端:一方面是急于求成,不按经济规律办事,结果犯了"大跃进"式的严重错误;另一方面是过分强调生产关系和意识形态的作用,通过"抓革命、促生产"的方式来发展生产力,结果不但不能促进生产力的发展,反而导致"文化大革命",导致批判唯生产力论,严重破坏了生产力的发展。这些都是违背生产力发展规律的,反思这些深刻教训,我们更应该树立按经济规律办事、按社会发展客观规律办事的思想,全面、系统地理解马克思主义的生产力理论,树立科学发展观,坚持"两学一做",一心一意搞建设,促进人与自然、经济与社会的协调发展。

二、准确把握马克思关于社会主义的理论设想同现实的反差

正确认识社会主义的革命主题与建设主题,还必须认清马克思关于社会主义运动基本特征的理论及其与现实的反差,坚持从实际出发来建设社会主义,反对把马克思主义教条化,反对把马克思关于社会主义的理论设想与现实社会主义混同,正确认识我国社会主义所处的历史阶段,这是我们制定正确的路线、方针、政策的出发点。

社会主义特征是反映社会主义本质的显著特点和区别于其他社会形态的重要标志,是对社会主义本质不同侧面的体现。马克思通过对资本主义内在矛盾的分析,从理论上论证了社会主义战胜资本主义的必然性,揭示社会主义是资本主义走向共产主义的过渡阶段。作为一个严谨的社会科学家,马克思不但不愿对"什么是社会主义,怎样建设社会主义"作具体阐述,而且认为未来社会主义的人们在这点上比我们更聪明;只是针对一些人对未来社会主义的曲解给予批判时,马克思在《哥达纲领批判》等著作中提出了关于共产主义初级阶段即社会主义的主要设想,揭示了社会主义的主要特征:(1)实行生产资料公有制,消灭剥削制度;(2)实行按劳分配原则;(3)高度发达的生产力和比资本主义更高的劳动生产率;(4)工人阶级和劳动人民掌握政权,建立社会主义民主制度;(5)以马克思主义为指导,发展社会主义经济、政治、文化和社会事业等。

马克思关于社会主义的理论设想同现实社会主义存在巨大的反差:首先,二者赖以建立的物质基础不同。马克思设想的社会主义社会是以社会化大生产和商品经济充分发展为前提,而现实社会主义都是从农业经济过渡而来的。其次,革命起点不同。马克思、恩格斯在提出科学社会主义理论以前,设想社会主义革命的起点是发达资本主义,其公式是:法国人开始,德国人继续,英国人完成。而现实社会主义革命的起点是资本主义较不发达的、曾是"封建、军事、帝国主义"的俄国,甚至曾是资本主义更不发达的"半殖民地半封建"的旧中国,这两个国家走上社会主义道路之后,其内部的一些处于封建农奴制、奴隶占有制,甚至原始公社制的少数民族地区是在党和国家的大力帮助下,跨越其他社会发展阶段而进入社会主义行列的。再次,历史时期不同。马克思、恩格斯设想的社会主义是在资本主义已走向衰亡的条件下建立的,而现实社会主义大多是在殖民地、半殖民地、封建、半封建社会历史时期建立起来的,这些国家的资本主义不是已经走向衰亡,而是根本就没有获得较充分的发展,这恰恰成为它们建设和发展社会主义的障碍。最后,外部环境不同。马克思、恩格斯设想社会主义的建立是通过世界性革命,在一些发达资本主义国家先建立;而现实社会主义往往在较为贫穷、落后的国家先建立。当前,发达资本主义国家仍处于由盛而衰的时期,社会主义发展的外部环境极其恶劣。

厘清马克思关于社会主义的设想同现实的反差有十分重大的理论和实践意义:首先,有助于我们正确认识马克思主义的世界社会主义运动观,防止在认识和实践中把马克思对社会主义的设想与现实社会主义混同,防止把社会主义的基本特征与社会主义本质混同,防止把社会主义基本制度与具体制度混同。十月革命胜利和苏联东欧社会主义失败的经验教训反复证明:什么时候我们实事求是、与时俱进地坚持和发展了马克思主义,社会主义革命和建设就能够成功;相反,什么时候我们教条主义地对待马克思主义,社会主义革命和建设就要遭受重大挫折甚至失败。苏联东欧社会主义失败可以说是教条主义得的病,官僚主义送的命,外部和平演变催的命。其次,有助于我们从本国实际出发,认清本国的社会发展阶段,并根据此来确立正确的路线、方针、政策。既要防止急于求成的极"左"行为,又要防止在社会主义建设受到挫折时,悲观失望、丧失社会主义信念,甚至像苏联东欧共产党那样最终放弃社会主义。再次,有助于我们正确认识和处理国际关系,寻找战胜资本主义的新思路,增强走中国特色社会主义道路的自觉性和自信心。现实社会主义是在较为贫穷落后的国家首先建立,发达资本主义国家仍处于"盛世",社会主义与资本主义的竞争和斗争将长期存在,社会主义建设的外部环境恶劣,资本主义与社会主义的斗争和竞争,过去是通过战争和意识形态强化起主要作用;而在和平、发展与合作成为主题的时代,只有在和平竞争中谁取胜谁就能更好体现优越性。因此,和平发展与和平演变是长期存在的同一问题的两个方面,这就要求我们始终保持清醒的头脑,在和平共处与反对和平演变中,认真分析和解决国内、国际问题,在执政过程中不犯路线、方针、政策上的重大错误,抓住机遇,努力发展和壮大自己,在与资本主义的和平竞争中争取主动权。苏东剧变、华盛顿共识破产、北京共识逐渐形成都从不同视角证明我们走中国特色社会主义道路的正确性。最后,有助于我们把远大理想与现实目标有机结合起来,既要有战胜资本主义、实现共产主义的必胜信念,更要脚踏实地地建设社会主义。在建设社会主义过程中,不断解放和发展生产力,健全和完善社会主义制度,更好地发挥社会主义制度的优越性。

三、深化共产党执政规律研究,不断提高党的领导水平和执政能力

厘清社会主义革命主题与建设主题、社会主义的理论设想与现实反差的辩证关系,中国共产党就应该根据时代要求和实践主题的转换,深化共产党执政规律研究,全面从严治党,不断提高党的领导水平和执政能力。为此就要正确认识和区分领导党与执政党的辩证关系,正确定位党的身份和进行党的角色转换,科学把握党的历史方位,在完成新的历史使命中,根据领导党与执政党的不同要求,有针对性地不断提高党的领导水平和执政能力,落实"四个全面"战略布局,科学推进中国特色社会主义现代化建设,与时俱进地丰富和发展马克思主义。

第一,正确认识和区分领导党与执政党的必要性。在社会主义国家,共产党既是领导党又是执政党,二者不可分割。这是社会主义国家与资本主义国家政党制度的一个重大差别,苏联、东欧共产党正是因党的领导地位被削弱而最终丧失了执政合法性,这给我们留下了深刻的经验教训。正因如此,我们强调巩固中国共产党的执政地位就要不断提高党的领导水平和执政能力,增强党的执政合法性。

我国实行的是中国共产党领导的多党合作与政治协商制度。尽管这与苏联的政党制度存在一定差别,但也容易产生一党执政的弊端和不足,解决这个问题的办法首先就是要在党内健全分权、制约机制,认清中国共产党既是领导党又是执政党的双重身份,只有不断改进和完善党的领导,全面从严治党,才能提高党的领导水平和执政能力,增强党的执政合法性。认识和把握这一特点十分重要,我们既要看到二者的统一性,又要看到它们的区别,中国共产党自身存在的双重身份,处理得好,将大大有助于改善党的领导和提高执政水平;处理得不好,则可能削弱党的领导,形成党政不分、失去对党的监督等弊端,甚至可能危及党和国家的前途和命运。因此,应该引起高度

重视。

第二,作为领导党与作为执政党有不同的特点。中国共产党不是自它诞生之日起就具有这"双重"身份,而是经历了一个历史发展过程。在新民主主义革命中,中国共产党是作为这一革命的领导者,通过其正确的路线与政策,在全国范围内发挥其指引作用,但那时党并未在全国范围内执政。也就是说,它只是革命的领导党而非执政党。中华人民共和国成立后,共产党成为领导全国政权的执政党;同时又是领导全国人民群众、领导整个社会主义事业的核心力量。既是领导党,又是执政党,一身二任。虽是一身二任,但只有认清"二任"在权力的性质、来源、范围上有所不同,才能克服党政不分的弊端。

首先是领导权与执政权的权能不同。党的领导权是一种政治权威,而非国家权力。其特点是进行政治上、思想上的指导,可以进行方针政策的指导与号召,以其政治权威使人信从,但不能以党的强制力直接指挥、命令政府机关与全体人民服从党的决定。执政权则是一种国家权力,其特点是具有国家强制力,权力相对方一般必须遵从。当然,国家机关的党组与党委,也不能直接行使国家权力,而只能通过"执政者"去做。

其次是领导权与执政权的来源不同。党的领导权威,主要是靠它所倡导的政治理想和马克思主义的思想吸引力,它的治国纲领、路线、政策所正确体现的人民意志与利益的政治引导力,它的组织与党员干部全心全意为人民服务和为人民利益牺牲奋斗的精神感召力,而赢得人民群众的拥戴,并为宪法所确认。这是其领导权的合法性与合理性的根据。作为执政的党组织与党员干部,他们所掌握与行使的国家权力是由人民经过法定程序所授予,即通过人民的直接或间接选举,当选后才能"执政",才取得组成政府、行使权力的合法资格。其执政权的合法性是要经过法定程序确认后才具有的。

最后是领导权与执政权的范围不同。作为执政党,其"执政"的权力范围,主要限于政权工作,通过人大与政府工作,包括行政、司法、军事工作等。而领导党则不仅限于在政治上领导政权与政府工作,而且领导人民群众、各民主党派、各人民团体、各企事业单位以及整个社会主义事业,其中还包括领导全党全国人民群众去监督政府。因此,其领导权威影响所及范围,包括国家政治活动与全部社会生活,要比作为执政党的权力范围宽广得多。这也是中国共产党不同于资本主义国家的资产阶级政党的一个重要特点,后者主要是限于争夺政治权力,限于"执政",其政党活动也带有季节性而非常态性,即只着重在竞选时期。它不"领导一切",对社会一般也不起领导作用;它们经常联系不同阶层,不同利益群体并反映其意志与利益的是一些社会"利益集团"或"压力集团",如企业家集团、工会、人权组织等类组织。

第三,作为领导党与作为执政党所起的作用不同。厘清中国共产党这双重身份的区别,就可以进一步把握这不同身份在法治国家中的不同地位与作用,进一步加强党的领导,改进执政方式,不断提高党的领导水平和执政能力。

首先,"以法治国"与"依法治国"不同。领导党在法治国家中的领导作用,主要是实行"以法治国"的治国方略,即将自己的政治主张,通过法定程序,通过人民权力机关——人民代表大会,制定为法律,运用法律手段来管理国家、管理社会事务,来授予并制约政府的权力。执政党(执政的党组织与党员干部)要保证作为领导党的"以法治国"方略的实现,即通过党在人民代表大会中的党组与党员,将党的主张依法定程序转化为国家意志,制定为法律。同时,执政的党组织与党员干部,主要是实行"依法治国",即支持与保证政府依法行政、依法司法以及依法治军等,执政的党组织与党员干部自身必须"在宪法和法律的范围内活动"并起表率作用。

其次,政治领导与政治权力不同。领导党的领导主要是对国家事务进行思想政治上的总的领导,即制定治国的路线、方针、政策,而不去具体干预与包办政府的工作。执政的党组织与党员干部则主要是运用国家授予政府的政治权力去"执政",具体保证国家宪法和法律、法规的实施,实现党对国家事务的领导。

再次,监督与被监督不同。执政党不但要接受人民群众的监督,而且要接受领导党的监督。领导党不但要通过党的系统去监督执政的党组织与党员干部,而且要自觉领导全体人民群众特别是各民主党派和各人民团体,去监督执政的党组织与党员干部。1957年,党中央曾经提出过建立"党委领导下的群众监督制",其目的也在于此。这样由党领导人民群众来监督执政党,是党内外监督的有机结合,这样也才能加强党的监督与人民群众监督的力度和效果。因此,在这个意义上,领导党同人民一道,主要是监督的主体;执政党则主要是监督的客体或对象。当然,领导党也要进行自我监督和接受人民群众的监督。作为执政的党组织与党员干部也要监督其所属的有关党组织、党员和国家机关、其他非党官员。

最后,对党负责与对人民负责在根本上是一致的,但在具体条件下又有差别。

中国共产党作为领导党与作为执政党区分的一个最明显特例,是体现于党对香港特别行政区的领导方略。就中华人民共和国包括香港特别行政区在内作为一个整体而言,党在全国既是领导党,又是执政党。但单就香港特别行政区而言,党的领导主要体现在提出"一国两制"的方针;通过领导政府同英国谈判发表《中英联合声明》,在香港恢复行使主权;通过全国人民代表大会制定《中华人民共和国香港特别行政区基本法》(以下简称《香港特别行政区基本法》),并通过政府颁布各项政策,支持和保证实行"港人治港""高度自治"。至于香港特别行政区政府,则完全由港人选出的本地人士组成,该政府依据《香港特别行政区基本法》和香港的法律治理香港,中国共产党和中央政府不加干预。这样,党在全国是领导党,而在香港却不直接去执政(除有关外交与国防事务外),那里不是由中国共产党的干部组成政府执政,而是由港人执政、港人治港。在澳门特别行政区也是如此,将来大陆与台湾实现和平统一后,也将在台湾实行相同原则。

当然,上面所列的领导党与执政党的区别,只是相对而言,不可绝对分开。就共产党作为一个整体而言,必须坚持党的统一性,坚持在全国范围内党的领导与党执政的一致性。这表现在:党的政治领导是党执政的实质内容与依靠,党执政则是实现党的领导的一种主要途径。就全国而言,党一身二任,既是领导党,又是执政党,是不可分割的整体。但如果只看到或强调这一主要方面,而忽略或不重视它们在权能、地位和作用上有相区别的一面,就容易导致党政不分、以党代政;导致党内行政化倾向,包办代替政府的工作,而忽略甚至忘记作为领导党的更广泛、更重要的使命与职责,造成"党不管党";导致人们将执政的党组织和党员干部的错误,都归于整个共产党领导的错误;导致党不能以领导者身份,处于比执政党更高、更客观、超脱的地位,去监督执政的党组织与党员干部,而把他们的错误只当成"党内问题",以党的得失、同志的情面去姑息犯错误或违法犯罪的"执政"的党员干部,以"家法"(党纪)代国法。这是导致长期党政不分的一个重要原因。总之,领导党如果没有这种全面的领导意识,而放弃领导与监督的职责,只要执政者腐败无能,就有可能丧失其执政地位,最后也丧失其作为领导党的作用。苏联和东欧国家的共产党失去执政地位,就是惨痛的教训。

认清作为领导党与作为执政党的区别和联系,我们就要增强作为领导党的领导意识和作为执政党的执政意识,不断提高党的领导水平和执政能力(二者也是对立统一的辩证关系),充分发挥中国共产党既领导又执政的"一身二任"的优点,领导人民群众建设好中国特色社会主义。

现在在某些党组织和党员干部中,执政意识较强,而领导意识较弱;掌权意识较强,而治党的意识较弱。前者也多限于掌权和用权意识强,而加强方针政策、政治思想上的领导和依法用权、接受监督的意识较弱,淡忘了我们党作为领导党所肩负的使命与职责。而要当好执政党,首先要当好领导党,加强和改善党的领导,加强领导意识。这就更加要求中国共产党以法治国,扩大党内民主,健全党内权力制约机制;坚持党的集体领导,克服党内行政化倾向,实行"以党治党",进一步健全、完善党内的分权制衡机制,以改革创新精神全面推进党的建设。因此,我们既要努力提高党的执政能力,扩大民主,厉行法治;又要坚持加强和改善党的领导,全面从严治党,担负起领导责任,提高党的领导水平。二者不可偏废。

总之,社会主义事业百年曲折发展值得总结的经验教训很多,我们不仅要对十月革命胜利与苏联东欧社会主义成败得失原因和经验教训进行科学分析,而且要从马克思主义哲学高度,来深入研究共产党执政规律、社会主义建设规律乃至人类社会发展一般规律,推进中国特色社会主义伟大事业全面发展。其实,在社会主义条件下这三者也是有机统一的,其中,马克思主义是三者统一的理论基础,共产党的领导是三者统一的政治基础,社会主义建设是三者统一的实践基础。中国共产党只有始终坚持和发展马克思主义、坚持和发展中国特色社会主义、坚持加强和改进党的领导,不断提高党的领导水平和执政能力,才能在与资本主义的竞争中充分发挥社会主义制度的优越性,抵制资本主义的"和平演变",乃至最终战胜资本主义,在全面推进中国特色社会主义现代化建设的伟大进程中实现共产主义的远大理想。

经典阅读

1. 马克思、恩格斯:《共产党宣言》,《马克思恩格斯选集》(第 1 卷),北京:人民出版社,1995 年。

2. 恩格斯:《在马克思墓前的讲话》,《马克思恩格斯选集》(第 3 卷),北京:人民出版社,1995 年。

3. 列宁:《卡尔·马克思》,《列宁选集》(第 2 卷),北京:人民出版社,1995 年。

4. 毛泽东:《毛泽东文集》(第 8 卷),北京:人民出版社,1999 年。

5. 邓小平:《邓小平文选》(第 1 卷),北京:人民出版社,1994 年。

专题二
马克思主义科学性和意识形态性的当代价值

【导读】 实践基础上的科学性和革命性的有机统一是马克思主义最鲜明的特征,也是社会主义国家为什么要在意识形态上把马克思主义作为指导思想的主要理论依据。面对新形势下资产阶级在意识形态方面的进攻,社会主义国家要增强意识形态合法性,就要深入挖掘马克思思想的科学性和意识形态性的科学内涵及其现实意义,牢牢把握马克思主义话语权,批判资产阶级意识形态的虚假性、颠倒性和欺骗性。

马克思主义作为社会主义国家的根本指导思想,不仅在于马克思主义的意识形态性,更在于它的科学性。科学性与革命性的有机统一是马克思主义意识形态的主要特征。

一、马克思主义的主要特征

马克思主义从产生到发展,表现出强大的生命力,这种强大生命力的根源在于它的丰富内容体现了科学性与意识形态性的统一。

1. 马克思主义最根本的理论特征

辩证唯物主义与历史唯物主义的有机统一是马克思主义最根本的理论特征,决定了马克思主义既是指导社会科学研究最科学的方法论,又是社会主义国家的根本指导思想。

首先,辩证唯物主义和历史唯物主义是无产阶级的世界观与方法论。作为世界观,辩证唯物主义和历史唯物主义提供了以自然科学和社会科学为依据的、关于整个物质世界的科学图景,从根本上揭示了客观世界的本来面貌;作为科学的方法论,辩证唯物主义和历史唯物主义与革命实践以及各门科学紧密联系,给予无产阶级认识世界和改造世界锐利的思想武器。辩证唯物主义和历史唯物主义之所以成为无产阶级的世界观和方法论,因为它是完备深刻的学说。正如列宁指出:"马克思的哲学是完备的哲学唯物主义,它把伟大的认识工具给了人类,特别是给了工人阶级。"[①]

其次,辩证唯物主义和历史唯物主义也是马克思主义理论的思想基础。彻底而完备的唯物主义哲学的建立,为马克思主义整个理论体系提供了坚实的思想基础,这是马克思主义哲学创立的意义所在。如果没有历史唯物主义,便不可能有真正的社会科学,所以列宁将其称为"科学思想中的最大成果"[②]。马克思、恩格斯运用唯物史观的基本原理,着重研究资本主义社会,研究资本主义经济发展的规律,形成了科学的剩余价值学说,揭露了资本主义剥削的秘密,论证了社会化大生产与资本主义私有制的矛盾,得出资本主义必然灭亡、社会主义必然胜利的结论。在此基础上,马克思、恩格斯又运用辩证唯物主义与历史唯物主义的基本原理,指明了无产阶级的历史使命,主张无产阶级要建立自己的政党,并夺取政权,实现无产阶级专政,指明社会发展的前进方向,使社会主义建立在科学的基础上,从而创建了科学社会主义理论。因此,从马克思、恩格斯两个伟大发现,到研究资本主义经济发展规律,以及对空想社会主义的批判吸收,无产阶级革命和社会主义理论的建立,都是以马克思主义哲学为基础的。

2. 马克思主义最鲜明的政治立场

马克思主义政党的一切理论和实践的宗旨就是致力于实现最广大人民

---

① 列宁:《列宁选集》(第2卷),北京:人民出版社,1995年,第311页。
② 列宁:《列宁选集》(第2卷),北京:人民出版社,1995年,第311页。

的根本利益,这是马克思主义最鲜明的政治立场。

首先,这是由马克思主义理论的本性决定的。马克思主义是在广大的无产阶级革命实践中产生、发展起来的,是无产阶级根本利益的科学表现。鲜明的阶级性是马克思主义的根本特性。马克思说过:"哲学把无产阶级当作自己的物质武器,同样,无产阶级也把哲学当作自己的精神武器。"[①]马克思主义第一次阐明了现代无产阶级是推翻资本主义、建立社会主义的社会力量,是革命最彻底最有前途的阶级。它使无产阶级第一次意识到自己的历史地位与作用,从而使无产阶级由自在阶级发展为自为阶级,自觉组织起来为人类的解放而奋斗。从这样的意义上讲,马克思主义就是无产阶级立场在其斗争中的理论表现,是无产阶级解放条件的理论概括。

其次,这是由无产阶级的历史使命决定的。马克思对无产阶级的历史使命曾作了具体的阐述。他指出,无产阶级是一个被戴上锁链的阶级,无产阶级没有任何私利可图,无产阶级革命和自身的解放同社会发展的规律、人类的彻底解放的必然趋势是完全一致的,无产阶级只有解放全人类,才能最后解放自己。

再次,是否始终站在最广大人民的立场上,是唯物史观和唯心史观的分水岭,也是判断马克思主义政党的试金石。"历史活动是群众的事业",决定历史的是"行动着的群众"。马克思主义第一次科学系统地阐明了人民群众在社会历史发展中的作用问题,认为人民群众是历史的创造者,人民群众的利益、意志、愿望和要求从根本上体现了社会发展的方向。而无产阶级革命运动顺应了人民群众的基本愿望和要求,也就是顺应了历史发展的潮流。马克思主义政党的一切理论和奋斗都应致力于实现最广大人民的根本利益,这是马克思主义最鲜明的政治立场,也是马克思主义政党先进性的重要体现。

3. 马克思主义最重要的理论品质

坚持一切从实际出发,理论联系实际,实事求是,在实践中检验真理和发展真理,是马克思主义最重要的理论品质。

首先,实事求是、与时俱进是马克思主义理论的本质要求。马克思主义本身就来源于实践,接受实践的检验,在实践中发展。同时,它一经产生,又

---

① 马克思、恩格斯:《马克思恩格斯选集》(第1卷),北京:人民出版社,2012年,第16页。

指导实践,化为改造世界的物质力量。实践性是马克思主义理论的根本特征。马克思主义经典作家从不认为他们的理论是一成不变的,而总是要求根据实践的发展和时代的变化丰富发展他们的学说。马克思主义理论诞生后,马克思、恩格斯一直都是着眼实际,着眼历史条件的变化,以实事求是的科学态度对待自己创立的理论。早在1872年《共产党宣言》德文版序言中,马克思、恩格斯就指出:"这些原理的实际运用,正如《宣言》中所说的,随时随地都要以当时的历史条件为转移。"[1]马克思主义与时俱进的理论品质告诉我们,如果不顾历史条件和现实情况的变化,拘泥于马克思主义经典作家在特定历史条件下、针对具体情况作出的某些个别论断和具体行动纲领,就会因为思想脱离实际而不能顺利前进,甚至发生失误。所以,坚持一切从实际出发,实事求是,在实践中检验真理和发展真理,这是人类认识发展规律的基本要求。从这个意义上讲,与时俱进首先要把握规律性。

其次,富于创造性,是马克思主义与时俱进品质的生动体现。马克思主义强调不但要解释世界,而且要革命地改造世界。马克思、恩格斯指出:"对实践的唯物主义者即共产主义者来说,全部问题都在于使现存世界革命化,实际地反对并改变现存的事物。"马克思主义坚持革命的辩证法,反对把一切事物看作凝固不变的形而上学的观点,把辩证法作为批判一切旧理论、旧观念的锐利革命武器;强调辩证法不崇拜任何东西,按其本质来说,它是批判的和革命的。马克思主义的批判性、意识形态性不仅表现为对旧事物、旧制度的批判,而且表现为根据变化了的情况对自己的学说进行不断发展和完善。马克思主义既坚持科学的世界观与方法论,同各种形形色色的反马克思主义的观点作斗争,同时又顺应时代潮流和人民的需要,依据实践的发展和科学的进步,不断丰富和发展自己的理论。

再次,这种与时俱进的理论品质,是170年来马克思主义始终保持蓬勃生命力的关键所在。一部马克思主义发展史,就是一部与时俱进、不断创新的历史。马克思主义之所以能够历经不衰,永葆青春和活力,其根本原因就在于它具有与时俱进的理论品质。马克思主义是时代的产物,是时代的精华,具有鲜明的时代性,这就要求它必须随着时代和历史条件的变化而变化,

---

[1] 马克思、恩格斯:《马克思恩格斯选集》(第1卷),北京:人民出版社,1995年,第248~249页。

坚持不断创新,引领时代潮流;马克思主义具有强烈的实践性,这就决定它只有不断创新才能适应实践发展的要求,才能指导社会实践不断前进;马克思主义具有旗帜鲜明的批判性,它不承认有"任何最终的东西"和"永恒的真理",明确宣布"我们的理论是发展的理论";马克思主义具有高度的开放性,不仅是无产阶级争取自身解放的革命学说,而且是向人类文明成果开放的思想体系;马克思主义具有鲜明的阶级性,公开申明是为无产阶级利益服务的。但这个阶级性却不带有任何的宗派性。因为它谋求的不仅是解放无产阶级自己,而是解放全人类。它可以不带任何偏见去吸收人类文明的成果;马克思主义是科学,它是科学的世界观和方法论,这就要求它必须遵循科学精神,不断开拓新境界。当今世界和我们所处的时代,同过去相比发生了很多深刻的变化。无论从国际还是从国内看,我们都面临着许多新情况新问题,必须从理论和实践上作出回答并加以解决,必须与时俱进,继续丰富和发展马克思主义。如果因循守旧,停滞不前,我们就会落伍,我们党就有丧失先进性和领导资格的危险。所以要使党和国家的发展不停顿,首先理论上不能停顿,否则,一切新的发展都谈不上。理论创新,是马克思主义理论的根本要求,更是中国特色社会主义理论体系不断丰富发展的主要原因。

4. 马克思主义最崇高的社会理想

实现物质财富极大丰富、人民精神境界极大提高、每个人自由而全面发展的共产主义社会,是马克思主义最崇高的社会理想。

马克思主义产生以前,有过宗教的或世俗的救世主,但从来没有过人类解放科学理论的真正阐述者。中外历史上出现过很多关于人类解放、救世救民的思想,在中国有"大同"说、"小康"说,在西方有空想社会主义理论,当今有各种各样人道主义学派,他们都企图设计社会理想的道路,但都没有找到人类解放的切实途径。马克思、恩格斯在揭示人类社会发展一般规律的基础上,运用唯物史观分析资本主义社会发展规律,得出资本主义社会必然为更加美好的社会所代替的论断。这个更加美好的社会,马克思、恩格斯称之为共产主义社会,其第一阶段马克思称之为共产主义的"第一阶段",列宁称之为社会主义社会。对于未来社会,马克思、恩格斯曾作了科学的预测和设想,描绘了一幅共产主义社会的理想蓝图。

共产主义社会是人类有史以来最美好、最进步的社会。共产主义理想不是乌托邦,不是凭空猜测,而是建立在马克思、恩格斯对人类社会历史发展规律,特别是资本主义社会发展规律科学分析的基础之上,反映了历史发展的必然趋势。马克思主义崇高社会理想的确立,为无产阶级明确了前进方向,激励着全世界无产阶级团结起来,推翻资本主义制度,建立无产阶级专政,实现生产资料公有制,建设社会主义社会,并在此基础上,逐步过渡到共产主义社会。

实现共产主义是人类历史上最伟大的事业,但又是十分艰巨的事业。马克思主义指出,共产主义的实现是靠实践来完成的。共产主义不是脱离实际的学说,而是运动,是用实际手段来追求实际目标的最实际的运动。共产主义的实现要经历不同阶段,在不同的国家、不同的历史阶段又有代表那个阶段最广大人民利益的奋斗纲领。实现共产主义一方面要树立崇高的共产主义理想,坚定共产主义信念,为共产主义的远大理想而奋斗;另一方面要把实现共产主义的远大理想与各个不同阶段代表人民利益的奋斗目标结合起来,投身于现实的社会主义建设之中。

以上所述的四个方面,包括了马克思主义的最基本内容,体现了马克思主义的基本立场、基本观点和基本方法,是从总体上把握的马克思主义。今天,我们坚持马克思主义的基本立场、基本观点和基本方法,就是要坚持辩证唯物主义和历史唯物主义的世界观和方法论,坚持实现最广大人民的根本利益的政治立场,坚持一切从实际出发、实事求是、在实践中检验真理和发展真理的理论品质,并把握和顺应人类社会发展规律,树立为实现物质财富极大丰富、人民精神境界极大提高、每个人自由而全面发展的共产主义社会而奋斗的最崇高的社会理想。

二、马克思主义的科学性和意识形态性

马克思主义的科学性源于其彻底的实践精神和在实践基础上彻底的批判精神,它是我们认识世界和改造世界的思想武器和方法;以此为指导,马克思揭示了资产阶级意识形态的虚伪性、颠倒性、神秘性和伪批判性,形成了马克思主义的意识形态科学批判理论,成为马克思主义意识形态的生长点,是无产阶级革命的先导和社会主义制度的精神灵魂、依据。坚持科学性与意识形态性的有机统一,不仅对社会科学研究具有重要意义,而且能够为中国特

色社会主义理论与实践的不断发展提供根本指导。

1. 马克思主义的科学性

马克思主义的科学性不是一般自然科学意义上的科学性。自然科学意义上的科学性重在求真、求知，尽管人类对科学的求真、求知精神的认识是在不断变化发展的，但其核心是一方面强调其客观性、精确性；另一方面强调其价值中立性。一方面，马克思主义具有鲜明的阶级性，体现了其价值取向，其科学理论内含着无产阶级意识形态性，马克思主义的科学性强调真理的价值性；另一方面，马克思主义不是教条，而是方法论，强调具体问题具体分析，一般来说，规律具有重复性，但马克思主义不具有重复性。这是一些西方学者否定马克思主义科学性的主要依据。那么，如何理解马克思主义的科学性呢？

首先，马克思主义的科学性源于其彻底的实践精神。科学的实践观是马克思主义哲学首要的、基本的观点，马克思主义的全部理论都要付诸实践，指导实践，变为群众的行动，才能化为改造世界的物质力量。它至少包含以下几层意思：(1)社会生活本质上是实践的；(2)一切历史的冲突根源于生产力和交往形式的矛盾；(3)人民群众是实践的主体，即历史的创造者、历史活动的主体；(4)实践是检验真理的标准。马克思主义既不是伦理主义，也不是集体主义，而是实践唯物主义。正如马克思所说，以往的哲学家只是解释世界，而问题在于改造世界。解释世界算不算改造世界？改造人的思想观念是否也是改造世界？例如，文艺复兴、启蒙主义、青年黑格尔学派都是在解释世界（改造人的思想观念）中起到改造世界的作用。可见，一切真正的哲学都具有改造世界的功能。那么马克思在哪种意义上去阐述这一点的呢？马克思认为，一是以往的哲学家都是沉浸在意识形态的幻想中，把意识形态和思想观念看成是历史的起源，不去研究观念的起源和发展历史，而是从永恒的理念出发，因而不能真正理解历史。二是以往的哲学家没有把观念看成一个实践的过程，忽视了思想观念的历史选择和实践基础，不能解释观念被传播和认同的社会历史条件，因而不能找到实践思想观念的社会力量和群体，不能把二者有机结合起来。马克思认为，思想本身不能改变什么，它只有掌握群众，并在群众的实践中才能变成现实的力量。因此，真正的哲学一方面要了解具体的历史条件，具体问题具体分析，强调具体的社会历史特征和条件性；另一方面要找到实践自己思想的现实的人——历史主体,才能科学揭示自己时代的本质和规律,成为自己时代精神的精华,促进社会历史的发展和人的自由、解放与全面发展。

其次,马克思主义的科学性表现在实践基础上的彻底的批判精神。一是从变化发展中把握事物,不承认任何事物的永恒性。正如马克思所说:"辩证法在对现存事物的肯定的理解中,同时包含对现存事物的否定的理解,即对现存事物的必然灭亡的理解;辩证法对每一种既成的形式都是从不断的运动中,因而也是从它的暂时性方面去理解;辩证法不崇拜任何东西,按其本质来说,它是批判的和革命的。"① 二是从批判旧世界中发现新世界的彻底的批判精神。马克思不盲从权威和权贵,对任何重大问题都要经过理性思考。马克思主义的科学性决定着和体现其理论的前瞻性和预测性,而历史的变化具有多元性,理论的预测性不能仅仅建立在主观之上,建立在自由精神之上。黑格尔认为,哲学是对历史的思索,其保守性表现在不想超越现实,认为历史是有终点的,否则无法确定绝对真理;但黑格尔又认为绝对真理是通过对绝对精神的反思获得的,故西方的民主制度是人类历史发展的终点。同时黑格尔哲学又具有合理性,它是历史和逻辑的统一,历史是感性的、偶然的、单一的,而逻辑是理性的、必然的、多元的,历史只在过去的意义上是单一的,而在面向未来时,它是多元的、有多种可能性的。对历史的反思只能提供认识的主要依据,否则历史只是苍白的、无力的,学史不能使人变得更明智,但反思历史能够使人少犯错误,更好地把握未来。马克思像黑格尔一样,把未来看成过去历史矛盾发展的结果,是在批判旧世界中发现新世界。但马克思主义唯物史观不仅仅是反思历史,而是把社会历史看作是人类实践基础上不断生成的过程。因此,必须以实践为基础,在对现实历史的总体性批判中,特别是在对资本主义的批判性反思中,揭示社会历史发展的一般规律,为无产阶级正确认识社会历史的发展提供科学的世界观和方法论,从而更好地认识和改造世界。即"对于实践的唯物主义者,即共产主义者来说,全部问题都在于使现存世界革命化,实际地反对和改变事物的现状"②。这恰恰是马克思主义科

---

① 马克思、恩格斯:《马克思恩格斯选集》(第2卷),北京:人民出版社,2012年,第83页。
② 马克思、恩格斯:《马克思恩格斯选集》(第1卷),北京:人民出版社,1995年,第75页。

学性和意识形态性的本质所在。马克思提出的问题至今没解决,例如生产资料的私人占有与社会化大生产的矛盾。当代投资性的资本远远大于物质性的资本,加剧了资本的过剩和生产力的相对过剩所引发的社会危机,这意味着失业人口的长期绝对存在、失业率上升、人的异化问题、社会基本矛盾问题等在资本主义社会体系下是无法根本解决的。可见,马克思对资本主义的科学分析和批判总是内涵明确的意识形态,即总是在批判旧世界中发现新世界,为无产阶级革命和社会主义建设提供科学的理论指导和正确的价值指向。三是不怕自我否定的反省意识,这也是马克思主义科学性的依据。马克思主义不仅对事物、现实,而且对自己的学说也是采取批判的、革命的态度,因此,它以实践性为主,强调开放性和自我否定性。正是由于马克思对资本主义的意识形态和现实存在的深刻反思,才得出社会主义必然代替资本主义的科学结论。但他从来不把自己的学说看成绝对真理,而是要在实践中不断发展的科学。马克思主义是批判的开放的理论体系,它总是在自我否定的反省中不断吸取新成果,以丰富、深化自己的理论内容及其相应的理论形式,正如马克思指出的那样:"甚至随着自然科学领域中每一个划时代的发现,唯物主义也必然要改变自己的形式。"

2. 马克思主义的意识形态性

应该说,由于当时历史条件的限制,马克思、恩格斯都没有在他们的著作中提出无产阶级的意识形态概念,而主要是批判资本主义意识形态和封建主义的残余,进而揭示出资产阶级意识形态的虚伪性。

马克思在下列意义上,揭示了资产阶级意识形态的虚伪性。

(1)颠倒性。它颠倒了观念和现实的关系,认为不是生活决定观念,而是相反。马克思分析了人们为什么会把这种颠倒的关系和观念内化为自己的思想并产生认同感,因为意识形态的虚伪性不是有意的,而是无意识的,它根源于资本主义生产关系的颠倒性,进而分析了资本主义商品市场经济的颠倒性是把使用价值和价值的关系进行颠倒,把物的生产与人的生产颠倒。在这种颠倒的意识形态中,工人要产生自我意识(阶级意识)很难,甚至是不可能的,故这种自发的唯物主义就是唯心主义,没有唯物辩证法就不可能摆脱资产阶级的意识,获得自我意识。

(2)神秘性。指意识形态的非逻辑性、非理性。它产生的情感共鸣是利益,利益能蒙蔽真理;表现形式是情感,其神秘性表现在用理性的外衣蒙蔽非理性的利益既得形式。意识形态的表现形式是理性化的、逻辑化的,实质是对既得利益集团的维护。马克思分析了资产阶级在革命时期是如何把本阶级的利益说成全人类的利益,并用抽象的民主、自由、平等、博爱来号召人民起来革命,在资产阶级革命胜利后又是如何把民主、自由、平等、博爱等抽象原则上升为法律来保护资产阶级利益、维护资产者对无产者的合法统治的。

(3)伪批判性。资产阶级意识形态总是宣称自己是中立的、超阶级的。但其立足点是为现实辩护,而不是超越现实,因而其标榜的人民性、普遍性、永恒性都只是意识形态的谎言和谬谈。马克思主要是从历史的虚伪性上来讲意识形态,从一般意义和特殊意义两个角度来批判意识形态的虚伪性;强调资产阶级意识形态有正确和错误、先进和落后、积极和消极之分,所以只有对此作具体的、历史的分析,才能揭示其本质,无产阶级才能从资产阶级意识形态不自觉的虚假性和伪批判性中解放出来。

马克思主义的意识形态理论是马克思主义理论的重要组成部分,马克思以后的马克思主义意识形态理论是其合乎逻辑的延伸。作为我们党的指导思想的马克思主义是科学性和意识形态性的有机统一,这是马克思主义的科学性和意识形态性相统一的必然逻辑,更是在意识形态领域充分发挥马克思主义指导作用的内在要求,是社会科学研究始终坚持马克思主义基本观点、立场和方法的理论依据。可见,揭示资产阶级意识形态的虚伪性是马克思的一个重要思想,是当代马克思主义创新的一个生产点。但马克思的资产阶级意识形态批判理论并没有穷尽马克思对意识形态的探索,虚伪性只是资产阶级意识形态的表现形式之一,不等于说它没有真正的意识形态理论。列宁鲜明地提出无产阶级意识形态概念和思想,这是对马克思主义的继承和发展。在中国,毛泽东更强调的是马克思对意识形态批判使用的方法,特别是阶级分析的方法;指出无产阶级的革命旨在超越资产阶级意识形态,建立共产主义社会,推翻和批判一个旧世界,建立一个新世界。邓小平及其以后的中国共产党人开拓了社会主义建设思想,强调要把马克思主义普遍原理与中国实际相结合,探索一条有中国特色的社会主义建设道路,更好地发挥马克思主义作为意识形态的维护功能和建设功能,丰富和发展了马克思主义意识形态理论。可见,马克思主义意识形态包括革命主题和建设主题。今天要着重研究建设主题,推进社会主义建设,发挥马克思主义意识形态的维护和建设功能。

总之,由马克思开辟的作为无产阶级认识世界和改造世界的科学体系的马克思主义之所以能成为意识形态,一是因为它的价值观是无产阶级的,即消灭剥削和压迫,解放全人类,实现共同富裕,促进人的自由、解放和全面发展。这种价值观有其科学根据——科学社会主义理论,马克思主义的意识形态也主要是其历史观和价值观。二是因为马克思主义是实践基础上的科学的理论体系,意识形态就是系统化的知识体系和逻辑方式。比如,辩证唯物主义作为方法论没有阶级性却有深刻的科学性,历史唯物主义有阶级性和科学性,它们都是无产阶级的世界观和方法论,因而不仅是无产阶级革命的思想武器,而且是全人类认识和改造世界的思想武器。

三、马克思主义科学性与意识形态性的当代价值

任何一门学科都是科学知识,它的科学性是其发挥指导作用的前提,作为指导思想的马克思主义是由哲学、政治经济学、科学社会主义、党建学说等各学科组成的科学知识体系,科学性是其能够发挥指导作用的内在依据。当然马克思主义作为意识形态和作为科学体系是有区别的。这就要求我们在坚持马克思主义意识形态的指导和坚持其科学性上应区别对待。

当前我国社会实际生活中,出现了意识形态多元、多样、多层等现象,这种情况下,尤其要发挥马克思主义在我国意识形态中的指导作用。当前,影响中国文化建设的意识形态主要有三种:西方自由化思想、中国传统文化(儒家学说为主)和马克思主义,但马克思主义不是一般的意识形态,而是我们作为指导思想的意识形态。马克思主义的第一个角色是占统治地位、居于指导作用的意识形态。中国共产党把发展着的马克思主义作为指导思想,不仅是中国社会历史发展的必然选择,而且因为它是科学的知识体系,是我们认识世界和改造世界的思想武器。成为意识形态的马克思主义不是它的具体结论,而是它的基本立场、基本原理、原则和方法,即它的世界观、历史观和价值观,例如:消灭剥削、压迫、不平等,实现共同富裕,促进人的自由、解放和全面发展,社会主义必然代替资本主义等。当然意识形态的指导也有历史阶段性,但无论何时,马克思主义的世界观、历史观和价值观都是我们应该坚持的

基本指导思想。反马克思主义就是反对马克思主义的世界观、历史观和价值观。马克思主义的意识形态还体现在根据其世界观、历史观和价值观，制定的党在各历史阶段的路线、方针、政策、法规等制度化的东西，这些东西必须是正确的，才能坚持；如果有失误，就必须及时纠正，使理论与实践相一致，这是马克思主义科学性的内在要求。

当然，对作为知识体系的马克思主义是可以争鸣和讨论的，应提倡丰富、发展和补充马克思主义，提倡对马克思主义的某些具体理论观点进行发展和完善。只有这样，才能始终坚持用发展着的马克思主义指导我们的实践，在实践中不断丰富和发展马克思主义，促进马克思主义科学性和意识形态性的有机统一，加强马克思主义意识形态的指导。

坚持马克思主义科学性与意识形态性的有机统一，必须重视对马克思主义意识形态的宣传、引导和制度建设，发挥马克思主义的批判、维护和建设功能。列宁强调没有科学的革命理论就没有革命的行动，他十分重视向无产阶级和人民群众灌输马克思主义理论和党的路线、方针、政策，引导人民群众的革命行动。注重党的宣传和思想政治工作也是中国共产党在革命战争年代就形成的优良传统，马克思主义革命理论成为我们党武装人民群众的法宝。但我们今天要更多地挖掘马克思主义的社会主义建设理论，并以此武装人民群众，全面推进中国特色社会主义现代化建设，构建社会主义和谐社会，在实践中检验、发展和完善马克思主义社会主义建设理论的科学性，使作为意识形态的马克思主义社会主义建设理论成为上层建筑的观念层次和制度化的观念体系，更好地发挥作为指导思想的马克思主义对社会科学、社会问题研究的指导作用。比如，我们提倡的社会主义制度、社会主义核心价值观、和谐社会思想道德基础、"四项基本原则"、"四个全面"战略布局等，都较好地发挥了马克思主义的批判、维护和建设功能。同时，在显性的意识形态层面，要以制度和权力来规范和保障马克思主义在意识形态中的主导地位和指导作用。马克思主义的权威性是以科学性为基础的，二者不可分割。执政的共产党把马克思主义作为意识形态的指导，除坚持其科学性以外，还要以权力意志把它制度化，以便更好地发挥它的指导作用，体现马克思主义的权威性。马克思主义作为我们要坚持的四项基本原则之一，既体现了党的执政权威，又体现了党要坚持马克思主义的科学指导，这是中国特色社会主义事业没有像苏联和东欧地区那样发生"改向"的重要保障。又如,邓小平关于社会主义市场经济理论作为意识形态的马克思主义的指导作用,在整个改革开放期间我们都必须坚持,毫不动摇。市场经济与社会主义的结合是否能促进生产力的发展,消除两极分化,实现共同富裕,促进社会主义和谐社会建设,这是中国特色社会主义建设的最大理论问题之一,也是最根本的实践问题,需要我们在实践中给予科学解答,这是坚持和发展马克思主义意识形态的维护和建设功能的基本要求。当然,我们还要善于批判和引导各种非马克思主义社会思潮和思维方式。只有这样,才能有效发挥马克思主义在意识形态方面的指导作用。正因如此,我们在加强大学生思想政治理论课教育教学的基础上,又在研究生中开设《中国特色社会主义理论与实践研究》《马克思主义与社会科学研究方法论》等课程,旨在提高大学生运用马克思主义基本原理、原则、立场、观点和方法分析社会的能力,进一步加强研究生的思想政治理论教育,充分发挥马克思主义在培养社会主义合格建设者和接班人中的指导作用,进而增强马克思主义的战斗力和说服力。

坚持马克思主义科学性与意识形态性的有机统一,必须科学把握真理性与阶级性的矛盾辩证法。一方面,真理是被实践证明的具有客观科学性的正确认识,这决定了一切真理都没有阶级性,真理的客观科学性,使其具有有用性;另一方面,使用真理的人有阶级性,对真理的认识和运用,都有可能打上阶级烙印,即使自然科学也如此。马克思主义是真理,同时又具有鲜明的阶级性,是因为马克思主义与无产阶级的作用、利益是一致的,马克思主义的科学真理能被无产阶级运用,因而能成为无产阶级的意识形态。但马克思主义的科学性在于它的真理性,而不是因为它的阶级性,因此,认为马克思主义的真理具有阶级性是错误的。应该说马克思主义是科学真理,马克思主义的意识形态有阶级性,但马克思主义的真理没有阶级性。真理的发现和运用都可能有阶级性,但真理本身没有阶级性。正如文化中有一些伦理原则是人类的共性部分,但不能说它有阶级性,例如:父慈子孝。作为发展着的马克思主义,我们应该强调要超出阶级局限性,拓宽视野,在实践中坚持和发展马克思主义。任何阶级都有阶级局限性,无产阶级也不例外,无产阶级政党也有局限性,也不可能超越其特定的社会历史条件和经济生活的限制。过去我们把无产阶级的先进性抽象化,没看到任何阶级、政党、国家、民族和个人都有局限性和认识片面性。面对全球化浪潮及其挑战,我们只有在实践基础上,坚持马克思主义科学性与意识形态性、批判性与开放性、意识形态性与阶级性的有机统一,才能克服阶级偏见和认识局限,合理吸取人类文明的一切优秀成果,加快我国社会主义现代化建设,科学分析当代资本主义的各种思潮,有效抵制西方的"和平演变",充分发挥马克思主义在意识形态领域的科学指导作用。

经典阅读

1. 马克思、恩格斯:《马克思恩格斯选集》(第 2 卷),北京:人民出版社,1995 年。

2. 马克思、恩格斯:《马克思恩格斯选集》(第 4 卷),北京:人民出版社,1995 年。

3. 列宁:《列宁选集》(第 1 卷),北京:人民出版社,1995 年。

4. 毛泽东:《毛泽东选集》(第 3 卷),北京:人民出版社,1991 年。

5. 邓小平:《邓小平文选》(第 2 卷),北京:人民出版社,1994 年。

专题三
增强马克思主义思想和价值引领应加强方法论教育

【导读】 本章结合马克思主义发展史,从理论与实践、历史和现实的角度阐述了加强马克思主义方法论教育是增强其战斗力和说服力的内在要求与有效手段,只有把马克思主义理论当作方法论来学习和运用,才能真正坚持和发展马克思主义,发挥好马克思主义的理论武装作用和价值引领作用,增强其战斗力和说服力。

从苏联解体、东欧剧变到亚洲金融危机再到世界金融海啸引发的当下世界经济发展的疲软,社会主义正经历由低潮到高潮的历史变化。在新的历史条件下,如何坚持和发展马克思主义,不断增强其战斗力和说服力,牢牢把握马克思主义话语权,是社会主义核心价值体系引领文化发展,特别是意识形态发展的时代课题。这就是要加强对马克思主义方法论的学习、研究和运用。

中国特色社会主义理论与实践研究需要以一定的理论和方法为指导,按照社会历史的本来面目来掌握和再现社会历史,就要求有符合社会历史本性的科学方法。一方面对方法的探索成为科学地认识和理解社会历史的重要手段;另一方面对社会历史本性的科学理解又成为人们进一步探索科学的认识方法的重要条件。马克思主义强调以唯物辩证的、历史的、实践的观点认识社会,它为人们更加科学、合理地认识社会提供了迄今最为先进的意识形态和科学方法论。正是在这个意义上,我们认为加强马克思主义在高校的理论武装和思想价值引领关键在于加强马克思主义方法论教育。

马克思主义理论是世界观、认识论和方法论的有机统一,本专题所讲的方法论指的是按照马克思主义的世界观和认识论,按照其基本原理、原则、立场和观点来分析问题和解决问题的根本方法。它既可以表现为认识世界的思想方法和认识方法,又可以表现为改造世界的行动方法。加强马克思主义方法论教育,我们不仅要宣传马克思主义基本原理、原则、立场和观点,而且要提高把马克思主义基本原理原则转化成科学方法来分析和解决问题的能力,在促进马克思主义大众化中增强其战斗力和说服力。

一、加强方法论教育是增强马克思主义战斗力和说服力的内在要求

要发展马克思主义,就必须坚持马克思主义;只有在坚持的基础上,才能有发展。这是马克思主义发展史上的一个基本规律。然而,坚持马克思主义并不是要我们熟背马克思主义的词句,教条主义地对待马克思主义理论。相反,马克思主义是在实践基础上,不断批判、开放和发展的学说,科学的世界观和方法论是其理论精髓,只有掌握和运用其科学的世界观和方法论,反对背离、敌视马克思主义的思潮和倾向,不断解放思想、实事求是,把马克思主义看作是活生生的发展学说,看成科学的方法论体系,并使之永远同实践和科学的发展相一致,才能真正坚持和发展马克思主义。这是增强其战斗力和说服力的内在要求。

首先,这是一个如何对待马克思主义理论的态度和方法问题,是一个科学的学风问题。在马克思主义哲学中,世界观和方法论是紧密联系和有机统一的,如果离开方法论来谈世界观,来学习马克思主义基本原理,必然要走入教条主义和本本主义,从而曲解马克思主义。马克思、恩格斯始终坚持用科学的态度对待自己所创立的学说,要求人们把它当作方法论来看待和运用,这样才能坚持理论与实践相结合。他们曾郑重指出,《共产党宣言》中阐述的基本原理的实际运用,随时随地都要以当时的历史条件为转移。当有人要把

马克思"关于西欧资本主义起源的历史概述成一般发展道路的历史哲学理论。一切民族,不管他们所处的历史环境如何,都注定要走这条路"时,马克思指出,这是对他的历史理论的误解,要用一般的历史哲学理论这一"万能钥匙"来解决一切复杂的历史现象,那是永远办不到的。恩格斯晚年还一再强调说,马克思主义"提供的不是现成的教条,而是进一步研究的出发点和供这种研究使用的方法"[①]。由此可见,我们要真正理解马克思主义哲学乃至整个马克思主义理论,就不仅要重视马克思主义基本原理的学习,更要重视这些原理的方法论研究,只有这样,才能真正理解马克思主义,掌握马克思主义方法论,从而增强其战斗力和说服力。西方马克思主义哲学大师卢卡奇甚至认为,衡量是不是马克思主义的标准是方法论,而不是具体的理论观点。这对我们很有启发意义,因为具体的理论观点总是在一定的方法论下取得的,方法论正确与否,相当程度上决定了具体的理论观点正确与否及所能达到的高度。这就要求我们在学习、研究马克思主义理论时,必须坚持具体理论观点和方法论的统一,认识到方法论的转变和发展,能从特定的角度标志具体理论观点的根本转变和发展;坚持理论联系实际,坚持用科学的学风来对待和发展马克思主义。

其次,方法论不仅是马克思主义理论的重要组成部分,而且是马克思主义的灵魂;只有把马克思主义当作方法论来学习、研究和应用,才能自觉坚持和发展它。马克思主义是由哲学、政治经济学和科学社会主义构成的系统化的科学理论,哲学是这一理论的基础。马克思主义哲学是世界观和方法论的统一,二者是同一问题的两个方面,世界观不但离不开方法论,而且总是在人们认识世界和改造世界的过程中形成,而认识世界和改造世界总是离不开一定的思想方法和工作方法,可见,世界观可以还原为方法论。离开了方法论,世界观就是空洞的,而方法论又体现为思想方法和工作方法,离开了具体的思想方法和工作方法,马克思主义方法论就是空的,唯物辩证法就会变成空洞的抽象。因此,学习和研究马克思主义必须坚持理论联系实际,实事求是,这是马克思主义最基本的方法论原则。我们坚持马克思主义,就是要坚持其基本的立场和方法,善于把基本理论、原则和观点转化成研究和解决具体问

---

① 马克思、恩格斯:《马克思恩格斯全集》(第39卷),北京:人民出版社,1974年,第406页。

题的方法,并用它来指导中国革命、建设和改革的伟大实践,这是马克思主义中国化和大众化的内在要求,是在实践中真正坚持和发展马克思主义的必然要求。这是因为:马克思主义的任何理论都只是抽象地反映事物的本质和规律,只有通过特定的工作方法和认识方法,才能把抽象的一般理论转化成分析和解决问题的具体路线、方针、政策和方案等实践观念和实践模型,并在实践中按照一定的方法和程序,把这些观念的、模型化的东西转化成现实的东西。理论指导实践的过程本身就有个方法论问题,正确的理论不一定能保证实践的成功,因为理论转化为实践需要通过一系列中间环节才能实现,其中任何一个环节出了差错都可能导致实践的失败。我们不能因此否认理论的正确性,否认正确的理论对实践的重大指导作用;相反,理论的正确性是保证实践成功的基本前提。正如列宁所说,没有革命的理论,就没有革命的行动。马克思主义基本原理被实践证明是科学的,它是无产阶级认识世界和改造世界的方法论武器,我们只有把它当成方法论来学习和应用,才能有效地指导实践;离开了方法论这一中间环节,理论就会被当成教条和本本。教条主义者的错误不在于本本,相反,他们很熟悉本本,甚至对本本盲目崇拜,但他们不善于结合实际,在实践中运用和发展马克思主义。主要是因为他们不能真正理解马克思主义是系统的方法论体系,因而它对现实的指导主要是方法论的指导,只有把它当作方法论,才能抓住马克思主义的灵魂。可见,方法论是理论联系实际的中介和桥梁,马克思主义必须转化成方法论,才能更好地武装群众,联系实际,指导实践,它对实践的指导也主要体现为方法论的指导。

再次,理论联系实际是坚持和发展马克思主义的基本方法论原则。马克思主义的一般原理只有与各国的具体实际情况相结合,才能更有效发挥它的指导作用,这种指导是以理论与实际之间存在一定距离为前提。马克思主义理论只是为我们分析和解决实际问题提供了一般的原则和方法,而实际情况是复杂多变的,理论与实际不是如影随形,而是在实践过程中对现实的能动反映。理论具有超前性,因而能预见事物发展的基本趋势和方向,指导实践。马克思主义是以实践为基础的世界观和方法论,它始终是在实践基础上分析和把握现实,这体现了它与时俱进的实践品质。随着实践的不断发展,人类认识世界和改造世界的能力也在不断提高,今天,我们要在促进马克思主义大众化进程中增强其战斗力和说服力。不是要固守马克思主义创始人在特定历史条件下得出的具体结论,而是要学习他们分析和解决问题的基本方法和原则,实事求是地分析和解决当代中国乃至世界面临的一系列重大问题,与时俱进,不断发展马克思主义,推进中国特色社会主义事业的发展。

二、只有坚持马克思主义方法论才能促进马克思主义不断发展

马克思主义发展史的经验教训告诉我们,只有坚持解放思想、实事求是,不断加强对马克思主义方法论的学习和研究,才能掌握马克思主义的精神实质,才能在实践中坚持运用和发展马克思主义,增强马克思主义的战斗力和说服力。

马克思主义创始人马克思和恩格斯正是在艰辛的理论研究和实践活动中,创立了唯物史观——科学的方法论体系,找到了唯物辩证的研究方法,依据自由资本主义时代的社会矛盾和欧洲工人运动的特点、趋势,深刻揭示资本主义必然被社会主义代替的社会发展规律,使社会主义由空想变为科学,从而开创了马克思主义,为无产阶级革命指明了方向。

列宁不是固守马克思主义创始人的个别结论,而是努力服从现实,特别是根据当时俄国的实际情况,坚持马克思主义观察的客观性和辩证的思维方法,运用实践的观点、矛盾的观点、联系和发展的观点,不断探索如何进行社会主义革命和建设的新思路:一方面,他实事求是地总结了新的历史经验,并概括了自然科学和社会科学的最新成果,坚持运用唯物辩证法,在同第二国际机会主义及其在俄国的变种作坚决斗争中,创造性地提出"帝国主义论"和"社会主义一国胜利论",在新的历史条件下丰富和发展了马克思主义。另一方面,十月革命后,他根据多年的理论研究和社会实践,逐步深刻认识到搞社会主义应由过去重视"书本原则"转向重视实践生活经验,"生活的公式高于书本的公式",应把马克思主义的一般理论与俄国社会主义的具体实践有机结合起来,不能为死教条而牺牲活的马克思主义。生机勃勃的社会主义事业是由人民群众的实践活动创造的,因而不能把认识停留在抽象的一般性上,应注重把握个别的特殊性、复杂性和多样性,寻求一般的特殊实现方式;不能根据书本原则来认识现实的社会主义,应根据实际情况和实践活动来理解正在建设的社会主义。从战时共产主义政策到新经济政策,列宁经历了一个由重视马克思主义的"书本公式"到重视从实际出发来建设社会主义的方法论

的转变,强调具体问题具体分析,这是列宁在认识社会主义的出发点和根据上的改变。由于列宁正确解决了一般和特殊、理论和实践的关系,所以为正确认识社会主义找到了科学的方法论,也为如何利用资本主义的文明成果来建设社会主义提供了一把钥匙。不仅增强了马克思主义的战斗力和说服力,而且为中国等社会主义国家以后的改革开放提供了理论和方法的指导。

重视马克思主义方法论是中国共产党坚持和发展马克思主义的基本方法和途径。在中国革命过程中,右倾机会主义和"左"倾机会主义都是教条主义地理解马克思主义,因而不能坚持马克思主义。陈独秀的"二次革命论"流产后,王明等人固守马克思主义的某些结论和苏联十月革命成功的经验,经常拿马克思、列宁著作中的只言片语吓唬人,主张城市武装暴动,这看起来是在坚持马克思主义的无产阶级革命理论,实质上是不懂得马克思主义方法论的精髓——实事求是,是为死教条而牺牲活的马克思主义,结果给生机勃勃的中国革命带来了巨大损失。相反,毛泽东则运用马克思主义一切从实际出发的方法论原则,把马克思主义当作方法论,根据中国革命的实际情况,全面发展马克思主义的政治、经济、军事、文化和统一战线理论,提出以农村包围城市的革命道路,结果取得了革命的胜利,形成了中国化的马克思主义——毛泽东思想。这是指导中国革命走向胜利的根本方法。在社会主义建设时期,毛泽东更是强调要从哲学高度来学习和运用马克思主义方法论,提出做工作要求三点:情况明、决心大、方法对。"方法对"是做好工作,完成任务的必要条件;没有正确、有效的工作方法,要完成预定的工作任务是不可能的。为此他写了许多关于方法论的文章:在《关于健全党委制》和《党委会的工作方法》中,他提出了十二条具体的领导方法和工作方法。1958年又写了《工作方法六十条》,主要是介绍如何把马克思主义理论转变为分析和解决问题的思想方法和工作方法。为了更好地指导全党全国人民自觉地学习和运用马克思主义方法论,毛泽东还从认识论的角度对马克思主义作了高度概括,指出实事求是是马克思主义理论的精髓,也是马克思主义的根本方法,并把它作为党的认识路线和思想路线,什么时候我们坚持了实事求是,革命和建设就能成功,否则就要失败。

中国特色社会主义理论体系建构的一个重要特点是十分重视马克思主义方法论。改革开放之初,邓小平就认为党的思想路线也必须通过方法论体现出来,即体现为思想方法、工作方法、组织方法、领导方法等,主要是为了解决中国社会主义建设中的实际问题,更好地指导实践活动。他在总结国际共产主义运动的兴衰成败,尤其是中国社会主义现代化建设的经验教训时,反复强调学习马列主义"要少而精,要管用",特别是要掌握马克思主义的精髓——实事求是,并自觉运用这一方法论原则来分析和解决"什么是社会主义,怎样建设社会主义"这一首要问题;指出老祖宗(马克思主义的基本方法)不能丢,但是要讲新话(得出新的结论),正是坚持把马克思主义当作方法论。邓小平在中国特色社会主义建设方面提出了一系列具有原创性的结论和创造性的思想成果,极大地解放了人们的思想,深化了对社会主义本质和社会主义制度的认识,开创了中国特色社会主义道路,形成了邓小平理论。江泽民、胡锦涛和习近平同志也十分重视马克思主义方法论的研究和在实践中的运用,不断实现理论创新、实践创新、制度创新和技术创新,形成了"三个代表"重要思想、科学发展观和习近平新时代中国特色社会主义思想,全面推进了中国特色社会主义现代化建设。正如十七大报告指出的:"科学发展观是马克思主义关于发展的世界观和方法论的集中体现。"中国共产党人正是由于始终坚持马克思主义方法论,才能在理论和实践上真正坚持和发展马克思主义,不仅在苏联解体、东欧剧变后挽救了社会主义,而且在经历由亚洲金融危机和美国金融危机引发的世界金融海啸中使社会主义在中国大地上焕发出勃勃生机,开拓了中国特色社会主义现代化建设新局面,为国际共产主义运动树立了一面旗帜,大大增强了马克思主义的战斗力和说服力。

三、马克思主义对指导哲学社会科学研究的方法论意义

马克思主义是由马克思、恩格斯共同创立的,由后来的马克思主义者不断丰富发展的,关于自然、社会和思维发展普遍规律的科学。马克思主义的方法论意义不局限于哲学本身,它对于具体的科学认识,特别是对于指导高校社会科学研究和推进中国特色社会主义理论与实践的科学发展具有重要的指导作用。

1. 马克思主义为哲学社会科学研究提供最先进的方法论

众所周知,人们对于社会历史的认识是有层次的。哲学是人类认识的最高层次,社会历史哲学则是人类社会自我认识的最高层次。马克思主义是迄

今为止社会历史哲学中在总体上最为科学、最为完备的理论形式。作为一种科学的社会历史观，它以开放的理论体系形式再现了社会历史的存在状况、内在结构、普遍本质及发展规律，为人们勾画出科学的社会历史图景，从而对于人们认识社会的全部活动（各方面、各层次、各向度）都具有重要的理论指导作用，因此又是科学地认识客观社会现实的哲学方法论。

无论是作为社会历史观，还是作为哲学方法论，马克思主义都不是一个封闭的、最终态的和不变的东西，而是变化、发展着的开放的理论和方法。马克思主义的科学性是通过它的开放性来保证的。而这种科学性与开放性又是与马克思主义自身所具有的批判功能相适应的。与科学性和开放性相联系的批判包含着对象批判与自我批判两个方面。一方面，它批判地审视和反映着运动变化着的社会历史过程，并使之在自身的理论体系和观念形式中真实地再现出来。另一方面，它又把批判的矛头不断指向自身，不断审视和反思自己掌握对象世界的手段和方法，要求自身的探索手段也随着对象世界的发展而不断发展。因此，马克思主义的真正科学性不在于它提供了关于社会历史的某种最终理论和结论，也不在于它具有某种万能的探索方法，而在于它要求并能通过不断自我批判和自我建构，去发展和创造新的探索形式，去发展相适应的不断探索社会真理的道路。正是在这种意义上，列宁认为，马克思主义的创立使科学的社会学的出现第一次成为可能，并且把它称作"社会科学的别名"①。列宁在这里讲的当然不是指马克思主义的创立和运用取代或取消了具体的社会科学研究，也不是指它作为科学地认识社会历史的哲学方法论取消或代替了各门具体科学的认识方法，而是指它作为科学的社会历史观，在最高层次上从总体上和运动中科学地揭示了人类社会历史的真实本质和运动规律，从而为人们自觉运用它们来科学认识社会历史提供了一般的理论前提和方法论原则。或者说，它为人们根据社会历史本身的特点采取适当的认识方法，从事有效的社会认识活动提供了理论的和逻辑的前提，并使得这种认识能够在科学的水平上不断有所推进、有所深化、有所发展。普列汉诺夫在分析唯物史观方法论时形象地指出，这不是社会发展的源泉和规律问题的算术解答，而是一种代数的解答，是一种方法论意义的解答。他说，

---

① 列宁：《列宁选集》（第1卷），北京：人民出版社，1995年，第10页。

"显而易见,在谈到完全的解决时,我们指的不是社会发展的算术,而是它的代数;不是指出个别现象的原因,而是指出如何去发现这些原因。这就是说,对历史的唯物主义解释首先具有方法论的意义。"①对真理的探讨应当是符合真理的,只有符合真理的探讨才能真正获得真理。而真理的价值则在于指导人们不断进行合乎真理的探索,这正是真理的方法论意义之所在。

马克思主义作为人类社会认识自我的科学思想成果,是以它的创立者对社会历史的科学探索为条件的。而它的现实功能,则在于以一种科学的哲学层次上的社会历史观和科学的哲学意义上的方法论相统一的形态,去指导和帮助人们不断对社会历史进行科学的合乎真理的探索。

2. 马克思主义为社会科学研究提供了科学的逻辑前提

科学认识社会和解决个别的具体的社会问题的一个重要条件是弄清有关社会的一般问题。"如果不先解决一般的问题,就去着手解决个别的问题,那么,随时随地都必然会不自觉地'碰上'这些一般的问题。"②人们认识社会,既不是纯粹先验的内心图式的自我反观,也不是以毫无内在准备的"白板"心灵去映照社会,而是在长期学习中积淀和形成的内在认知定式与社会现象之间的一种交互作用。在主体的认知定式中,包含着一种必要的信念,这就是客观对象确实存在并有可知性。这种信念是在对于对象最一般了解基础上生发出的一种确认和信心,是对于认识活动所必要的前提条件的一种肯定性解决。正是在这种信念的支配下,主体对于社会历史的认识才有可能发生并且积极进行。因此,这种信念便构成了社会认识活动必不可少的逻辑前提。

在人们认识社会的活动中,这种信念的确立或对这种逻辑前提的解决有不自觉的和自觉的之分,也有非科学与科学之别。旧唯物主义者对这种逻辑前提的解决是不自觉的、质朴的。他们把社会历史的客观性和可知性等同于自然界的客观性和可知性,不懂得社会历史的特殊性,从而无法科学地认识和解释社会历史,在社会历史领域背叛了自己,陷入历史唯心主义。唯心主义者对这种逻辑前提的解决也是非科学的。他们只看到人的意志、愿望、动

---

① 转引自[苏]伊利切夫:《哲学与科学进步》,北京:中国人民大学出版社,1982年,第203页。
② 列宁:《列宁全集》(第12卷),北京:人民出版社,1959年,第476页。

机等主观因素在社会历史发展中的地位,否认其客观性、物质性,也不能正确认识和揭示社会运动的规律性。

马克思主义的创立,之所以在人类历史上"第一次使科学的社会学的出现成为可能"①,正在于它坚持按照社会历史的本来面目来反映、研究和理解社会历史过程及其规律性。为此,它把自己的研究对象集中在对于现实的客观的社会历史的掌握之上。在马克思和恩格斯看来,"思辨终止的地方,即在现实生活面前,正是描述人们的实践活动和实际发展过程的真正实证的科学开始的地方"②。正是在这种思想指导下,马克思和恩格斯对他们那个时代的社会关系和社会结构进行了广泛的调查和研究,周密地研究了当时的工人阶级、农民阶级的生活、劳动和风俗习惯,城市和农村的社会问题,不同社会形态中个人与社会的相互关系等。在大量了解现实的基础上掌握了资本主义社会,又通过对资本主义这个发展最完善、最充分的社会的研究去透视历史上的各种社会形态,从中科学地概括出人类社会运动发展的规律性,创立了历史唯物主义。

可见,马克思主义的创立,从方法论上看,在于马克思和恩格斯善于把一般理论的发展同各种不同的社会过程和现象的具体研究结合起来,从而使得人们对于社会的认识有可能从记载社会现象和从理想的观点来估计社会现象进而达到科学地分析社会现象,最后给出关于社会历史的科学图景。这里至为重要的方法论启示,在于根据社会历史条件的变化和发展而不断重新确定自己的研究对象,更新自己的逻辑前提,始终保持对于现实的具体社会问题的关注、研究和具体分析。正是在这里,马克思主义表现出对于以前的一般历史哲学的超越性。马克思说:"极为相似的事情,但在不同的历史环境中出现就引起了完全不同的结果。如果把这些发展过程中的每一个都分别加以研究,然后再把它们加以比较,我们就会很容易地找到理解这种现象的钥匙;但是,使用一般历史哲学理论这一把万能钥匙,那是永远达不到这种目的的,这种历史哲学理论的最大长处就在于它是超历史的。"③马克思主义以前的一般历史哲学的最本质特征之一,在于脱离具体的社会历史实际,超越具

---

① 列宁:《列宁选集》(第1卷),北京:人民出版社,1995年,第8页。
② 马克思、恩格斯:《马克思恩格斯全集》(第3卷),北京:人民出版社,1960年,第30页。
③ 马克思、恩格斯:《马克思恩格斯全集》(第19卷),北京:人民出版社,1963年,第131页。

体的社会历史发展,从头脑中虚构出适用于所有历史时代的"药方"或公式,从而在内容上带着不可避免的虚幻性、空想性,甚至充满谬误和荒诞,成为一种僵死的和封闭的东西。这样,他们当然不可能给人们的社会认识活动以实际帮助和正确指导。而马克思主义的创立是建立在对一般历史哲学的批判与扬弃以及对于社会理论所应该具有的现实对象和现实前提的关注与研究基础之上的。

因此,马克思主义作为对于人类社会历史最本质特征和最普遍规律的哲学抽象,来源于和植根于对最现实、最具体的社会现象的科学掌握,从而为人们在各个方面、各个层次、各个向度上认识社会提供了最基本也是最重要的一般背景知识和信念,成为人们科学认识社会所必不可少的逻辑前提。而且马克思主义所提供的这种逻辑前提不是最终的、僵死不变的,而是包含着自我批判和自我更新原则的逻辑前提。它不断为人们科学认识社会提供着逻辑前提,同时又要求人们对这种逻辑前提不断进行自觉审视、反思、探索和批判,并且根据新的情况不断提出和确立新的逻辑前提,从而促使人类认识沿着一条不断自我批判和自我更新、不断升华发展的逻辑道路前进。

3. 马克思主义指导人们探索社会科学研究的具体方法

马克思主义为人们科学认识社会规定了基本的原则,这就是按照社会历史过程本身的特点及其演化发展而不断探索科学认识社会的特殊方法。

按照对象的本来面目反映和再现对象,就要有能够帮助主体接近和观念地掌握社会历史的基本方法。因此,社会科学研究的方法必须和社会的特殊性相适应,并且随着对象的发展而更新。马克思说:"难道对象本身的性质不应当对探讨发生一些即使是最微小的影响吗?……当对象欢笑的时候,探讨难道应当严肃吗?当对象悲痛的时候,探讨难道应当谦逊吗?""真理探讨本身应当是合乎真理的,合乎真理的探讨就是扩展了的真理。这种真理的各个分散环节最终都相互结合在一起。难道探讨的方式不应当随着对象改变吗?"[①]根据对象的性质采用与之相应的适当方法,无疑是马克思主义方法论的基本要求。方法既然是客观规律的主观运用,那么是否遵循客观规律,便是衡量一种方法是否科学的重要标准和尺度。客观规律是具体的、分层次

---

① 马克思、恩格斯:《马克思恩格斯全集》(第1卷),北京:人民出版社,1956年,第8页。

的,在不同的具体事物中有不同的具体表现形式。要全面准确地按照它们各自的本来面目掌握它们,就必须有与之相应的具体的特殊的方法。人类的社会生活具有统一性、共同性的特点,显示自己相对独立的整体运动方式,从而在总体上区别于一般自然现象;而在其内部又具有明显的多样性、分离性,从而显示出多方面、多层次的特殊性。这样,无论从总体上把握社会生活,还是分别把握社会运动的各个方面、各个层次,都需要与具体的社会历史客体相适应的认识方法、研究方法。正是在这种意义上,列宁曾经尖锐批评当时那种把物理学、生物学、数学的概念简单搬来分析社会现象的无聊行为,强调要探索社会科学本身的研究方法。列宁指出:"事实上,依靠这些概念是不能对社会现象作任何研究,不能对社会科学的方法作任何说明的。再没有什么事情比在危机、革命、阶级斗争等等现象上贴上'唯能论的'或'生物社会学的'标签更容易了,然而,也再没有什么事情比这种勾当更无益,更烦琐和更呆板了。"①

马克思主义本身作为一种方法,是一种哲学层次上的科学方法,是社会科学研究的哲学方法论。但就其功能而言,则不仅能指导人们从哲学层次上认识社会现象,而且对于人们从各种角度、各个层次和各种向度认识社会生活的各个领域、各个阶段和各个方面都有着重要的指导作用。因为它指出社会科学研究中最根本的方法论原则:即根据各种社会历史现象的特点来选择和探索与之相适应的特殊的认识和研究方法,从而在哲学层次上提出具体的研究和探索认识社会的科学方法的任务,并指出一条"以科学态度研究历史的途径,即把历史当作一个十分复杂并充满矛盾但毕竟是有规律的统一过程来研究的途径"②。

概而言之,马克思主义作为社会科学研究的方法论具有如下几个主要特征:(1)系统的分析。马克思主义的对象是社会有机体的存在、运动和发展,认识和把握社会有机体的首要方法就是系统的分析。它不同于具体社会科学的系统的分析,但又与之密切相关,是从历史观的高度对社会有机体进行的唯物辩证的系统的分析。(2)经济的分析。这是对社会有机系统分析过程

---

① 列宁:《列宁选集》(第 2 卷),北京:人民出版社,1995 年,第 335 页。
② 列宁:《列宁选集》(第 2 卷),北京:人民出版社,1995 年,第 586 页。

的深化,进而寻求那种在人的活动中形成但又不依人的活动为转移的社会关系,探究决定其他一切社会关系的最基本的社会关系,即经济关系。对于纷繁复杂的社会现象,只有从物质关系入手,正确进行经济的分析,才有可能透析人类社会之谜。(3)动态的分析。社会历史过程不仅是一个"自然历史过程",而且是一个"自主创造过程"和"自我意识过程"。这就要求人们在观察研究社会生活时,既要坚持决定论原则,又要考察人的主体能动性,正确估计人的活动对社会实践进程的作用和影响。社会本来就是动态的,只有对它加以动态的分析,才能揭示其普遍的本质和一般规律。(4)历史的分析。社会现象是在一定的社会历史条件下发生、演化的,要正确了解这些现象,就要具体地、历史地分析其形成和变化的条件。没有历史感,就谈不上在社会历史领域坚持彻底的唯物主义和辩证法。在阶级社会,历史的观点和阶级分析方法是辩证统一的。当然,作为马克思主义方法论的分析方法,也是综合的方法。通过辩证的分析到辩证的综合,才能形成对社会历史及其发展规律的整体认识,掌握改造社会、推动历史前进的一般方法。

四、坚持以马克思主义指导社会科学研究,推进中国特色社会主义建设

社会科学是人们认识世界、改造世界的重要工具,对推动历史发展和社会进步起着非常重要的作用。以马克思主义统领社会科学研究工作,善于把马克思主义的基本原理与中国具体实际相结合,用发展着的马克思主义指导社会科学,是中国社会科学沿着正确方向繁荣发展的必由之路,是推进中国特色社会主义现代化建设科学发展的内在要求。

1. 马克思主义是社会科学繁荣发展的根本保证

坚持马克思主义对社会科学研究的指导,就是必须把马克思主义的立场、观点、方法贯穿到社会科学研究中。

第一,马克思主义确保社会科学研究的正确方向。社会科学与自然科学一个显著不同之处在于,社会科学具有鲜明的阶级性,它在总体上属于意识形态范畴。社会科学始终存在站在什么阶级立场、为谁服务这一政治方向性的问题。方向正确,社会科学就能健康发展,对党和国家的事业起到有力的促进作用;方向错误,社会科学就会陷入歧途,给党和国家的事业带来损害。

马克思主义是我们立党立国的根本,是中国社会主义意识形态的旗帜和灵魂。以马克思主义为指导,是历史的选择,也是时代发展的必然要求。中国的历史和现实都证明,只有坚持马克思主义这一指导思想,社会科学事业才能朝着正确的方向健康发展,才能保持旺盛的生命力,才能科学回答历史、现实和未来提出的理论和实践问题。坚持以马克思主义为指导不是抽象的,必须运用马克思主义基本立场、原理、原则、方法研究社会的全过程和各个方面。只有坚持马克思主义立场、观点、方法的指导,才能在重大原则问题上立场坚定,旗帜鲜明,理直气壮地回击各种反马克思主义的挑战和攻击;才能树立求真务实、扎实严谨的学风和文风,树立良好的敬业精神和职业道德,大胆探索、勇于创新,追求真理、精益求精,使自己的研究成果能够经得起社会和历史的检验;才能具有强烈的社会责任感和历史使命感,立足本职岗位、放眼全局,甘于寂寞、淡泊名利,力戒浮躁、潜心钻研,把做人、做事与做学问统一起来,努力创造出对推动社会发展和人类文明进步有积极作用的科研成果。

第二,马克思主义是社会科学研究的基本方法。马克思主义是在广泛吸收人类优秀文化成果基础上建立起来的一种科学世界观和方法论,是集哲学、政治经济学、科学社会主义于一身的、具有博大精深内容和严谨科学体系的理论。它揭示了自然界、人类社会和人的思维发展的最一般规律,代表了当今人类社会先进文化的前进方向。也正因如此,马克思主义的立场、观点、方法才能成为社会科学研究的基本方法和重要手段。首先,马克思主义立场、观点、方法就是深入研究马克思主义中国化理论成果的基本工具。毛泽东思想、中国特色社会主义理论体系都是将马克思主义立场、观点、方法与中国革命和建设实践相结合的典范,是我们学习马克思主义立场、观点、方法最现实、最生动的教材。要进一步推进对马克思主义中国化理论成果的研究,需要始终坚持用马克思主义立场、观点、方法来指导,即必须以马克思主义的态度来对待马克思主义,站在马克思主义者的立场来发展马克思主义,运用马克思主义观点来推进马克思主义,使用马克思主义方法来研究马克思主义。其次,马克思主义立场、观点、方法仍然是人们认识社会发展规律的思想武器。时至今日,当代社会出现的许多重大问题及其解决,都证明马克思所揭示的人类社会发展的历史规律、马克思考察社会历史时所采用的根本立场和方法并没有过时。再次,马克思主义立场、观点、方法一直是社会科学各门具体学科不断发展的科学指南。在社会科学理论方面,你可以有这样或那样的观点,但有一条是不能变的,是要统一的,就是都要用马克思主义的立场、观点、方法观察问题,这其实讲的就是社会科学总的研究方法。在中国社会科学诸如政治学、历史学、社会学、法学、新闻学等各门具体学科的发展和研究中,只有坚持马克思主义立场、观点、方法的指导,才能建立起充分体现中国特色社会主义理论与实践最新成果的社会科学学科体系,创立具有中国特色、中国气派、中国风格的社会科学。

第三,马克思主义是社会科学创新的强大动力。社会科学创新的意义在于以先进的思维方式推动社会发展。创新的动力和源泉一方面来自改革开放和现代化建设的伟大实践,另一方面来自人类社会已有的文明成果。社会科学的创新不是无源之水、无本之木,它既离不开社会实践的强力推动,也离不开理论源泉的深厚滋养。中国特色社会主义理论体系之所以能够不断实现创新,一方面来自中国革命、建设和改革开放实践的推动,另一方面源于不断汲取人类文明的先进成果。其中,马克思主义基本立场、观点、方法既成为他们创新的思想武器,又成为他们创新的理论源泉。马克思主义的立场、观点、方法是阶级性和科学性的统一,是分析社会现象、把握社会矛盾运动规律的根本指南。当代中国社会科学工作者只有坚持马克思主义立场、观点、方法的指导,才能既立足当代又继承民族优秀文化传统,既立足本国又充分吸收世界文化优秀成果,准确把握当今世界的发展趋势,深刻认识当代中国经济社会发展的规律,努力建设社会科学理论创新体系,积极推动学术观点创新、学科体系创新和科研方法创新。繁荣社会科学研究必须坚持马克思主义立场、观点、方法,但在中国当前的社会科学研究中,仍然存在把马克思主义神圣化、教条化或者边缘化的现象。反思当前存在的一些针对马克思主义的种种偏见,以及某些附加在马克思主义名下的错误观点,根源就在于没有牢牢坚持和正确运用马克思主义的立场、观点、方法。一些人不能很好地掌握马克思主义的整个体系,而是习惯于从老祖宗的著作里各取所需,把马克思主义当作包治百病的灵丹妙药;一些人不能很深入地研究马克思主义发展史,不了解经典作家对某一问题阐述的来龙去脉,而是习惯于固守其在特定历史条件下、针对具体情况作出的某些个别论断不放,把一些论断模式化、教条化。这些做法都容易导致对马克思主义片面的、零碎的、主观的理解,这种学习和研究也是低水平的,态度也是不严肃的。社会实践是不断发展变化的,如果我们依然照搬本本,用马克思主义的某些词句和某些过时的论断来剪裁各种社会现实,评判各种社会生活,解决各种社会问题,就如同恩格斯所尖锐地指出的那样,"会转变为自己的对立物"①。为此,坚持马克思主义的立场、观点、方法,就必须始终不渝地反对教条主义、形而上学等各种形式的主观主义,也就是说要解决一个如何坚持和怎样坚持的问题。

2. 坚持马克思主义对社会科学研究的指导必须搞好"三个结合"

第一,把运用理论与发展理论紧密结合起来。运用理论要增强坚持马克思主义立场、观点、方法的自觉性,统一人们对马克思主义立场、观点、方法对社会科学研究的指导作用的认识,坚持马克思主义的指导地位,决不搞指导思想的多元化。当前,坚持马克思主义立场、观点、方法的指导,最重要的就是要用中国特色社会主义理论体系领社会科学的发展。中国特色社会主义理论体系是与马克思列宁主义、毛泽东思想一脉相承而又与时俱进的科学体系,是马克思主义基本原理同当代中国实际相结合的理论结晶,集中体现了当代中国社会科学的优秀成果和理论品质,全面展示了社会科学在指导人们认识世界和改造世界过程中的重要功能和作用。以中国特色社会主义理论体系领中国社会科学事业的繁荣发展,就是要把中国特色社会主义理论体系作为社会科学研究的重要内容,在中国特色社会主义理论体系的时代背景、实践基础、科学内涵、精神实质、历史地位的研究上下功夫;就是要把是否体现中国先进生产力的发展要求、中国先进文化的前进方向和中国最广大人民的根本利益,作为衡量中国社会科学性质、方向和水平的根本尺度;就是要在繁荣发展社会科学中,坚持贴近实际、贴近生活、贴近群众,全面体现社会科学的时代性,把握社会科学的发展规律,创造性地推进中国社会科学事业的繁荣发展。在指导思想明确的同时,社会科学工作者又要大胆解放思想,把坚持马克思主义与发展马克思主义结合起来,在坚持中发展,在发展中更好地坚持。马克思主义不是僵化的教条,不是由一成不变的既定的框架、公式、理论所构成的封闭体系,作为实践的、发展的、充满生命力的科学,它本身是开放的、充满活力的和与当代社会生活息息相关的。马克思主义创始人从

---

① 马克思、恩格斯:《马克思恩格斯选集》(第4卷),北京:人民出版社,1995年,第506页。

来没有把自己的理论看作一成不变的真理。恩格斯说:"我们的理论是发展着的理论,而不是必须背得烂熟并机械地加以重复的教条。"①列宁认为:"马克思主义者必须考虑生动的实际生活,必须考虑现实的确切事实,而不应当抱住昨天的理论不放。"②邓小平强调:"一个党,一个国家,一个民族,如果一切从本本出发,思想僵化,迷信盛行,那它就不能前进,它的生机就停止了,就要亡党亡国。"③社会科学工作者要充分认识到马克思主义与时俱进的理论品质,实现思想认识、理论水平和研究方法的与时俱进。在研究社会主义改革开放和现代化建设中出现的新情况、新问题时,既要坚持马克思主义的基本立场、观点、方法和基本原理,又不能拘泥于个别过时的结论,把马克思主义继续推向前进,在发展马克思主义的进程中更好地坚持马克思主义。

第二,把理论创新与指导实践紧密结合起来。解放思想、实事求是、与时俱进、开拓创新是社会科学研究坚持马克思主义立场、观点、方法的基本要求。但理论创新不是标新立异,不是哗众取宠,理论创新只有同社会发展的要求、丰富多彩的生活和人民群众的实践紧密结合起来,才能具有强大的生命力和影响力,才能实现创新的真正价值。因此,社会科学工作者要提高理论创新的自觉性和主动性,更加清醒地认识到理论创新的重要性和紧迫性,自觉把思想认识从那些不合时宜的观念、做法和体制的束缚中解放出来,从对马克思主义的错误的和教条式的理解中解放出来,从主观主义和形而上学的桎梏中解放出来,立足国情、立足当代,深入群众、深入实际,下苦功夫、下细功夫,研究中国特色社会主义建设实践中提出的新课题,总结新经验,形成新认识,作出新判断,创造新理论,指导新实践。

第三,把掌握方法与解决问题紧密结合起来。社会科学研究的具体方法无疑是多元的,但在根本方法上应该坚持马克思主义的方法。社会科学工作者要深刻领会马克思主义的精神实质,重视它的方法论价值。恩格斯有句名言:"马克思的整个世界观不是教义,而是方法。它提供的不是现成的教条,而是进一步研究的出发点和供这种研究使用的方法。"④社会科学工作者不

---

① 马克思、恩格斯:《马克思恩格斯选集》(第4卷),北京:人民出版社,1995年,第681页。
② 列宁:《列宁选集》(第3卷),北京:人民出版社,1995年,第26~27页。
③ 邓小平:《邓小平文选》(第2卷),北京:人民出版社,1994年,第143页。
④ 马克思、恩格斯:《马克思恩格斯选集》(第4卷),北京:人民出版社,1995年,第742页。

能一遇到新问题就立即到经典作家的本本里找答案,找根据,找说法,而是应该像马克思那样思考问题,善于运用马克思主义的立场、观点、方法去观察和分析问题。就方法论的意义而言,马克思主义有很多科学的思想方法,如用联系和发展的观点看问题的思想方法、抓主要矛盾的思想方法、具体情况具体分析的思想方法、透过现象看本质的思想方法等。当然,社会科学研究在强调要注重掌握马克思主义思想方法的同时,并不意味着对其他科学研究方法的排斥和否定,诸如实证和数量分析的方法、田野调查的方法、考据研究的方法,甚至自然科学常用的实验研究的方法都可以为社会科学研究所用。在掌握方法的基础上,研究解决现实问题是社会科学的主要任务,更是坚持和发展马克思主义的内在必然要求。我们真正需要的理论家,是"能够依据马克思列宁主义的立场、观点和方法,正确地解释历史中和革命中所发生的实际问题,能够在中国的经济、政治、军事、文化种种问题上给予科学的解释,给予理论的说明"①。这就要求社会科学工作者自觉运用马克思主义的科学思想方法,以创造性的理论研究和具有理论说服力的正确结论,研究回答关系党和国家发展全局的重大战略问题,研究回答现实生活提出的、干部群众关心的深层次思想理论问题,并不断深化对共产党执政规律、对社会主义建设规律、对人类社会发展规律的认识,为推进中国特色社会主义伟大事业而奋斗。

总之,无论是从理论还是实践、无论是从历史还是现实的角度来看,加强马克思主义方法论教育无疑是增强其战斗力和说服力的有效途径;马克思主义的思想和价值引领也主要体现为方法引领。我们要牢记列宁的教导,"不能为死教条而牺牲活的马克思主义"。这说明,马克思主义经典作家作出的某些结论往往受当时的时空和条件限制,因而可能有一定的历史局限性,如"西欧多国同时胜利论"等,但他们作出结论所使用的思维方法却具有跨越时空的一般性,如辩证思维等;对待马克思主义,不能固守它的个别结论,将其教条化,当作裁剪历史和现实的现成公式,这样做只能葬送马克思主义,而应该学会运用它的基本方法来分析和解决人们面临的新的实际或现实问题,并在运用中加以补充、丰富和发展,这样才能在促进马克思主义大众化、时代

---

① 毛泽东:《毛泽东选集》(第3卷),北京:人民出版社,1991年,第814页。

化、信息化进程中使之成为具有生命力的活的马克思主义。

经典阅读

1. 马克思、恩格斯:《马克思恩格斯选集》(第3卷),北京:人民出版社,1995年。
2. 马克思、恩格斯:《马克思恩格斯选集》(第4卷),北京:人民出版社,1995年。
3. 列宁:《列宁选集》(第2卷),北京:人民出版社,1995年。
4. 毛泽东:《毛泽东选集》(第4卷),北京:人民出版社,1991年。
5. 邓小平:《邓小平文选》(第2卷),北京:人民出版社,1994年。

专题四
毛泽东对建设中国特色社会主义的艰辛探索

【导读】 以毛泽东同志为核心的党的第一代领导集体把马克思主义基本原理与中国实际有机结合起来,对建设中国特色社会主义作了艰苦的探索,其中既有成功的经验也有深刻的教训,开启了中国共产党与时俱进探索中国特色社会主义的先河。本专题着重分析毛泽东是如何根据中国实际科学构建中国特色社会主义基本政治经济制度,以及在对党和国家政治生活中一些重大问题的深入思考中发展马克思主义的。

应该说,中国共产党领导人民进行革命,顺应了中国社会历史发展的潮流,其执政具有革命的合法性;但是,合法性并不是一成不变的,相反,它是随着时代主题和执政实践的变化而变化的。中国共产党正是在探索中国特色社会主义建设道路中不断开辟执政合法性新资源的,从毛泽东、邓小平到江泽民、胡锦涛、习近平,中国共产党人始终在建设中国特色社会主义道路上进行艰苦探索,在这个探索中,中国共产党的执政理论不断完善、治国理政水平和能力不断提高,标志着中国共产党在治国方面不断走向成熟。党的十八大报告强调全面建成小康社会的奋斗目标,为进一步深化经济、政治、文化体制改革,促进社会主义物质文明、政治文明和精神文明的协调发展提出了具体目标,也为完善和发展中国特色社会主义治国模式指明了方向。因此,结合对中国共产党执政实践曲折发展的理论分析,揭示合法性转换与中国共产党执政能力的不断提高之间的内在联系,从提高执政合法性的角度深化对马列主义、毛泽东思想和中国特色社会主义理论体系的认识,有助于我们提高贯彻邓小平理论、"三个代表"重要思想、科学发展观和习近平新时代中国特色社会主义思想的自觉性,增强马克思主义的战斗力和说服力,不断开辟中国共产党执政合法性新资源,自觉按规律办事,不断提高中国共产党的领导水平和执政能力,增强拒腐防变能力,更好地发挥中国特色社会主义制度的优越性。

中国革命胜利后应建立什么样的国家,这是以毛泽东同志为代表的中国共产党人不得不思考的一个重大问题。应该说,早在新民主主义革命时期,这一问题就引起了中国共产党的高度关注,毛泽东在《新民主主义论》和《论联合政府》等著作中阐述了中国革命胜利后应建立什么样的经济、政治、文化制度;新中国建立后,他又在总结国内外经验教训的基础上,开始了对中国特色社会主义治国模式的艰苦探索,在理论和实践方面都取得了巨大成就,同时也犯过严重错误。反思毛泽东的治国思想,有助于我们深化对社会主义建设规律和共产党执政规律的认识,不断提高党的领导水平和执政能力,推进中国特色社会主义理论与实践全面发展。

一、毛泽东在创建中国特色社会主义基本政治制度中发展马克思主义

中国革命胜利后,应该以什么样的方式来治理国家,如何建设中国特色社会主义是党和毛泽东不得不思考和解决的问题。在中国社会主义革命和建设的历史上,毛泽东对中国的民主政治和共产党执政规律进行了艰苦探索,这些探索无疑具有开拓性意义。他虽然没有提过政治文明和执政合法性的概念,但是他关于新民主主义和社会主义的政治建设意识,关于社会主义政治制度建构的思想,关于处理党和国家政治生活中各种矛盾问题的思路,客观上已成为中国社会主义民主政治和政治文明建设的起点,开启了中国共产党执政的合法性。研究毛泽东在探索中国特色社会主义治国模式中的理论和实践,探讨毛泽东在执政党建设中的成败得失,对于21世纪全面推进中国特色社会主义民主政治和政治文明建设具有十分重大的理论和实践价值，因而是研究社会主义政治建设和共产党执政规律无法回避的重要课题。从政治文明建设所取得的成就方面来看，毛泽东在探索中国特色社会主义民主政治发展理路上的贡献主要表现在以下几个方面。

第一，毛泽东的政治构想经历了从新民主主义到社会主义的合乎逻辑的发展。

从政治思想看，中国特色社会主义治国模式的构想可以说是始发于毛泽东的新民主主义理论，这个理论是一个政治、经济和文化三位一体的宏伟构想，其中，政治建设是最重要、也是论述最全面的部分，它在政治思想和政治制度建构方面为中国特色社会主义政治文明建设提供了基本思路。

首先，毛泽东在总结全世界的国家和政权体制的基础上提出了新民主主义政治构想。他按照政权的阶级性质把全世界的国家和政权体制划分为三种形式：资产阶级专政的共和国；无产阶级专政的共和国；几个革命阶级联合专政的共和国。毛泽东认为，"和旧形式的、欧美式的、资产阶级专政的、资本主义的共和国相区别，那是旧民主主义共和国，那种共和国已经过时了"，而且，苏联式的、无产阶级专政的、社会主义的共和国已经在苏联兴盛起来，"并且还要在各资本主义国家建立起来，无疑将成为一切工业先进国家的国家构成和政权构成的统治形式"[①]。针对中国半封建半殖民地的国情，毛泽东对未来中国的政治前途有了一个根本性判断，认定在旧民主主义革命已经在中国完全失败、苏联式民主共和国在中国尚不具备条件的情况下，中国只能采取新民主主义共和国的形式。基于此，毛泽东强调："中国的事情是一定要由中国的大多数人作主，资产阶级一个阶级来包办政治，是断乎不许可的。"[②]新民主主义革命胜利后要建成的国家，"一定要是一个工人、农民和其他小资产阶级在其中占一定地位起一定作用的民主共和国"[③]。

其次，新民主主义政治构想是为社会主义民主政治建设服务的。早在第一次国共合作失败后，毛泽东在批判陈独秀的"两次革命论"时就强调中国革命要经历新民主主义革命和社会主义革命两个阶段，前者是为后者做准备

[①] 毛泽东：《毛泽东选集》（第2卷），北京：人民出版社，1991年，第675页。
[②] 毛泽东：《毛泽东选集》（第2卷），北京：人民出版社，1991年，第732页。
[③] 毛泽东：《毛泽东选集》（第2卷），北京：人民出版社，1991年，第649页。

的,后者是前者的必然结果,因此,新民主主义的政治发展目标一定是社会主义。为此,毛泽东认为:一方面,在新民主主义社会里依然还要革命,但目标是建立社会主义制度;另一方面,这种条件下的政治建设是为后一步做准备的,它要先消灭自身然后建构新型政治模式。可见,毛泽东的新民主主义建设理论除当时历史条件下统一战线的策略考虑之外,基本上是按照未来的社会主义社会为蓝图设计的,它的许多内容在后来直接地过渡为社会主义民主政治建设的重要方面。毛泽东对未来中国政治模式的思考,始终强调这样两点:一方面,资产阶级民主政治在中国行不通,苏联式民主共和国的模式既是全世界一切工业先进国家政治建设的前途,也是中国未来的政治前途;另一方面,在未来中国的政治模式中,一定要由中国的大多数人作主,要体现人民当家作主的理念。这样,无产阶级领导、各革命阶级(包括中国民族资产阶级、小资产阶级等)联合专政以及社会主义的直接目标,就是新民主主义政治建设的最大特色。这说明新民主主义的政治构想,为中国在革命胜利后进行民主政治建设准备了基本的政治结构和政治规范系统,客观上为中国式社会主义民主政治建设提供了思想基础。

最后,毛泽东还从国体和政体两方面详细论述了新民主主义社会的政治构想,探索了新社会将要建设的政治文明的制度构架。毛泽东指出,所谓"国体","就是社会各阶级在国家中的地位"[①]。早在抗日战争时期他就曾提出,新中国应当建立一个以全国绝大多数人民为基础而在工人阶级领导之下的统一战线的民主联合的国家制度,新中国的国体就是各革命阶级联合专政。解放战争以后,毛泽东又提出了"人民民主专政"的思想,并形成关于新中国国体的完整表述,即"工人阶级(经过共产党)领导的以工农联盟为基础的人民民主专政"。对于政体,毛泽东在《新民主主义论》中认为:"所谓'政体'问题,那是指的政权构成的形式问题,指的一定的社会阶级取何种形式去组织那反对敌人保护自己的政权机关。"他同时设想:"中国现在可以采取全国人民代表大会、省人民代表大会、县人民代表大会、区人民代表大会直到乡人民代表大会的系统,并由各级代表大会选举政府",实行真正普遍平等的选举

---

① 毛泽东:《毛泽东选集》(第2卷),北京:人民出版社,1991年,第677页。

制,"这种制度即是民主集中制"①。此后,中国共产党在政权建设的思考中基本是在人民代表大会制和民主集中制上展开,并加上了政治协商和多党合作的重要内容。这样,在新民主主义国家的政治模式设计中,国体——人民民主专政,政体——人民代表大会制度、中国共产党领导的多党合作和政治协商制度,构成了一个全新的民主政治建设总体框架。

毛泽东对于新民主主义政治建设的构想,表明中国共产党早在革命战争年代就已经有了建设社会主义政治文明的思想意识。毛泽东不但看到了半封建半殖民地中国政治的黑暗,看清了资本主义民主政治的欺骗性,而且认识到由中国国情决定的建设社会主义民主政治的阶段性。从革命历程上看,新民主主义的政治构想是中国人民自近代以来找寻理想政治模式的结果,也是马克思主义指导中国人民进行民主革命和探寻建立社会主义民主政治目标的结果。从政治文明建设的角度看,毛泽东紧紧抓住让人民当家作主的理念,在制度建设上提出了人民民主专政、人民代表大会制度和共产党领导的多党合作和政治协商制度等一系列切合中国实际、有利于向社会主义过渡的新思想,并从制度层面上找到了建设新型民主政治的合理形式,建设新型政治文明的意识已在新民主主义政治设计的过程中确立,从而初步形成了中国社会主义民主政治建设的大思路。

第二,构建了中国特色社会主义民主政治的基本框架。

有了新民主主义的政治构想作铺垫,中国社会主义民主政治建设的思路很明确。新中国成立后,中国共产党领导的多党合作和政治协商制度与人民代表大会制度相继建成,1954年召开了第一次全国人民代表大会,制定了《中华人民共和国宪法》。这些成就是在毛泽东新民主主义政治构想的指导下取得的,正是因为有充分和科学的理论论证,新中国的民主政治建设才能如此顺利展开。虽然毛泽东的新民主主义政治构想是针对新民主主义共和国而设计的;但是,由于它本身体现着社会主义的价值目的,由于新中国成立后很快就进行了社会主义改造,蕴涵在新中国民主政治建设中的资本主义民主主义成分很快被清除,从而新中国的整个政治体系逐渐转变为社会主义性质。由此,毛泽东从战争年代以来关于建设一个什么样的国家,怎样建设国

---

① 毛泽东:《毛泽东选集》(第2卷),北京:人民出版社,1991年,第677页。

家的思考,将在政治层面得到的科学认识逐渐转化为现实。到党的八大为止,中国社会主义政治制度建设基本定型,这一伟大胜利标志着中国有史以来第一次建成了消灭剥削和压迫的基本政治制度,实现了人民当家作主的愿望。我们开始了真正文明的民主政治建设,从政治上初步形成了中国特色的社会主义治国模式。

上述分析表明,毛泽东在探索中国特色社会主义治国模式中,始终把人民当家作主作为社会主义民主政治建设的核心,毛泽东的人民民主专政理论就是这一核心理念的具体化。人民民主专政理论是毛泽东把马克思列宁主义关于无产阶级专政的学说同中国的具体实际相结合,在长期的革命斗争实践中创造出来的。在新民主主义革命时期,人民民主专政是解决资产阶级民主革命任务的。在中华人民共和国成立以后,由于人民民主专政已经担负起社会主义革命和社会主义建设的使命,人民民主专政的实质是无产阶级专政。但是两个时期人民民主专政的内涵不一样,新民主主义的人民民主专政是指"各革命阶级联合专政",社会主义时期是"工人阶级(经过共产党)领导的以工农联盟为基础的人民民主专政"。在社会主义条件下,人民民主专政不是抽象的概念,它有很实际的内容。首先,工人阶级通过中国共产党的领导作用为人民当家作主并享有充分的民主自由提供了根本的保证;其次,以工农联盟为基础团结全体人民,表明中国的社会主义民主具有广泛性;最后,在人民内部实行民主,对敌人实行专政。

人民当家作主的核心理念除用国体的形式表现出来之外,还必须转化为具体的政治制度。在革命胜利后,人民的共和国要用什么样的政权组织形式来发挥人民政权的功能呢?毛泽东对此进行了长期思索。早在1940年1月他在讨论政体问题时就指出,中国可以采取从全国到乡的各级人民代表大会制度。1948年他在中央政治局会议上的报告中又指出:"人民代表会议制度问题,我们政权的制度是采取议会制呢,还是采取民主集中制?……我们采用民主集中制,而不采用资产阶级议会制。议会制,袁世凯、曹锟都搞过,已经臭了。在中国采取民主集中制是很合适的。我们提出开人民代表大会……不必搞资产阶级的议会制和三权鼎立等。"①新中国成立以后,毛泽东

---

① 毛泽东:《毛泽东文集》(第5卷),北京:人民出版社,1996年,第136页。

十分关注人民代表会议制度的落实,从1949年10月至1950年12月,毛泽东以中央或个人名义多次发出文电,要求全党把组织召开各界人民代表会议当作一件大事去办。到1952年9月,人民代表会议在全国范围内建立起来并普遍代行人民代表大会的职权,这种初级的政权组织形式为进一步实现普选的人民代表大会制度创造了条件。1953年下半年,全国范围的普选开始,1954年9月成功召开了第一届全国人民代表大会第一次会议,这是中国政治文明建设史上里程碑式的大事,标志着人民代表大会制度正式成为中国的根本政治制度。直到今天,人民代表大会制度依然是中国公民充分享有民主权利的标志,是社会主义中国政治文明建设最根本的制度模式。毛泽东为什么会认为中国适宜采取人民代表大会制度,不主张搞资产阶级的议会制和三权分立?除他所说的这种政权已过时、必须采用新式的民主制之外,还因为他认识到:新民主主义共和国只是一个过渡性的时期,新中国成立后所建立的政治制度需要有利于向社会主义过渡。他从苏联社会主义政治制度中得到启示,选择了民主集中制的组织原则和人民代表大会制度。这样,一方面,毛泽东批判了西方民主政治制度的虚伪性,吸收了苏联式社会主义政治文明的成果;另一方面,毛泽东从中国实际出发,选择了适合中国国情的民主政治制度。

再好的政治制度,如果没有完备的法律制度作保障,在实际的政治生活中也容易遭到人为践踏。所以,在衡量一个社会的政治文明程度时,法制是一个重要内容。马克思主义认为,民主和法制是紧密相连的。在革命胜利后,无产阶级必须把体现劳动人民共同利益的社会主义民主原则上升为国家意志,使之建立在法律的权威之上。1954年召开的第一届全国人民代表大会制定了中国第一部社会主义类型的宪法,标志着中国社会主义民主与法制建设进入一个新的发展阶段,也表明中国社会主义政治文明建设有了突破性进展。有人认为,毛泽东不重视法制建设,他喜欢搞人治。这显然不符合事实。如果没有毛泽东的探索和思考,没有他的支持,中华人民共和国第一部宪法就不可能在短期内制定完成。应当指出,新中国成立后一个时期,毛泽东是重视法制的,他为此花费了大量精力,提出了不少很有创见的思想。首先,毛泽东对宪法和法律的重要性有许多精辟论述。他认为,宪法是一个国家的总章程,是根本大法。"用宪法这样一个根本大法的形式,把人民民主和社会主义原则固定下来,使全国人民有一条清楚的轨道,使全国人民感到有一条清楚的明确的和正确的道路可走,就可以提高全国人民的积极性。"①他号召全国人民:"一定要守法,不要破坏革命的法制。"②其次,毛泽东指出,一切重要的立法都要采用领导和群众相结合以及领导和广大积极分子相结合的方法。最后,毛泽东认为,法制建设必须坚持社会主义原则,既要从根本上划清社会主义民主同资本主义民主的界限,又要善于吸收资产阶级民主制度中的一切有益成分。可见,毛泽东在新中国成立后一个时期对法制建设工作曾给予积极的指导,在他的推动下,中国有了第一部宪法,广大人民群众的民主权利第一次有了法制保障;在他的倡导下,法制意识在党和国家的行政体制中逐步生成,人民的法制观念开始确立,结束了旧中国专制主义的政治统治,人民当家作主的新的政治格局最终以宪法和法律的形式得以巩固。

第三,在对党和国家政治生活中一些重大问题的深入思考中发展了马克思主义。

毛泽东在长期的斗争环境中就一直在思考未来中国的政治设计问题,形成了新民主主义民主政治建设思想,而且从井冈山的红色政权到抗日战争时期共产党领导下的边区政权,中国共产党积累了一定的民主政治建设经验。因此,新中国的民主政治建设思想基本上是成熟的。这种成熟并不仅仅表现在实践上的巨大成功,而且表现在毛泽东关于社会主义民主政治建设的指导思想和方针策略上。毛泽东的民主政治建设思想的主要特点是:强调马克思列宁主义的指导和与中国国情相结合,突出广大人民当家作主的理念,把民主集中制作为国家政治生活的基本原则,主张吸收和借鉴人类文明的一切优秀成果包括人类政治文明建设的优秀成果。这些思想在新中国成立后建立起来的民主政治制度中得到充分体现。除此之外,毛泽东还对国家政治生活中一些重大问题进行了深入的思考,取得了突破性的进展。这一思考的成果不但有效地解决了当时中国民主政治建设中的一些深层次矛盾,而且为中国特色社会主义政治文明建设提供了有长久价值的思想资源。

首先,要正确处理两类不同性质的矛盾。正确处理两类不同性质矛盾的

---

① 毛泽东:《毛泽东文集》(第6卷),北京:人民出版社,1999年,第328页。
② 毛泽东:《毛泽东文集》(第7卷),北京:人民出版社,1999年,第197页。

思想,是最能体现中国社会主义政治文明程度的内容之一。社会主义制度确立以后,毛泽东用马克思主义辩证法观察和分析过渡时期结束后中国的国情,认识到社会主义社会还存在矛盾,基本的矛盾依然是经济基础和上层建筑之间的矛盾。在党和国家的政治生活中,具体矛盾在不同的范围、不同的程度上还会以种种不同形式表现出来。毛泽东认为:"在我们的面前有两类社会矛盾,这就是敌我之间的矛盾和人民内部的矛盾。这是性质完全不同的两类矛盾。"[1]敌我矛盾是对抗性的,要用专政的办法来解决;人民内部矛盾是非对抗性的,是在人民利益根本一致基础上的矛盾,应该用民主的办法、说服教育的办法来解决。人民是指全体拥有公民权的人,即拥有民主和自由权利的人。在人民内部实行民主,对敌人实行专政,这就是中国的人民民主专政制度。社会主义改造完成后,我们国家内部的阶级矛盾已经基本解决,国内的主要矛盾已经不是敌我矛盾,但是人民内部的问题将层出不穷,因此,正确处理人民内部矛盾已经成为国家政治生活的主题。毛泽东对社会主义制度下民主政治功能的认识,对国内主要矛盾变化的认识,对社会主义条件下国家政治生活主题的认识,是中国社会主义政治文明建设的特点和规律的阐明,是人类从事社会主义建设实践的又一次政治自觉。

其次,要反对官僚主义。官僚主义是社会主义民主政治的最大障碍,是政治文明建设的一块绊脚石。对此,毛泽东有极其深刻的认识。他指出,官僚主义是反人民的作风,"就其社会根源来说,这是反动统治阶级对待人民的反动作风(反人民的作风、国民党的作风)的残余在我们党和政府内的反映"[2]。如果任凭这种作风滋生蔓延,势必损害党群、干群关系,影响党在人民群众中的威望,并最终将破坏人民民主,妨碍党和国家民主生活的正常运行。因此,官僚主义同社会主义民主政治是格格不入的。中国社会主义政治文明建设的原则之一是党的领导,而官僚主义恰恰是党领导人民建设高度的社会主义政治文明的一大障碍,毛泽东对官僚主义的批判,在反官僚主义问题上的一系列重要论述,为中国共产党和国家克服官僚主义及其他不良倾向提供了有力的思想方法。

---

[1] 毛泽东:《毛泽东文集》(第7卷),北京:人民出版社,1999年,第204～205页。
[2] 毛泽东:《毛泽东文集》(第7卷),北京:人民出版社,1999年,第254页。

最后，要强调民主监督。健全的监督机制是建设社会主义政治文明的重要保证。早在领导革命根据地政权建设时，毛泽东就十分重视党内的监督与监察工作。1929年他在《关于纠正党内的错误思想》一文中提出，要通过共产党内的监督和群众对政权机关的批评来影响党和红军。1945年他在延安同著名的民主人士黄炎培讨论跳出历史周期律的问题时宣布，我们找到了用民主的方法来跳出这个周期律的新路子。新中国成立以后，毛泽东十分重视人民群众的监督作用，提出要由群众直接监督政府的工作，除了党的监督和群众的监督，毛泽东还注重发挥民主党派和无党派人士的监督作用。他把中国共产党同民主党派的关系概括为"长期共存，互相监督"八个字，并强调："所谓互相监督，当然不是单方面的，共产党可以监督民主党派，民主党派也可以监督共产党。"[1]总的说来，毛泽东始终认为加强对共产党的监督是保证党的执政地位的正确途径，党的监察工作必须遵循依靠群众的原则，党和国家工作人员必须置于人民群众的民主监督之下，只有这样，人民群众当家作主的权利才能得到有效维护，社会主义民主政治才能得以有效实施。

总之，毛泽东对于中国共产党执政规律的探索和建设中国社会主义治国模式的贡献是奠基性的，在新中国成立后短期内就建成了富有中国特色的社会主义政治文明的制度体系和观念体系。这个体系的核心是人民民主，毛泽东努力要实现的人民民主，是超越资本主义阶段的真正民主，是广大人民群众当家作主，这恰恰就是社会主义政治文明的主要标志。在治国方式上，中国的人民民主通过共产党的领导来实现，在人民代表大会制度中得到具体体现；为了保障人民民主，毛泽东主张建立强有力的监督机制，并致力于社会主义法制建设。对于各种破坏人民民主的现象和行为，毛泽东再三指出要坚决予以清除。但是，由于我们是在一个有着根深蒂固封建思想影响的农业大国中建设社会主义，加上"左"的思想的干扰，毛泽东的这些正确思想没有一以贯之地进行下去；相反，他晚年又在民主政治建设方面犯了错误，导致家长制和个人崇拜之风盛行，违背了他一直强调的民主集中制原则，使他亲手创立的各项民主制度没有好好落实。这样做的结果不但使中国政治文明建设蒙上了一层阴影，而且严重阻碍了物质文明和精神文明的进步。毛泽东晚年在

---

[1] 毛泽东：《毛泽东文集》（第7卷），北京：人民出版社，1999年，第235页。

民主政治建设方面所犯错误从反面证明,没有民主就没有社会主义政治文明,没有民主就没有社会主义现代化。只有大力发展社会主义民主政治,建设社会主义政治文明,促进物质文明、精神文明、政治文明、社会文明和生态文明协调发展,才能推动中国社会的全面进步。

二、毛泽东在构建中国特色社会主义基本经济制度中发展马克思主义

如何把马克思主义基本原理与中国实际有机结合起来,构建有中国特色社会主义的基本政治、经济、文化制度。这是新中国成立初期以毛泽东同志为核心的第一代中央领导集体特别需要解决的问题,毛泽东不仅在构建中国社会主义基本政治制度中发展了马克思主义,而且在构建中国特色社会主义基本经济制度中发展了马克思主义。

第一,过渡时期毛泽东的经济思想经历了从新民主主义向社会主义的急剧转变。早在新民主主义革命时期,与政治构想一样,毛泽东就开始了对未来社会经济建设道路的探索,确立了新民主主义的基本经济、政治、文化纲领,形成了从新民主主义革命向社会主义革命过渡的思想。这一思想认为新民主主义革命胜利后,中国就进入新民主主义社会,这是中国社会发展的一个相对独立阶段,而不是一个完整的社会形态,这个社会要由无产阶级政党来领导,但准许资本主义生产方式、小农经济等多种经济形态存在,其目的是发展经济,促进生产力发展;过了这一社会阶段以后,再进行社会主义改造,逐步消灭私有制,进入社会主义社会。新中国刚建立时,毛泽东基本上是按新民主主义思想来确立过渡时期的总路线,并准备用三个五年计划或更长时期来完成新民主主义向社会主义的转变。应该说,这一思想基本上是正确的;可是,历史事实是1956年中国就宣布进入了社会主义社会,这说明新中国成立后毛泽东关于社会主义经济建设的思想很快发生了变化。究其原因,主要有以下几个方面。

其一,担心农民根深蒂固的私有观念会影响向社会主义过渡。列宁早就认为,在落后的社会主义国家,社会主义革命容易建设难,特别是落后的生产方式和小农意识,会加强农民根深蒂固的私有观念,影响社会主义建设。毛泽东继承了列宁的这一思想,并在党的七届二中全会上就指出严重的问题是教育农民,认为农民没有社会主义积极性,容易走资本主义道路,因此,革命

胜利后必须及时引导农民走社会主义道路。到了1956年,毛泽东则认为农民中蕴涵着巨大的社会主义热情,农村合作化是农民热爱社会主义的表现。其二,急于消灭私有制,建立和巩固社会主义经济基础。马克思、恩格斯曾经把共产党人的历史使命归结为一句话:消灭私有制。问题在于如何消灭私有制?以毛泽东同志为代表的中国共产党第一代领导集体从中国的国情出发,在继承马克思、恩格斯和列宁关于对资本主义进行赎买的设想的基础上,从中国特定的历史条件出发,找到了一条有中国特色的对农业、手工业和资本主义工商业的社会主义改造道路,有助于建立和巩固新生政权的社会主义经济基础。正如1953年9月,周恩来在谈到社会主义改造问题时指出的:"为什么要着重提出经济改造?因为经济是基础,其他都是上层建筑,如果经济得不到改造,新中国的政治、军事、文化都立不住。毛主席说过,我们的国家在政治上已经独立,但要做到完全独立,还必须实现国家工业化。如果工业不发展,已经独立了的国家甚至还有可能变成人家的附庸国。"①同时,毛泽东认为,由于各种经济成分的激烈斗争,新民主主义社会是一个不稳定的社会,不利于巩固无产阶级政权,因此,当我们的国家政权基本稳固以后,我们要一方面搞改造,一方面建设社会主义。为此,党及时提出了"一化三改造"的过渡时期总路线,提出了对农业、手工业和资本主义工商业的社会主义改造。这标志着毛泽东经济思想已发生了急剧变化。其三,抗美援朝战争的胜利和苏联社会主义建设在短期内所取得的巨大成就,使毛泽东产生了急于过渡到社会主义的思想。其四,当时国际国内各方面的压力和广大干部群众急于进入社会主义的愿望也影响到毛泽东。且党内在如何建设社会主义问题上早就有"左"的思想苗头,这样,毛泽东急于过渡的思想与"左"的思想苗头相结合,就成为"大跃进"和"文化大革命"的思想先导;也说明中国共产党第一代领导集体对社会主义建设规律认识还不深、治国思想还不成熟,这种不成熟既源于在社会主义建设方面急于求成的"左"的思想,又使"左"的思想倾向在党内得以抬头。

第二,毛泽东在构建中国社会主义基本经济制度中发展了马克思主义。

中国社会主义基本经济制度的建立是与对资本主义的和平改造相伴而

---

① 周恩来:《周恩来经济文选》,北京:中央文献出版社,1993年,第151页。

生的。1952年前后,随着毛泽东新民主主义思想向社会主义思想的急剧转变和党的"一化三改造"路线方针的实施,中国共产党开始了和平改造资本主义和创建社会主义基本经济制度的伟大实践。"一化三改造"的精神实质,就是根据中国的具体国情和建设社会主义国家的总目标,对有中国特色社会主义建设道路的崭新探索。

实现工业化,是在20世纪取得民主革命胜利后向社会主义过渡的所有社会主义国家的共同目标。这是因为,取得无产阶级革命胜利的国家都是政治、经济、文化较落后的国家。这些国家的一个共同特点是经济上极度落后。这与马克思、恩格斯所设想的在资本主义充分发展的基础上进行社会主义建设的理论有很大差距。因此,一旦无产阶级革命取得成功,由农业国转变为工业国,由落后转变为先进,就成为各国的首要目标。因为只有在经济获得发展、人民生活水平得到提高的基础上,人们才能够相信社会主义制度的优越性,才会以更加饱满的热情投入新社会的建设之中,建设社会主义和共产主义也才能够成为全民的共同理想,从而给共产党执政的合法性加分。此外,无产阶级革命的成功,使得资本主义国家寝食难安,意识形态领域的斗争随时可能变为武装干涉,没有强大的工业基础,尤其是没有重工业和军事工业作保障,无产阶级革命所取得的胜利就会遭受到严重挫折。这已经被苏联的事实所证明。因此,建设强大的工业,建立健全的工业体系,自然成为对无产阶级政权进行强有力保障的物质前提。所以,党在过渡时期的总路线提出的工业化目标,是为向共产主义过渡提供生产力基础,是正确而英明的,历史已经证明了这一点。

"三改造"是对农业、手工业和资本主义工商业的社会主义改造。其实质是将多种所有制成分逐渐转变成国营经济为主导的公有制经济。如果说工业化的实现是向社会主义过渡的物质基础和基本前提的话,那么对农业、手工业和资本主义工商业的社会主义改造则是向社会主义过渡的具体实施措施,是为向社会主义过渡准备生产关系基础,通过"一化三改造",中国逐步建立了以公有制和按劳分配为主的社会主义基本经济制度,基本上确立了社会主义生产关系。马克思在《哥达纲领批判》中提出的无产阶级取得政权后的第一件事情,就是迅速地实现公有制,实现由无产阶级国家占有生产资料,而对生产资料的无产阶级占有形式,就是社会主义生产关系建立的基本标志。

所以,党在过渡时期的总路线的提出和实施,是以毛泽东同志为核心的中国共产党人将马克思列宁主义基本原理与中国具体实际结合的产物,这在理论和实践上极大地发展了马克思列宁主义,也是中国共产党第一代领导集体,对建立社会主义生产力和生产关系所进行的科学探索和尝试,体现了生产力和生产关系的矛盾辩证法。

和平改造农业、手工业和资本主义工商业,特别是对资本家阶级的改造是中国共产党将马克思列宁主义与中国实际相结合的一个伟大的历史创造,它标志着中国社会主义基本经济制度的初步建立,并有着鲜明的中国特色。

首先,和平改造资本主义工商业,是对马列主义有关和平赎买资产阶级构想的继承和发展。马克思和恩格斯都谈过无产阶级取得政权后向资产阶级赎买的思想。恩格斯说,马克思多次同他讲过赎买问题,认为"那对于我们最便宜不过了"[①]。列宁也完全赞同赎买思想,并引用马克思的话说:"在一定条件下,工人决不拒绝向资产阶级赎买。"[②]在十月革命前后,列宁曾多次宣称苏维埃愿意经过国家资本主义的措施,和平地实现资本主义向社会主义的过渡。他说,"对个别资本家,甚至是大多数的资本家,无产阶级不仅不打算把他们'剥光',不仅不打算剥夺他们的'一切',而且相反,打算让资本家在工人的监督下去做有益的和光荣的工作"[③]。但是俄国的资产阶级是一个反动的阶级,他们拒绝列宁的国家资本主义政策。因此,列宁和平改造资产阶级的愿望未能实现,不得不用革命的暴力和无偿剥夺的手段对付反动的俄国资产阶级。中国对资本主义工商业的社会主义改造,是从中国实际出发,对马克思列宁主义关于和平赎买思想的运用和发展,1955年10月29日,毛泽东在资本主义工商业社会主义改造问题座谈会上的讲话中明确指出:"我们现在对资本主义工商业的社会主义改造,实际上就是运用从前马克思、恩格斯、列宁提出过的赎买政策。"[④]

其次,中国存在和平改造资本主义的历史必然性。毛泽东从中国特定的

[①] 马克思、恩格斯:《马克思恩格斯选集》(第4卷),北京:人民出版社,1995年,第503页。
[②] 列宁:《列宁选集》(第3卷),北京:人民出版社,1995年,第529页。
[③] 列宁:《列宁全集》(第24卷),北京:人民出版社,1990年,第398页。
[④] 《共和国走过的路——建国以来重要文献专题选集(1953—1956)》,北京:中央文献出版社,1991年,第125页。

历史条件出发,运用唯物史观的阶级分析理论,深刻揭示出中国民族资产阶级的两面性,指出了和平改造民族资本主义的可能性和现实性。他在《中国共产党中央关于资本主义工商业改造问题的决议》草案修改稿中写道:"这种政策并不违反马克思主义的原则。马克思、恩格斯和列宁都曾经认为在某种条件下采取赎买政策,是可以允许的,是对于工人阶级有利的。"①

再次,创造了国家资本主义的改造方法和多种形式,发展了马克思列宁主义对资产阶级实行和平赎买的思想。消灭私有制是共产党的奋斗目标和社会主义的根本原则,为了实现这一原则,中国共产党采取了逐步实行各种形式的国家资本主义这一极具灵活性的方法。毛泽东指出要实行社会主义原则,是不是在全国范围内一天早晨一切都实行社会主义呢?这样形式上很革命,但是缺乏灵活性,就行不通,就会遭到反对,就会失败。因此,我们要在坚持社会主义全民所有制这个基本原则下,从中国实际出发,逐步地、灵活地通过国家资本主义实现对资本主义工商业社会主义改造的方针和政策。在此基础上,他进一步深化了对国家资本主义性质的认识,正如他在《关于利用、限制和改造资本主义工商业的若干问题》的批语和修改中写道:"现在的资本主义是在人民政府管理下的和社会主义经济联系着的并受其领导的受工人监督的资本主义即国家资本主义。"②之后,他对国家资本主义性质的认识又有了深化,他在1953年夏季全国财经工作会议的一个文件上的批语里指出:"中国现在的资本主义经济其绝大部分是在人民政府管理之下的,用各种形式和国营社会主义经济联系着的,并受工人监督的资本主义经济。这种资本主义经济已经不是普通的资本主义经济,而是一种特殊的资本主义经济,即新式的国家资本主义经济。它主要地不是为了资本家的利润而存在,而是为了供应人民和国家的需要而存在。……因此,这种新式国家资本主义经济是带着很大的社会主义性质的,是对工人和国家有利的。"③至此,毛泽东对中国的国家资本主义经济性质的认识,已经达到科学的水平,这对中国共产党制定对资本主义工商业的和平改造政策是至关重要的。同时,我们还创造了国家资本主义的多种形式,在工业方面,有委托加工、计划订货、统购、

---

① 《建国以来毛泽东文稿》(第5册),北京:中央文献出版社,1991年,第440页。
② 《建国以来毛泽东文稿》(第4册),北京:人民出版社,1990年,第255页。
③ 《建国以来毛泽东文稿》(第4册),北京:人民出版社,1990年,第271页。

包销等;在商业方面,有批购、经销、代销、专业代销、进出口商的代购等。在公私合营方面,有个别企业的公私合营和全行业的公私合营。各种不同形式的国家资本主义都使其生产关系发生了质的变化,最终达到有利于过渡到社会主义的目的。从而逐步形成了以全民所有制和集体所有制为基础的基本经济制度和高度集中的计划经济体制。尽管这一体制在建立和实施过程中存在一些不足,但它在巩固和发展中国社会主义经济基础中所起的历史进步作用是不容否定的。

总之,过渡时期,毛泽东提出了许多社会主义建设的思想,这些思想是对中国特色社会主义建设道路的原创性探索,既坚持和发展了马克思主义,又为建构中国特色社会主义基本政治、经济制度提供了指导。当然,这个时期,在治国方面也存在一些缺陷,主要是毛泽东的新民主主义理论没有坚持到底,过渡时期被人为缩短,"一化三改造"过程中有过快、过激行为。这为"左"的思想不断上升埋下了隐患。但我们不能因此否定以毛泽东同志为核心的党的第一代领导集体在建构中国特色社会主义基本政治、经济制度中所起的重大作用。

三、中国特色社会主义建设在探索中的曲折前进

1956年是中国政治经济形势发生重大变化的一年。这一年,中国基本上完成了生产资料私有制的社会主义改造,建立了社会主义公有制,进入社会主义社会。这是中国历史发展的一个重大转折。如果说,通过"一化三改造",中国提前进入了社会主义,但这种社会主义基本上是以斯大林模式为样本而建立起来的,而20世纪30年代,苏联形成的高度集中的经济管理体制和过度集权的政治领导体制的弊端,到"二战"后日益充分显露出来。赫鲁晓夫在苏共二十大上对斯大林个人迷信的批判,在国际共产主义运动中对于破除迷信、解放思想、冲破教条主义禁锢,推动马列主义与各国实际相结合,消除苏联模式的弊端,具有重要意义。苏共二十大前后,苏联和东欧国家都在尝试进行改革。

针对苏共二十大以后,国内外出现的新形势,毛泽东提出以苏为鉴,从突破苏联模式开始,立足于走自己的路,积极探索中国特色社会主义建设道路。毛泽东在1956年和1957年写的《论十大关系》和《关于正确处理人民内部矛

盾的问题》两书中明确提出要走一条中国工业化道路。党的八大和党中央其他领导人都提出了探索建设社会主义的积极主张。其基本内容可作如下概括：调动一切积极因素，为实现社会主义工业化，为建设社会主义的伟大事业服务，这是一个总览全局的战略方针；中国无产阶级与资产阶级之间的矛盾已经基本解决，全党和全国人民当前的主要任务，是集中力量发展生产力，实现国家工业化；工业化道路问题，主要是指重工业、轻工业和农业的发展关系问题，在我们这样一个小农占优势的大国里，在优先发展重工业的同时必须适当发展轻工业和农业，并且把重、轻、农的次序调整为农、轻、重；走自己的工业化道路，必须处理好一系列经济关系，逐步制定一整套行之有效的经济建设方针。以毛泽东同志为核心的党中央对建设社会主义道路的探索，反映了决心摆脱苏联模式的强烈愿望和深刻理论思考，并取得了一定的积极成果；但由于种种原因，没有冲破苏联模式的基本框框，在探索中又发生了"文化大革命"那样全局性失误。这说明探索中国特色社会主义道路不是一帆风顺的而是在曲折中前进的。这可以从"反冒进""大跃进"到人民公社化运动乃至"文化大革命"的曲折进程中得到证明。

建立社会主义的新中国是毛泽东毕生追求的理想，在1956年下半年，随着国际国内形势的急剧变化及其产生的巨大压力，毛泽东在社会主义建设上出现了冒进情绪，并迅速形成了中国社会主义跳跃式发展的思想，这一思想导致"三面红旗"理论和实践的出现。

毛泽东关于从"反冒进"到"大跃进"的思想经历了一个过程，正如他在《读苏联〈政治经济学教科书〉谈话记录》里论述它的形成过程时所指出的："由于我们没有管理全国经济的经验，所以第一个五年计划的建设，不能不基本上照抄苏联的办法。到生产资料私有制的社会主义改造基本完成以后，我们就提出了建设社会主义的两种方法的问题，在一九五八年正式形成了社会主义建设的总路线。一九五六年提出《论十大关系》，提出多快好省，这是社会主义建设总路线形成的开始。一九五六年的跃进，出来了一个反冒进，经过了一次曲折。一九五七年九月（八届）三中全会恢复多快好省。一九五八年春南宁、成都会议上批判反冒进，形成鼓足干劲、力争上游、多快好省地建设社会主义这条总路线的提法。五月党的八届二次大会正式通过总路线。"①重新确定的总路线成为"大跃进"的依据和"大跃进"开始发动的信号。

毛泽东之所以要反对"反冒进"和发动"大跃进"的主要原因：首先，他认为，由于"中国经济落后，物质基础薄弱，使我们至今还处在一种被动状态，精神上感到还是受束缚，在这方面我们还没有得到解放"②。所以要鼓一把劲，尽最大努力把建设搞得再快一点，争取更多的主动。其次，毛泽东还分析了我们能发动"大跃进"的原因，认为，在中国共产党已经取得夺取政权、土地革命、社会主义思想改造和政治革命等的伟大胜利之后，是能够获得再一次以建设的高速度为主的技术革命的胜利，以便在十五年或者更多一点的时间内赶上和超过英国。最后，从探索有中国特色社会主义的建设道路来看，最主要的是基于一种力图摆脱苏联社会主义模式的框框，"走自己的路"的要求。如果说在开始社会主义改造前后，毛泽东基本上是以斯大林模式为样本，把苏联宣布的建成社会主义的三条标准——消灭剥削阶级、农业集体化和国家工业化(大工业产值占工农业总产值的七成以上)作为中国社会主义建成的标准的话，那么在"大跃进"运动中，毛泽东不止一次地向同志们表述他的"走自己的路"的思想：现在苏联有5200万吨钢，今年5500万吨，三个卫星上了天。苏联建设社会主义，那是一种方法。我们可不可能有另一种方法呢？都是搞社会主义，都是马列主义，他们是由上而下的方法，我们是发动群众，搞阶级斗争。这里，自己的路怎么走法，说得很清楚。实际上，这便是毛泽东关于"大跃进"思想的纲。"大跃进"虽然是一场生产建设运动，但在毛泽东的头脑里，它绝不仅仅是一篇单纯的经济文章，而是其治国战略的核心，是不断革命这个伟大事业的一部分。所谓"不断革命"，核心问题是阶级斗争。毛泽东把"大跃进"定性为：革命和建设两个运动搅在一起，既是人与人的关系，又是人与自然界的关系。在1958年3月中国共产党中央政治局扩大会议(即成都会议)上，毛泽东谈到建国以来党内高层的斗争，认为建设社会主义有两种方法，一种是马克思主义的冒进，一种是非马克思主义的反冒进，而两个速度分歧正是阶级斗争在党内的集中反映。他号召：摸工业，摸农业，摸阶级斗

---

① 薄一波：《若干重大决策与事件的回顾》，北京：中共中央党校出版社，1993年，第659页。
② 毛泽东：《毛泽东文集》(第7卷)，北京：人民出版社，1999年，第350页。

争,就是要找马克思主义。并认为阶级斗争发展到这个阶段,隐藏在党内的资产阶级分子一定会暴露出来,不出来反而是怪事。可见,毛泽东当时不但没有认识到影响社会经济发展的症结所在,反而对当时国际国内复杂的政治斗争作了错误判断,认为越是抓阶级斗争,人们的干劲便越大,这就是中国特色的"大跃进"。他表扬上海市委第一书记柯庆施鼓动"大跃进"的报告写得好,说阶级斗争最尖锐的地方才能产生这样一篇文章。他认为阶级斗争的基本胜利已经取得,人民轰轰烈烈起来了,右派孤立了,社会主义建设就会像革命那样取得伟大胜利,这就是他后来逐渐形成的"抓革命、促生产"的思想。

应该说,针对"一五"计划中盲目追求经济速度而出现的冒进现象,周恩来等中央领导人及时提出要反冒进是正确的;但由于当时包括毛泽东在内的一部分领导人有急于求成的思想,"左"的思想苗头在党内得到了助长,重新确定的"鼓足干劲、力争上游、多快好省地建设社会主义"的总路线实际上成为发动"大跃进"的依据。尽管这一总路线的提出,反映了广大人民群众迫切要求尽快改变中国经济文化落后状况的普遍愿望,然而它忽视了客观的经济发展规律,否定了国民经济计划的综合平衡,夸大了主观意志和主观努力的作用,助长了浮夸不实之风和急于求成的"左"的思想,从而给党和国家带来了灾难。

如果说,"大跃进"运动是想通过加快经济发展速度来促进生产力的发展,那么,人民公社化运动则是力图通过调整生产关系来促进生产力的快速发展。毛泽东在1958年8月17日召开的北戴河政治局扩大会议上,正式提出要搞人民公社化运动,并对人民公社作了如下分析:(1)办人民公社是群众自发的,不是我们提倡的,但是,需要我们加以指导;(2)人民公社的特点是一大二公,政社合一;(3)人民公社实行供给制与工资制相结合的分配制度;(4)人民公社的建立,标志着对资产阶级法权的进一步破坏;(5)搞人民公社也是从农村到城市;(6)办人民公社,要试点,不要一哄而起,但是群众要搞,也不要压。大会通过的《中国共产党中央关于在农村建立人民公社问题的决议》指出:"人民公社发展的主要基础是我国农业生产全面的不断的跃进和五亿农民愈来愈高的政治觉悟。""在目前形式下,建立农林牧副渔全面发展,工农商学兵互相结合的人民公社,是指导农民加快社会主义建设,提前建成社会主义并逐步过渡到共产主义所必须采取的基本方针。"以上分析说明:毛泽东认为"大跃进"和人民公社化运动是相辅相成、相得益彰的,是社会主义社会基本矛盾运动的内在要求,后者是为了适应前者而产生的,是社会主义向共产主义过渡的最好形式。由于把人民公社看成是向共产主义过渡的最好形式,加之受"大跃进"的影响,在人民公社化运动过程中大刮"共产风",无偿调拨农民个人和公社财产,严重影响了公社和社员生产的积极性。毛泽东很快意识到"大跃进"和人民公社化运动中所刮的"浮夸风、共产风"等做法的错误,并在郑州会议、武昌会议上采取了措施加以纠正;但他坚持认为成绩与缺点只是九个指头与一个指头的关系,不容别人对"大跃进"和人民公社作更深刻的检讨。庐山会议本来是想纠"左",但由于彭德怀的信进言较重,毛泽东被激怒了,他立即发动对彭德怀的批判,并且上升到阶级斗争的高度,从而使"大跃进"和人民公社化运动中存在的问题不但无法得到解决,反而使"左"的思想不断膨胀。由于"左"的思想的严重干扰和紧接着的三年大饥荒,迫使党和毛泽东不得不对"大跃进"和人民公社化运动再次作深刻反思,1962年的七千人大会就是在这种情况下召开的。会上毛泽东、刘少奇等党和国家领导人对"大跃进"和人民公社化运动中出现的问题作了自我批评,"大跃进"运动才彻底结束,人民公社化运动中存在的许多问题也得到有效解决,但人民公社仍然保留了下来。毛泽东认为自己不懂经济规律,并在这次大会上公开表示以后不过问经济,而主抓意识形态方面的工作,这就使得刘少奇等主抓经济工作的同志能放开手脚,大胆进行经济调整,使国民经济得到了快速恢复。但是,1965年前后,"左"的思想又开始抬头,乃至1966年发动了史无前例的"文化大革命"。使中国社会主义现代化建设受到严重挫折,标志着在"左"的思想指导下的治国方针、路线和策略的失败,严重损害了共产党执政的合法性。

总之,1956年以后,以毛泽东同志为核心的党的第一代领导集体在探索有中国特色的社会主义建设道路时,既有正确的思想火花,也有重大失误,当正确的思想为主时,社会主义建设就很快发展;反之则遭受重大挫折,特别是从"大跃进"到"文化大革命","左"的思想不断上升,成为治党、治国的主导思想,严重限制了中国社会的发展。这就要求中国共产党要根据时代主题的转换和实践的需要,重新审视党的思想、政治和组织路线,彻底纠"左"防右,解放思想、实事求是、与时俱进地深化对马克思主义和中国特色社会主义建设主题的认识。

经典阅读

1. 毛泽东:《毛泽东选集》(第 2 卷),北京:人民出版社,1991 年。
2. 毛泽东:《毛泽东文集》(第 6 卷),北京:人民出版社,1999 年。
3. 毛泽东:《毛泽东文集》(第 5 卷),北京:人民出版社,1996 年。
4. 马克思、恩格斯:《马克思恩格斯选集》(第 4 卷),北京:人民出版社,1995 年。
5. 列宁:《列宁选集》(第 3 卷),北京:人民出版社,1995 年。

专题五
解放思想与实事求是的矛盾辩证法

【导读】 邓小平重新恢复和确立了党的实事求是的思想路线,吹响了改革开放的新号角;科学回答了"什么是社会主义,怎样建设社会主义"的首要问题;在此基础上初步形成了建设中国特色社会主义理论。邓小平理论专题着重阐述解放思想与实事求是的矛盾辩证法和结合点及其现实意义。

"伟大的阶级,正如伟大的民族一样,无论从哪方面学习都不如从自己所犯错误的后果中学习来得快。"[①]邓小平建设中国特色社会主义理论,就是在总结国内外社会主义建设经验教训的基础上创立和发展起来的。在以毛泽东同志为核心的中国共产党第一代中央领导集体的领导下,从1956年至1966年,中国进行了全面的大规模的社会主义建设,并取得了很大成就;但是这一时期党的执政方针也出现了严重的失误,以至于酿成了"文化大革命"那样全局性、长时间的"左"倾严重错误。在中国特色社会主义建设道路上,无论是以毛泽东同志为核心的党的第一代领导集体所取得的成就和经验,还

---

① 马克思、恩格斯:《马克思恩格斯选集》(第4卷),北京:人民出版社,1995年,第432页。

是所犯的错误和失误,都为以邓小平同志为核心的第二代中央领导集体进一步探索中国特色社会主义留下了宝贵的财富。邓小平正是在对毛泽东晚年所犯错误的深刻反思的基础上果断纠正了这些错误,深刻分析了失误出现的原因,同时又坚决维护和积极继承了过去在理论和实践上所取得的一切积极成果,开创了社会主义建设的新局面,初步形成了建设中国特色社会主义理论,从而找到了一条像中国这样落后的国家如何建设和发展社会主义的光辉大道,在这条道路上把马列主义、毛泽东思想发展到一个崭新阶段,切实提高了中国共产党的领导水平和执政能力。其突出贡献主要表现在:

一、重新恢复和确立党的实事求是的思想路线,吹响改革开放的新号角

1978年召开的中国共产党十一届三中全会是中国共产党历史上的一个伟大转折,开创了社会主义发展的新时期。在这次全会上,邓小平恢复了党的解放思想、实事求是的思想路线,吹响了改革开放的新号角。邓小平设计的改革开放总体战略,就是在这一思想路线的指导下,对建设社会主义道路进行的创造性探索。根据实事求是思想路线的要求,要从教条主义思想,要从被苏联社会主义模式禁锢了的思想,要从"两个凡是"的个人迷信观念中解放出来,从中国实际出发,实事求是地评价以往社会主义实践经验和已取得的积极成果,认真研究我们前进的道路。邓小平指出:中国共产党十一届三中全会的基本精神是解放思想,独立思考,从自己的实际出发来制定政策。因为在中国建设社会主义这样的事,马克思的本本上找不出来,列宁的本本上也找不出来,每个国家都有自己的情况,各自的经历也不同,所以要独立思考。邓小平建设中国特色社会主义理论正是解放思想、实事求是的产物,是把马克思主义普遍真理同中国具体实际结合起来,创造性地发展马克思主义的新成果。邓小平一贯重视把马克思列宁主义普遍真理与中国具体实际相结合这一基本原则。早在1956年,邓小平就指出:"马克思列宁主义的普遍真理与本国的具体实际相结合,这句话本身就是普遍真理。它包含两个方面,一方面叫普遍真理,另一方面叫结合本国实际。我们历来认为丢开任何一面都不行。在我们中国共产党看来,普遍真理有这样一条,就是消灭封建主义、资本主义,实现社会主义,将来还要实现共产主义。能不能不走社会主

义的道路呢？不能。如果离开了这条普遍真理,不实现社会主义,那末中华人民共和国和中国共产党就不要存在了。但是,中国怎样才能比较快地消灭封建主义、资本主义,实现社会主义和共产主义呢？这就必须研究本国的特点。"① 在中国共产党第十二次全国代表大会开幕词中,他又强调指出:"把马克思主义的普遍真理同我国的具体实际结合起来,走自己的道路,建设有中国特色的社会主义,这就是我们总结长期历史经验得出的基本结论。"②

邓小平不仅重新恢复和确立了党的解放思想、实事求是的思想路线,而且是解放思想、实事求是的典范,这可以从他发表的两个解放思想、实事求是的历史宣言书中得到证明。第一个历史宣言书是1978年邓小平《解放思想,实事求是,团结一致向前看》这篇讲话,它的主题是反对思想僵化和教条主义,强调解放思想和实事求是的统一,对于冲破"两个凡是"的思想禁锢发挥了重要作用。邓小平科学揭示了解放思想的科学内涵和根本原则:"我们讲解放思想,是指在马克思主义指导下打破习惯势力和主观偏见的束缚,研究新情况,解决新问题。解放思想决不能够偏离四项基本原则的轨道,不能损害安定团结、生动活泼的政治局面。……离开四项基本原则去'解放思想',实际上是把自己放到党和人民的对立面去了。"③后来,他更加明了地阐述了解放思想和实事求是的高度统一性:"解放思想,就是使思想和实际相符合,使主观和客观相符合,就是实事求是。今后,在一切工作中要真正坚持实事求是,就必须继续解放思想。"④他认为,实践在发展,历史在前进,认为思想解放已经到头、甚至过头的想法是完全错误和有害的。第二个解放思想的历史宣言书是1992年的南方讲话,他在实事求是地总结改革开放实践经验的基础上,深刻回答了长期束缚人们思想认识的许多重大问题,特别是关于社会主义市场经济理论的重大突破。关于这个问题,他早在1979年就提出社会主义也可以搞市场经济的重要主张,但是经过十多年的实践,社会主义市场经济理论才成为全党和全社会的共识。改革开放以来,中国社会主义现代化建设之所以能取得举世瞩目的成就,最主要的是由于我们把握了邓小平理

---

① 邓小平:《邓小平文选》(第1卷),北京:人民出版社,1994年,第258~259页。
② 邓小平:《邓小平文选》(第3卷),北京:人民出版社,1993年,第3页。
③ 邓小平:《邓小平文选》(第2卷),北京:人民出版社,1994年,第279页。
④ 邓小平:《邓小平文选》(第2卷),北京:人民出版社,1994年,第364页。

论的精髓,始终坚持解放思想、实事求是、与时俱进的思想路线不动摇。

二、回答了"什么是社会主义,怎样建设社会主义"历史性课题

第一,"什么是社会主义,怎样建设社会主义"这个历史性课题不是凭空提出的。总的来说,它的提出和回答是世界社会主义运动发展的必然;具体来说,是对苏联社会主义建设经验教训的总结,也是对中国社会主义建设经验教训的反思,是对社会主义治国规律不断探索的结果。这一历史性课题的提出是世界社会主义发展的必然产物。社会主义在其早期作为一种否定资本主义的社会思想即空想社会主义,是一种不现实的改造社会的思潮。世界社会主义运动大致经历了四个时期:一是社会主义由空想到科学的发展。这是科学社会主义的创立、传播时期,"什么是社会主义"问题有了预见性的一般答案,而"怎样建设社会主义"问题还没有提上议事日程。二是社会主义从理论变为现实,在世界上产生了社会主义制度。在这一时期,逐步形成了苏联的社会主义模式。这一模式在当时的条件下,虽有弊端,但总体来说,还是适应了当时的需要。"什么是社会主义,怎样建设社会主义"问题还没明确提出来。三是社会主义从一国实践发展为多国实践。这一时期,苏联在社会主义建设中取得了巨大成就,促使刚走上社会主义道路的国家照搬苏联模式,从而也在实践中使这种模式的弊端日渐暴露。于是,"什么是社会主义,怎样建设社会主义"问题初步被提出。四是在改革中探索适合本国国情的道路,社会主义从传统模式开始向新的模式转变。这一时期,以高度集中为特征的苏联社会主义模式的弊端进一步暴露出来,许多社会主义国家先后进行改革,探索符合本国国情的新模式。这一时期社会主义的发展在理论上的反映,就表现为尖锐地提出并要求系统回答"什么是社会主义,怎样建设社会主义"这个首要的基本的问题。因此,这一历史性课题的提出是世界社会主义运动发展的必然产物,是社会主义由理想到现实、由科学设想到实践检验的必然要求。

第二,20世纪社会主义建设的实践为回答这一历史性课题提供了经验。十月革命胜利后,世界上诞生了第一个社会主义国家,社会主义从理论变成了现实。如何使一个经济文化比较落后的国家过渡到社会主义,就成了急需从实践上解决的问题。列宁一开始完全接受了马克思、恩格斯的社会主义理

论,直接按他们的设想来搞社会主义。1918年夏天起,随着帝国主义武装干涉和国内反革命武装叛乱的加剧,苏联实行战时共产主义政策,禁止私人贸易,取消商品货币关系。在当时严酷的战争环境下采取这种非常措施,对于战胜困难、保卫苏维埃政权起到了良好的作用。但是,由于这种措施同人们头脑中固有的社会主义观念相吻合,就被包括列宁在内的许多俄共(布)领袖人物视作实现社会主义的捷径。然而战时共产主义政策的实行,除有它一时良好作用的一面以外,也存在严重的弊端,在一定程度上,可以说,它是酿成1921年春俄国国内严重经济危机和政治危机的重要原因。在面临严峻考验的历史关头,列宁及时领导俄国采取新经济政策,恢复了商品货币关系和私人贸易,允许个体经济、中小资本主义企业的存在,等等。由战时共产主义政策转向新经济政策,是列宁对俄国社会主义道路作出的一种新的选择。正如列宁所说:"新经济政策并不改变工人国家的实质,然而却根本改变了社会主义建设的方法和形式。"①列宁直率地承认,用无产阶级国家的法令在一个小农国家里按照共产主义原则来调整国家的产品生产和分配是错误的。现在看来,新经济政策不仅对恢复当时遭到战争破坏的国民经济起了重要作用,而且开辟了苏联建设社会主义的现实道路,是对"什么是社会主义,怎样建设社会主义"问题的一次尝试性回答。但是,列宁的探索毕竟只是一个开端。由于他英年早逝,未能经历充分的社会主义实践,因而他对社会主义社会的所有制结构、社会生产的计划管理等问题的认识,仍然没有突破马克思和恩格斯已有的论断和设想。斯大林领导苏联人民完成了从资本主义到社会主义的过渡并在理论上发展了列宁的思想。他提出社会主义公有制存在两种形式,社会主义还存在商品生产和商品交换。他还指出,在社会主义新的条件下,国家职能发生了重大变化,组织经济和文化建设的职能应大大加强和发展。这些思想在实践中被证明是正确的。但是,斯大林在所有制结构上,追求单一公有制,在发展阶段上超越现实,急于向共产主义过渡;在社会主义矛盾的认识上,起初否认矛盾,后又夸大矛盾,以致导致肃反扩大化;在管理体制上,建立了高度集中的计划经济体制,与之相适应,在政治上也建立了高度集权的管理体制。这种体制在苏联工业化初期和第二次世界大战后苏联

---

① 列宁:《列宁选集》(第4卷),北京:人民出版社,1972年,第582页。

经济的恢复中发挥了重要作用。但是,当国家转入和平发展时期,经济活动范围日益扩大,经济成分日益复杂时,这种体制就越来越明显地暴露出已不适应生产力发展的要求和阻碍生产力发展的弊端。

斯大林的社会主义理论和实践,对于第二次世界大战后走上社会主义道路的国家有着重大影响。这些国家基本上是按苏联的思路和做法来认识社会主义、建设社会主义的。由于时代发生了变化和国情的不同,照搬苏联模式,就不可避免地会遭到挫折。东欧一些社会主义国家是这样,中国也是这样。因此,20世纪社会主义的实践迫使人们去思考、去解决"什么是社会主义,怎样建设社会主义"这个新的课题。

第三,邓小平对"什么是社会主义,怎样建设社会主义"问题的新思考,从意识形态上提升了中国特色社会主义的合法性。

一方面,"什么是社会主义,怎样建设社会主义"是共产党执政必须解决好的首要的根本问题,对这个问题的解答,直接关系现实社会主义的合法性。但是,过去我们对这个首要的基本的问题却长期没有完全搞清楚。在思想认识方面,主要因为我们长期存在把马克思主义理论教条化的错误倾向,没有在实践中很好地发展马克思主义,建设社会主义。马克思和恩格斯对"什么是社会主义"的回答,是从对现实资本主义社会的直接否定中面对未来社会主义的一般特征作出预测的,即从资本主义社会的现实和历史过程出发,通过分析资本主义社会化生产与生产资料私人占有之间的基本矛盾运动而得出关于未来社会主义社会的一般规定的。这就要求我们不能按照马克思主义的教条来建设社会主义,而应该把马克思主义关于社会主义的一般理论与本国实际相结合,不断探索适合本国国情的社会主义。但我们却忽视了马克思设想的社会主义与现实社会主义的差别,看不到社会主义制度优越性的发挥要通过社会主义建设的漫长过程才能不断体现出来,长期混淆马克思关于社会主义的一般特征和社会主义本质的区别,错误地把二者混同起来,混淆了社会主义的革命主题和建设主题,用革命的经验和方法来建设社会主义,乃至犯了"无产阶级专政下继续革命"和"文化大革命"这样严重的错误,从而严重影响了社会主义制度优越性和共产主义意识形态合法化功能的发挥。在实践方面,我们曾经把苏联模式神圣化,照抄照搬苏联经验及其相应的社会主义模式。总体上说,我们过去的体制是学苏联的,这一模式在当时的历史条件下,曾发挥过历史性的积极作用,但它一开始就存在弊端;问题在于,社会主义究竟是什么样子,怎样搞社会主义,苏联也没有完全搞清楚,而我们却把苏联模式固定化。邓小平说:"我们过去照搬苏联搞社会主义的模式,带来很多问题。我们很早就发现了。但没有解决好。"①苏联和中国社会主义建设的历史都充分证明:只有把握马克思主义的精神实质,不断解放思想、实事求是,突破马列主义本本,冲破"两个凡是"的禁区,才能科学地解决"什么是社会主义,怎样建设社会主义"这个首要问题,与时俱进地发展马克思主义和社会主义,开辟共产主义意识形态合法性的新资源。

另一方面,中国特色社会主义新道路的开辟,是以这个问题的逐步搞清楚为根本前提的。邓小平在总结中国社会主义的历史经验与教训时,多次讲道:"什么叫社会主义,什么叫马克思主义?我们过去对这个问题的认识不是完全清醒的。"②他还说:"现在的方针政策,就是对'文化大革命'进行总结的结果。最根本的一条经验教训,就是要弄清什么叫社会主义和共产主义,怎样搞社会主义。"③"什么是社会主义"的问题,是对社会主义的认识、理解问题,属于认识范畴。它包括对社会主义本质、根本原则和基本特征的理解,最重要的是弄清社会主义本质。只有弄清"什么是"才能谈得上"怎样建",前者决定后者,是后者的前提。虽然"怎样建"的问题也有自己需要研究和探索的内容,但"什么是"是要首先搞清楚的,否则会导致方向不明、糊涂行事,甚至做了错事和蠢事。"怎样建设社会主义"问题,是按照我们对社会主义的认识进行建设的实践问题,属于实践范畴,归根结底是中国社会主义建设道路问题。对于"什么是社会主义"的认识,直接影响着对"怎样建设社会主义"的认识。对这个问题的不同回答,从理论上说是各种关于社会主义的错误观点与科学社会主义的分水岭;从实践上说它决定着社会主义事业的兴衰成败。中国在改革开放以前经历的曲折和失误归根结底就在于对这个最基本的理论问题没有完全搞清楚;改革开放以来在前进中遇到的一些困惑和疑虑,归根结底也在于对这个最基本的理论问题没有完全搞清楚。在改革开放以前,我们忽视生产力水平低下的实际情况,在建设社会主义的过程中追求"一大二

---

① 邓小平:《邓小平文选》(第3卷),北京:人民出版社,1993年,第261页。
② 邓小平:《邓小平文选》(第3卷),北京:人民出版社,1993年,第63页。
③ 邓小平:《邓小平文选》(第3卷),北京:人民出版社,1993年,第223页。

公三纯";认为计划经济是社会主义经济的基本特征,在社会主义建设中把市场经济当作资本主义的东西加以反对,对商品经济也大加限制;认为社会主义时期的主要矛盾仍是无产阶级与资产阶级的矛盾、社会主义道路与资本主义道路的矛盾,在实践中大搞以阶级斗争为纲。所以,要用正确的方式建设社会主义,必须以正确地认识什么是社会主义为前提。解决两个"搞清楚",要根据实际情况的发展,要说出老祖宗没有说过的能够回答新问题的新话,即在继承和坚持的同时,把马克思主义推向前进。邓小平正是在深刻总结中国社会主义建设经验教训的基础上,解放思想,实事求是,对"什么是社会主义,怎样建设社会主义"进行了长期思考,对中国社会主义建设的一系列重大问题作出正确回答,进而对社会主义本质作出新概括,即"社会主义的本质,是解放生产力,发展生产力,消灭剥削,消除两极分化,最终达到共同富裕"[①]。社会主义本质是社会主义不同于资本主义和其他社会形态的本质属性的理论概括,是社会主义理论和实践中最高层次的问题。这个新概括是对传统社会主义理论的一个重大发展,深刻揭示了社会主义的本质属性,突破了长期以来把计划经济作为社会主义本质特征之一的传统观念,指明了社会主义公有制的发展方向,规定了社会主义的根本任务,明确了社会主义的根本目标。这标志着我们对社会主义治国规律的认识在不断深化。也正是对这个首要问题的深入思考和正确回答,才保证了改革开放以来中国共产党制定的基本路线、方针、政策的正确性,这是推进中国特色社会主义事业不断发展的根本原因。

三、初步形成了系统的建设中国特色社会主义理论

建设中国特色社会主义这个命题,是邓小平在党的十二大开幕词中第一次明确提出的。他指出:"我们的现代化建设,必须从中国的实际出发,无论是革命还是建设,都要注意学习和借鉴外国经验。但是,照抄照搬别国经验、别国模式,从来不能得到成功。这方面我们有过不少教训。"接着,他郑重宣告:"把马克思主义的普遍真理同我国的具体实际结合起来,走自己的道路,

---

① 邓小平:《邓小平文选》(第3卷),北京:人民出版社,1993年,第373页。

建设有中国特色的社会主义,这就是我们总结长期历史经验得出的基本结论。"①这说明邓小平已经自觉意识到要建设社会主义必须有中国特色。与毛泽东相比,邓小平除在上面分析的"什么是社会主义,怎样建设社会主义"外,还在以下几个方面丰富和发展了中国特色社会主义理论,提出和解决了建设中国特色社会主义的一系列问题。

首先,明确了建设中国特色社会主义的基本含义。建设中国特色社会主义这个命题包含着两层思想:一是建设社会主义社会制度,二是这个社会制度要有中国特色。我们这里说的社会主义当然是马克思主义的社会主义,是科学社会主义。马克思主义关于社会主义的基本原理具有普遍意义,适用于一切建设社会主义的国家,因而是社会主义的普遍性的东西,是社会主义的共性(即社会主义基本原则)。我们建设中国特色社会主义,首先要坚持这些基本原则。同时,我们把马克思主义关于社会主义的基本原理同中国具体实际相结合,走自己的道路,就必然有所创造,形成中国的特殊性,即个性,中国个性就是带有中国特色的东西。列宁说,在任何命题中,"个别一定与一般相联系而存在"②。对我们的命题来说,中国特色是个别、是个性,社会主义基本原则是一般、是共性。一般(共性)必然寓于个别(个性)之中,个别(个性)又包含着一般(共性)。这就是说,社会主义的原则寓于中国特色的个性之中,而作为中国特色的个性,又包含着作为社会主义共性的社会主义的原则特征。因此,中国特色的社会主义就是社会主义的共性与中国的个性的辩证统一,而且共性要在这个统一中占据主体或主导地位。

其次,进一步健全了中国特色社会主义基本制度。中国特色首先突出地表现在社会主义基本制度上。社会主义基本制度包括基本经济制度、基本政治制度和基本文化制度,中国特色必然体现为这三大制度之和。中国特色社会主义基本经济制度主要表现为:一是坚持社会主义公有制的主体地位,发展多种所有制经济;二是坚持按劳分配为主,实行多种分配方式并存的制度。这里,公有制和按劳分配的主体地位是社会主义的共性,多种所有制形式和多种分配方式并存是中国特色。中国特色社会主义基本政治制度主要表现

---

① 邓小平:《邓小平文选》(第3卷),北京:人民出版社,1993年,第2~3页。
② 列宁:《列宁全集》(第55卷),北京:人民出版社,1990年,第307页。

为:一是社会主义必须坚持中国共产党领导的无产阶级专政,我们实行人民民主专政,前者是社会主义的共性,后者是中国特色。二是人民代表大会制是中国的国家政权组织形式。社会主义人民共和国要实行人民代表的国会制度,这是社会主义的共性;中国实行人民代表大会制,不是多党议会制,它充分体现社会主义民主的广泛性、代表性和最高权威性,保证人民行使当家作主的权利,具有鲜明的中国特色。三是中国共产党领导的多党合作和政治协商制度是中国的一项基本政治制度。中国共产党领导,是社会主义的共性;多党合作和政治协商,也具有鲜明的中国特色。四是实行民族区域自治。各民族自主、平等是共性,民族区域自治是特性,这也是中国政治制度的一大特色。中国特色社会主义基本文化制度主要表现为:坚持马克思主义为指导,加强社会主义精神文明建设,这是社会主义的共性;积极继承中华民族历史上的一切优秀文化成果,这是中国特色。

最后,初步形成了较系统、完整的中国特色社会主义建设理论。邓小平走中国特色社会主义建设道路的思想是在不断推进中国特色社会主义现代化建设过程中发展和完善起来的,其理论内容丰富,博大精深,是一个完整的科学体系。这一科学体系不仅存在于邓小平的著作之中,而且体现在十一届三中全会以来党的重要文献里。这个理论,第一次比较系统地初步回答了中国这样的经济文化比较落后的国家如何建设社会主义,如何巩固和发展社会主义的一系列基本问题。党的十四大报告从九个方面对这个理论体系作了精确的概括。

(1)在社会主义的发展道路问题上,强调走自己的路,不把书本当教条,不照搬外国模式,以马克思主义为指导,以实践作为检验真理的唯一标准,解放思想,实事求是,尊重群众的首创精神,建设有中国特色的社会主义。

(2)在社会主义的发展阶段问题上,作出了我国还处在社会主义初级阶段的科学论断,强调这是一个至少上百年的很长的历史阶段,制定一切方针政策都必须以这个基本国情为依据,不能脱离实际,超越阶段。

(3)在社会主义的根本任务问题上,指出社会主义的本质是解放生产力,发展生产力,消灭剥削,消除两极分化,最终达到共同富裕。强调现阶段我国社会的主要矛盾是人民日益增长的物质文化需要同落后的社会生产之间的矛盾,必须把发展生产力摆在首要位置,以经济建设为中心,推动社会全面进步。判断各方面工作的是非得失,归根到底,要以是否有利于发展社会主义社会的生产力,是否有利于增强社会主义国家的综合国力,是否有利于提高人民的生活水平为标准。科学技术是第一生产力,经济建设必须依靠科技进步和劳动者素质的提高。

(4)在社会主义的发展动力问题上,强调改革也是一场革命,也是解放生产力,是中国现代化的必由之路,僵化停滞是没有出路的。经济体制改革的目标,是在坚持公有制和按劳分配为主体、其他经济成分和分配方式为补充的基础上,建立和完善社会主义市场经济体制。政治体制改革的目标,是以完善人民代表大会制度、共产党领导的多党合作和政治协商制度为主要内容,发展社会主义民主政治。同经济、政治的改革和发展相适应,以"有理想、有道德、有文化、有纪律"为目标,建设社会主义精神文明。

(5)在社会主义建设的外部条件问题上,指出和平与发展是当代世界两大主题,必须坚持独立自主的和平外交政策,为我国现代化建设争取有利的国际环境。强调实行对外开放是改革和建设必不可少的,应当吸收和利用世界各国包括资本主义发达国家所创造的一切先进文明成果来发展社会主义,封闭只能导致落后。

(6)在社会主义建设的政治保证问题上,强调坚持社会主义道路、坚持人民民主专政、坚持中国共产党的领导、坚持马克思列宁主义毛泽东思想。这四项基本原则是立国之本,是改革开放和现代化建设健康发展的保证,又从改革开放和现代化建设获得新的时代内容。

(7)在社会主义建设的战略步骤问题上,提出基本实现现代化分三步走。在现代化建设的过程中要抓住时机,争取出现若干个发展速度比较快、效益又比较好的阶段,每隔几年上一个台阶。贫穷不是社会主义,同步富裕又是不可能的,必须允许和鼓励一部分地区、一部分人先富起来,以带动越来越多的地区和人们逐步达到共同富裕。

(8)在社会主义的领导力量和依靠力量问题上,强调作为工人阶级先锋队的共产党是社会主义事业的领导核心,党必须适应改革开放和现代化建设的需要,不断改善和加强对各方面工作的领导,改善和加强自身建设。执政党的党风,党同人民群众的联系,是关系党生死存亡的问题。必须依靠广大工人、农民、知识分子,必须依靠各民族人民的团结,必须依靠全体社会主义劳动者、拥护社会主义的爱国者和拥护祖国统一的爱国者的最广泛的统一战线。党领导的人民军队是社会主义祖国的保卫者和建设社会主义的重要力量。

(9)在祖国统一的问题上,提出"一个国家、两种制度"的创造性构想。在一个中国的前提下,国家的主体坚持社会主义制度,香港、澳门、台湾保持原有的资本主义制度长期不变,按照这个原则来推进祖国和平统一大业的完成。

1997年9月召开的中国共产党第十五次全国代表大会,总结了党的十四大以来改革开放和现代化建设新的实践经验,全面论证了邓小平理论的历史地位和指导意义,指出:"邓小平理论形成了新的建设有中国特色社会主义理论的科学体系。""它是贯通哲学、政治经济学、科学社会主义等领域,涵盖经济、政治、科技、教育、文化、民族、军事、外交、统一战线、党的建设等方面比较完备的科学体系,又是需要从各方面进一步丰富发展的科学体系。"

四、把握解放思想与实事求是的矛盾辩证法,促进中国特色社会主义科学发展

应该说,中国特色社会主义理论和实践发展的历史,其实就是一部解放思想、实事求是不断结合的历史。改革开放以来,中国共产党反复强调,解放思想是推动社会主义现代化事业飞跃发展的基本经验之一,十七大以来中国共产党更是将其上升为"法宝"高度,以此说明解放思想与中华民族伟大复兴、社会主义现代化事业的命运休戚相关。因此,在全面建成小康社会目标过程中,无疑必须继续解放思想,寻求解放思想的现实结合点,按照"四个全面"战略布局实事求是地推进中国特色社会主义现代化建设。

1. 解放思想与实事求是相结合是坚持与发展党的实事求是思想路线的内在要求

当人们还不能把握事实的规律性时,事实在前,原则在后;当事实演变的规律经过反复实践被认识和掌握以后,原则在前,事实在后,原则成为事实的先导。从这个意义上讲,思想路线带有全局性和根本性。解放思想、实事求是的思想路线是几代中国共产党人对社会主义革命、建设和改革规律的经验总结。

实事求是是毛泽东的一贯主张,邓小平首次把解放思想与实事求是并提,并把它上升为党的思想路线,由此打开了改革开放的新局面;解放思想与实事求是既有本质联系但又不是同一层面的问题,对二者的科学内涵应分别研究、认真揭示,才能在找准二者矛盾运动的结合点中,进一步发展党的思想路线,不断深化改革开放,促进人与自然、社会和自身的协调发展。

在邓小平视界中,解放思想包括三层含义:就方式而言,解放思想就是要破除、否定、超越一切主观和客观相分离的错误思想观念的束缚和禁锢;就目标而言,解放思想就是要开拓创新,善于研究新情况,解决新问题,说新话,走新路,反对思想凝固、僵化;就本质而言,解放思想就是实事求是,"解放思想,就是使思想和实际相符合,使主观和客观相符合,就是实事求是"①。

解放思想是为了实事求是,实事求是必须解放思想;在解放思想的过程中达到实事求是,在实事求是的过程中不断解放思想。离开实事求是来"解放思想"只能是"头脑发热",胡思乱想,只能导致怀疑一切,最终受到客观规律的惩罚。离开解放思想来讲实事求是只能就事论事,老调重弹,只能导致固守成规,用原则裁剪现实,最终是悲观失望,无所作为。只有通过两者矛盾互动,才能实现自身的发展,达到两者共同的目标。解放思想与实事求是的相互关系表现在以下几个方面:首先,两者目标一致,都是为了达到主观和客观相符合、理论和实践相统一;都是要了解新情况,解决新问题。其次,两者的基本过程是一致的,即都统一于实践和认识的矛盾运动过程中,从现实看,都统一于中国的改革开放和现代化建设的伟大实践过程中,并以实践为"中介",在矛盾互动中实现两者的共同发展。再次,二者的检验标准是一致的,到底是否达到了解放思想,实事求是,不能主观臆断,必须把实践作为检验的唯一标准,必须看是否真的做到了三个"有利于",真正实践了"三个代表"重要思想,真正贯彻落实了科学发展观和"四个全面"战略布局。总之,二者既相互区别,又有着内在的、本质的联系,割裂这种联系是不对的,解放思想当然与实事求是不同,但不是两个主体、两个客体和过程的不同,而是同一主体、客体和过程内部的不同,是同一主体实践和认识过程两个不可分割的方面;不是"是就是,不是就不是,其余都是鬼话"的形而上学的判断,而是充满

---

① 邓小平:《邓小平文选》(第3卷),北京:人民出版社,1993年,第364页。

着丰富的辩证法思想。从同一主体内部两个不同的内容看,二者是统一的:一方面,解放思想是实事求是的前提和必要条件,主体只有从一种状态下解放出来,大胆地想、大胆地干,才能打破思想僵化、扫除认识障碍,才能顺应事物的变化、把握事物的本质和运动规律;反之,思想不解放,受习惯势力的影响,思想僵化,就不可能认识现实,就会蔑视新事物的产生和发展。为此,要解放思想,人的主体因素和素质非常重要,现代科技的发展越来越证明主体在认识和实践中的重要性。另一方面,二者本质上是一致的,实事求是是解放思想的目的和基本原则,也就是说,解放思想的出发点和归宿都是为了做到实事求是,在解放思想的过程中必须坚持实事求是的基本原则。从破与立的角度看,是"破字当头,立在其中"。解放思想不仅是要破,而且要研究新情况、新问题,并找到解决问题的新方法。解放思想要有一个合理的限度和科学的原则,不是讲大话、空话,想当然地吹牛;而是建立在对客观事实准确把握的基础上,以实事求是为基础和原则,创造性地解决新问题。否则,解放思想就会走向反面,就会陷入唯心主义或形而上学的相对论或绝对论。可见二者的统一是有差异的统一,它要求两者各自向对方运动,因此,一切实践和认识都既要解放思想,又要实事求是,在二者的相互运动中科学地发展党的实事求是的思想路线。党的实事求是的思想路线是在实践中形成和不断发展的,它是我们制定正确方针政策的前提和基础。中国社会主义革命、建设和改革的伟大实践反复证明:什么时候我们坚持了实事求是的思想路线,我们就会取得社会主义革命、建设和改革的胜利,反之,就会受到挫折。新民主主义革命时期,毛泽东正是以实事求是的科学态度对待马克思主义,在中国共产党内率先提出了马克思主义基本原理与中国革命具体实践相结合的重要命题和马克思主义中国化的科学主张,带领全党从把共产国际指示和苏俄革命经验神圣化、教条化的思想中解放出来,科学阐明了中国革命的性质、对象、动力、道路、领导力量和阶级基础等,走出了一条不同于俄国的独具中国特色的新民主主义革命道路,形成了毛泽东思想,大大丰富和发展了马克思主义。"文化大革命"结束后,邓小平提出解放思想是针对"文革"后,人们受极"左"思想的影响而形成的思想僵化的传统而言的,不仅具有反"左"和拨乱反正的政治意义,有助于完整准确地理解毛泽东思想、彻底批评"两个凡是"的错误观点;而且他把解放思想与实事求是并提,并把它概括为党的思想路线,从而提升了解放思想的哲学意义,说明解放思想既包括摆脱"左"的思想的影响,又包括摆脱长期小生产的因循守旧,不愿接受新生事物的习惯势力,以及盲目接受命令、指示、经验、理论的教条主义和经验主义的影响。为此,解放思想不仅要反"左",而且要反对以一切形式出现的"思想僵化",有什么样的错误就反对什么,有什么样的教条就反对什么,对一切形式的"土教条"和"洋教条"我们都要坚决反对。只有这样,才能更好地做到实事求是,自觉地坚持和发展党的思想路线。正是坚持解放思想、实事求是、与时俱进,我们才突破了"两个凡是""姓资姓社"、GDP崇拜等问题的困扰和对传统社会主义的认识,建立、发展和完善了社会主义市场经济,形成了邓小平理论、"三个代表"重要思想、科学发展观和习近平新时代中国特色社会主义思想,不断推进了马克思主义中国化的新进程。

2. 解放思想与科学总结经验教训相结合是深化对客观规律认识的客观要求

中国共产党是一个善于总结经验教训的党,党对实践中形成的基本经验教训总是在不断总结、概括,其正确与否,决定于我们是否能够始终坚持解放思想、实事求是、与时俱进,即决定于我们的思想路线、思维方式方法是否正确。中国共产党对社会主义革命、建设和改革的正确认识,正是在深刻反思和不断总结自己经验教训中深化的。早在1920年代初,毛泽东就在全党大力提倡调查研究,提出了"没有调查,就没有发言权;没有正确的调查,同样没有发言权"的重要命题,但由于右倾机会主义和"左"倾机会主义先后在党内占主导地位,毛泽东的正确思想没有引起全党的重视,致使中国革命遭受重大损失,革命战争的极端残酷性迫使中国共产党人在总结自己经验教训时,必须坚持实事求是的原则。毛泽东正是抓住了实事求是这个马克思主义的精髓,才彻底清算了"左"倾、右倾机会主义对中国革命的影响,逐步认清了中国革命的基本规律和特点。新中国成立后,毛泽东多次强调要始终坚持实事求是,但由于革命和建设的基本规律、特点和实际情况的不同,他没有正确区分革命主题和建设主题的差别,而是用革命的方法来搞建设,因此制定的一些路线、方针、政策脱离中国国情,超越中国社会所处发展阶段,特别是用"抓革命、促生产"的办法来实践无产阶级专政下继续革命的理论,就不可能正确总结中国社会主义建设的基本经验教训。

邓小平之所以紧紧抓住经济建设为中心不放松,正是鉴于对毛泽东时代经验教训的深刻反思。从认识路线看,客观事实及其规律是不以人的意志为转移的,但要把握它就要始终坚持解放思想、实事求是;否则,达不到对事物规律性的认识,总结的经验教训就是肤浅的、表面的甚至片面和错误的。例如,1962年的七千人大会虽然对三年自然灾害的发生作了深刻反思,却是在肯定"三面红旗"的基础上进行总结,因而是不彻底的;"文化大革命"时期,中国共产党也重视总结经验教训,但是站在"左"的立场上来总结,因此得出的结论很多是错误的。由于没有坚持正确的认识路线,就不能够彻底否定"文化大革命",就不能真正做到实事求是。邓小平正是深刻把握了这一点,才强调要用"解放思想、实事求是"来反对"两个凡是",在支持真理标准的讨论中,重新确立和恢复党的实事求是的思想路线。应该说,毛泽东虽然很重视实事求是,但只是把它作为认识论而言,并没有把它上升到认识路线和思想路线的高度;这一点是由邓小平来完成的。毛泽东所讲的实事求是,强调的是由实践到认识的过程,是从客观到主观的过程,顶多只是行动的向导,而没有把它转化为具体的实践计划、方案、步骤和措施。邓小平是为了反对"两个凡是"而重提实事求是的,强调的是要完整准确地理解毛泽东思想。1978年12月底,邓小平作了《解放思想,实事求是,团结一致向前看》的讲话,第一次把解放思想同实事求是联系起来,把它上升到党的思想路线的高度来认识,提升了实事求是的哲学内涵;并以此作为马克思主义的根本方法,用它来总结毛泽东时代的基本经验教训,由此打开了改革开放的新局面,开辟了一条中国特色社会主义建设道路,形成了邓小平理论。改革开放以来,在邓小平理论的指导下,中国共产党始终坚持解放思想、实事求是的思想路线,及时总结经验教训,中国社会主义现代化建设取得了重大成就。但是,邓小平理论也不是绝对真理,不能将它终结,更不能将它凝固化、口号化;否则,就不能根据实践的新要求,与时俱进地发展马克思主义,全面推进中国特色社会主义现代化建设。"三个代表"重要思想、科学发展观和习近平新时代中国特色社会主义思想就是在总结新的实践经验教训的基础上,深化对社会主义建设规律、共产党执政规律和人类社会发展一般规律的认识,在实践中与时俱进地丰富和发展了邓小平理论。

3. 解放思想与改革创新相结合是实现科学发展的根本要求

如果说解放思想是邓小平理论的精髓,那么改革则是中国特色社会主义的永恒主题。在新的历史条件下,既要全面深化改革,打破阻碍改革的各种思想、利益和制度瓶颈,又要避免"瞎折腾",使全面深化改革成为推动中国特色社会主义科学发展的永恒动力。

首先,要继续深入贯彻落实科学发展观和习近平新时代中国特色社会主义思想,在全面深化改革和扩大开放的伟大实践中,不断实现理论创新和制度创新,为进一步解放思想、实事求是提供更好的理论指导和制度保证。人们普遍认为,近40年改革开放,经历了三次思想解放:第一次是针对"两个凡是";第二次是"姓社姓资"之争;始于广东的、被媒体冠以"第三次思想解放"的对象是什么,多数学者给出的答案是阻碍科学发展的体制、机制和观念。例如,改革开放以来,由于我们始终坚持以经济建设为中心,中国的经济发展取得了举世瞩目的成就,这是解放思想、实事求是的积极成果;但也出现一些地方经济的高速发展是以大量消耗资源和破坏环境为代价的,特别是一些地方和干部为了显示政绩而盲目追求GDP增长,不惜大搞重复建设和形象工程,严重影响了经济和社会的可持续发展,损害了人民群众的利益。因此,新一轮解放思想的重点是要把盲目追求GDP增长转移到坚持以人为本,深入贯彻和落实科学发展观,促进经济社会协调发展以及人与自然、社会、自身的和谐发展上来。这就要求人们要在改革和开放的伟大实践中,不断实现理论创新和制度创新,为进一步解放思想、实事求是提供更好的理论指导和制度保证。这两个方面相互影响、相互促进:一方面,改革开放是解放思想、实事求是的基本要求和必然结果,从根本上看,它是权利和利益的调整和重构,对大家都有利;但在它发展的不同阶段,却存在得益先后和多少的差别,一旦它与迅猛发展起来的改革中存在的滞后思想结合在一起,就会形成各种阻力的交叉,在改革的新阶段随着新体制的出台而成为思想解放的新内容。另一方面,解放思想与实事求是是在矛盾中互动的,只有在解放思想的前提下,人们才能够实事求是地对待社会生活,从生活实际中发现新问题、寻求解决问题的新方法,并把它上升到理论高度加以总结,找出其中有规律性的东西,再在实践中加以检验和发展,才能逐渐形成一套新的理论和行之有效的制度、方法;才能始终保持与时俱进的精神,自觉坚持解放思想、实事求是、与时俱进。

这就要求我们要按照"四个全面"战略布局全面推进中国特色社会主义不断发展。

其次,解放思想与改革创新相结合有助于突出主体在认识和实践中的重大作用,弘扬人的主体性。解放思想、实事求是就是要冲破限制人的能动性发挥的各种条条框框和思想障碍,这与当代弘扬人的主体性和创造性的潮流是一致的,特别是在高度信息化的社会,人的素质、状态在人的认识和实践中发挥越来越重大作用,主体的知识结构、认知水平、兴趣爱好、价值取向、思维方式和方法等都制约着主体对客体的认识。这就要求主体的认识模式和实践方式都应随着实际的发展而不断更新,人应该时刻向自己发问,使自己在不断否定中得到肯定的提升,在不断超越自我中认识新问题、发现新规律。因此,现阶段解放思想的一个重要目标是提高人的综合素质,培养具有创造性思维的现代化人才,发展现代科技,使中国在人才和科技竞争中占有优势,真正做到科教兴国、人才强国,这是解放思想、深入贯彻落实科学发展观对主体的基本要求。

再次,解放思想,还要确立一种怀疑、批评、创新和超越的精神,在实践中丰富和发展马克思主义。马克思主义作为科学的世界观和方法论,是我们进一步解放思想的指导思想。实践反复证明,只有在坚持马克思主义基本原理、原则、立场和方法的基础上解放思想,才能保证解放思想的科学性,才能在正确的方向上统一思想;否则,就不能保证解放思想的科学性,就不能打破习以为常的认知壁垒,就不能实现创新,因而也就无法实现自我超越,无法实现马克思主义和社会主义的自我发展与完善。从哲学的视角看,解放思想就是有针对性的怀疑和批判,马克思主义的唯物辩证法明显体现了这种怀疑和批判精神,"辩证法不崇拜任何东西,按其本质来说,它是批判的和革命的"。马克思正是在对前人成果批判继承的基础上,才创立了马克思主义,在不断实现自我超越的基础上,也超越了当时的一切资产阶级学者。今天,我们对待包括马克思主义理论在内的一切社会科学和自然科学,都要学会用一种怀疑和批判的精神,去不断探索和追问,才能在实践的基础上不断超越已有的认知成果,实现认识和实践上的创新。这样,才能真正解放思想,实事求是;才能真正领会马克思主义的革命性、批判性和开放性;才能自觉贯彻和落实科学发展观,在实践中不断丰富和发展马克思主义。

4. 解放思想与群众路线相结合是执政为民的必然要求

解放思想的根本目标是科学发展、执政为民,而坚持群众路线是解放思想、执政为民的必由之路。人民群众才是历史的真正创造者和主人,是实践和认识的主体;因此,每一个符合客观实际、具有强大生命力的新事物、新经验,归根结底都是人民群众在实践中发挥自己聪明才智创造出来的。这就要求中国共产党和政府的解放思想必须与群众路线相结合,坚持以执政为民为目标,始终把代表最广大人民的根本利益作为中国共产党一切工作的出发点和落脚点。现阶段,中国正处于重要战略机遇期,要确保解放思想活动取得扎扎实实的效果,群众路线是根本。党的群众路线就是一切为了群众,一切依靠群众,从群众中来,到群众中去。它是毛泽东思想活的灵魂,是中国共产党一切工作的根本路线。

坚持群众路线之所以是解放思想的必由之路,是因为解放思想虽然主要是解决党对待马克思主义的态度问题,解决党的思想路线、思想方法和思想作风问题;但是,无论从解放思想的出发点和最终目的来说,还是从解放思想的智慧和力量源泉来说,抑或是从解放思想的实际过程和检验标准来说,都十分密切地联系着党的群众路线。离开了党的群众路线,就不会是真正的解放思想。这是因为,我们所以要解放思想,正是因为要对人民负责,正是为了要把马列主义、毛泽东思想和中国特色社会主义理论体系的基本原理,变成人民群众科学认识和改造世界的强大思想武器,是为了人民的事业取得胜利。解放思想的智慧与力量源泉也正是扎根于人民群众之中;解放思想的过程,实际上就是向群众学习、与群众实践相结合的过程;而检验解放思想是否正确的唯一标准正是广大群众的实践。这就要求解放思想要尊重人民群众的首创精神、尊重人民群众的意愿和选择,全心全意为人民谋利益;解放思想就必须深入到最广大人民群众中去,去吸取无穷无尽的智慧和力量,先做群众的学生,后做群众的先生。这样做,才能够把群众的知识和经验集中起来,化为系统的更高的知识,科学制定正确的路线、方针、政策。解放思想还要教育和引导群众在中国共产党领导下扩大政治、经济、社会和文化上的自由,全面深化经济、政治、文化和社会体制改革,促进物质文明、政治文明、精神文明、社会文明和生态文明协调发展,按照执政为民的要求和"四个全面"战略布局,实现科学发展,始终代表最广大人民的根本利益。

经典阅读

1. 邓小平:《邓小平文选》(第 1 卷),北京:人民出版社,1994 年。
2. 邓小平:《邓小平文选》(第 2 卷),北京:人民出版社,1994 年。
3. 邓小平:《邓小平文选》(第 3 卷),北京:人民出版社,1993 年。
4. 毛泽东:《建国以来毛泽东文稿》(第 4 册),北京:人民出版社,1990 年。
5. 马克思、恩格斯:《马克思恩格斯选集》(第 2 卷),北京:人民出版社,1995 年。

专题六
"三个代表"重要思想对中国共产党执政理念的丰富与发展

【导读】 本专题重点阐述"三个代表"重要思想是当代中国马克思主义发展的新战略,不仅与时俱进地丰富和发展了中国特色社会主义理论体系,而且开辟执政合法性新资源,提升中国共产党的执政合法性;不仅消除了苏联解体、东欧剧变后国际社会对中国特色社会主义的质疑,而且增强了中国特色社会主义理论、道路、制度和文化自信。

如果说以毛泽东同志为核心的党的第一代领导集体,把马克思列宁主义基本原理同中国革命具体实际相结合,创立了新民主主义革命理论,指导中国革命取得了胜利,建立了中华人民共和国,领导中国人民走上社会主义道路,开辟了中国特色社会主义的新纪元,具有开国之功的话;那么,以邓小平同志为核心的党的第二代领导集体,深刻总结了国内外社会主义发展的经验和教训,在思想、政治和组织上全面拨乱反正,把全党全国工作的重心转移到经济建设上来,揭开了改革开放的序幕,找到了建设中国特色社会主义道路,指引中国社会主义事业进入蓬勃发展的新时期,具有改革开放之功;而党的第三代领导集体,在建设富强、民主、文明的社会主义现代化国家的关键历史时期,提出跨世纪治国方略,带领全国人民实现了从温饱到小康的历史性跨越,开辟了有中国特色社会主义事业全面发展的康庄大道,丰富和发展了毛泽东思想和邓小平理论,形成了"三个代表"重要思想,具有治国之功。"三个代表"重要思想不仅消除了苏联解体、东欧剧变后国际社会对中国特色社会主义的质疑,而且增强了中国特色社会主义理论、道路、制度和文化自信。

一、"三个代表"重要思想:当代中国马克思主义发展的新战略

党的十六大的主题是"全面建设小康社会,开创中国特色社会主义事业新局面",贯穿其中的灵魂是如何坚持和贯彻"三个代表"重要思想。作为中国共产党集体智慧的结晶,"三个代表"重要思想是我们在新世纪、新时代如何建党治国和发展的根本指导思想,这一思想的提出不仅有其历史必然性,而且为我们发展马克思主义提供了新思路、新战略,为无产阶级政党在新的历史条件下提出了合乎时代要求的战斗宣言和行动纲领,为在与资本主义的竞争中体现社会主义优越性,乃至最终战胜资本主义提供了新思路,成为苏联解体、东欧剧变后当代中国马克思主义发展的新战略。

首先,"三个代表"重要思想是与时俱进的客观要求和必然结果。

与时俱进是马克思主义的基本品质。马克思、恩格斯科学论证了资本主义灭亡和共产主义胜利的历史必然性,为无产阶级革命提供了理论根据。列宁使科学社会主义由理论变成现实,十月革命开辟了一条通过无产阶级革命,武装推翻资产阶级,建立无产阶级政权的社会主义革命道路。毛泽东把马列主义普遍原理与中国实际相结合,成功取得了新民主主义革命的胜利,形成了中国特色的马克思主义——毛泽东思想。邓小平在深刻总结国际共产主义运动和中国社会主义建设经验教训的基础上,回答了在中国这样的落后国家如何建设社会主义的问题,成功找到了一条中国特色社会主义建设之路,在危难之际挽救了社会主义,开拓了社会主义发展的新模式。可见,社会主义并不是一成不变的、僵死的东西,它总是在现实中不断变化的。马克思主义的每一次重大发展都要求共产党人与时俱进。1989年以来,国际国内形势的巨变对中国共产党执政和领导各项事业提出了新的更高要求,党领导和治理国家的难度比以前增大了,这对中国共产党的长期执政以及如何提高领导水平和执政能力提出了新的机遇和挑战。正如十六大报告指出,"二十

世纪八十年代末九十年代初,国内发生严重政治风波,东欧剧变,苏联解体,世界社会主义出现严重曲折,中国社会主义事业的发展面临空前巨大的困难和压力"。面对复杂多变的国际形势,我们始终保持高度警惕,善于把握大局,审时度势,既坚持原则立场,又讲究斗争艺术,坚持十一届三中全会以来的路线不动摇,不仅成功稳住了改革和发展的大局,捍卫了中国特色社会主义伟大事业;而且坚定抓住机遇加快了中国的发展,维护了中国的利益和安全,同各国人民一道推进了世界和平与发展的崇高事业。"三个代表"重要思想就是我们在冷静分析国际新形势变化的基础上提出的发展和完善自身,促进世界和平与发展的新思路、新策略。它是中国共产党人坚持与时俱进的客观要求和必然结果,标志着中国共产党善于根据时代主题的转变驾驭国际国内形势,提高领导水平和执政能力。

其次,"三个代表"重要思想是中国共产党反对"和平演变"的新策略。

社会主义是作为资本主义的对立面而产生和存在的,资本主义在不能通过武力消灭社会主义的情况下,企图通过"和平演变"的方式来战胜社会主义。二战后,主要资本主义国家都在深刻的自我反思的基础上,不断进行改革、调整和发展,通过国家对经济的直接干预和调整,实行社会福利政策和保障措施,极大地缓和了资本主义经济危机和阶级矛盾,从而实现了资本主义在战后的复兴,极大地削弱了世界无产阶级革命的现实可能性。但资本主义从来没有放松对社会主义的进攻,而是利用自身暂时所处的先发优势和社会主义国家的缺点、矛盾,加强对社会主义国家的"和平演变",在取得对苏联东欧社会主义国家不战而胜后,又把矛头和主要精力直指中国。西方领导人尼克松甚至在其名著《1999:不战而胜》中预言中国的社会主义也将在1999年之前不战而败。西方敌对势力不愿意社会主义中国发展强大,加强对中国实施"西化""分化"的战略图谋不会改变,我们与西方敌对势力在渗透与反渗透、颠覆与反颠覆方面的斗争将是长期的、复杂的,有时会是十分尖锐的,我们必须保持高度警惕。党的第三代领导集体根据1989年以来国际国内的新形势、新特点和新要求,在总结中国共产党80年基本经验和教训的基础上,把马克思主义基本原理和建党原则综合、提炼、归纳为"三个代表"的要求,使其成为中国共产党跨世纪建设的指导思想,使无产阶级政党建设、社会主义现代化建设和坚持、发展马克思主义有机结合起来,从而为我们发展自身、反对"和平演变"提出了新思路、新策略。正是在"三个代表"重要思想的指导下,中国社会主义现代化取得了举世瞩目的成就;同时,也存在许多不稳定、不协调的因素,党和国家的建设在新时期也遇到了许多前所未有的困难和问题:包括"农民和城镇居民收入增长缓慢,失业人员增多,有些群众的生活还很困难;收入分配关系尚未理顺;市场经济秩序有待继续整顿和规范;有些地方社会治安状况不好;一些党员领导干部的形式主义、官僚作风和弄虚作假、铺张浪费行为相当严重,有些腐败现象仍然突出;党的领导方式和执政方式与新形势新任务的要求还不完全适应,有的党组织软弱涣散"等。这些问题的处理、解决关系到党和国家的前途,关系到社会主义和马克思主义的命运。党要妥善处理和解决这些问题,抓住机遇、迎接挑战,全面建设小康社会,就必须要有适合时代要求的新的理论的指导和具体的路线、方针、政策,要把理论创新、政策创新、制度创新和实践创新有机统一起来。江泽民强调要认真研究和解决好现阶段党的建设的两大历史性课题,不断提高领导水平和执政水平、增强拒腐防变能力和抵御风险的能力;要求全党紧密结合国内外形势的变化,紧密结合中国生产力的最新发展和经济体制深化变革的实际,紧密结合人民群众对物质文化生活提出的新的发展要求,紧密结合中国共产党党员干部队伍发生的重大变化来深入思考党的建设问题,探索出新形势下加强党的建设的新形式、新途径、新办法,确保中国共产党能够经受住各种风险,始终走在时代前列,充分体现共产党人的先进性和时代精神。为此,中国共产党十四届四中全会提出了跨世纪的党的建设新的伟大工程的总目标,十五大制定了党在社会主义初级阶段的基本纲领,对党的思想建设、组织建设、作风建设的任务提出了明确要求。十五大后,中国共产党又适时开展了"三讲"教育活动,并在此基础上提出了"三个代表"重要思想,为我们研究和解决这些新问题打开了新的视野,从根本上进一步明确了思路。特别是在新的历史条件下,国际共产主义运动处于低潮,中国共产党要体现其先进性,必须充分发挥社会主义的优越性,并以此来影响国际社会,在和平共处和竞争中取胜。"三个代表"重要思想就成为中国共产党实现和平与发展时代主题的理论武器和战略目标,也是指导我们正确处理国际国内关系的基本准则,是中国共产党反对"和平演变"的新策略。

再次,"三个代表"重要思想提出了在与资本主义和平共处中取胜的新思路。

马克思主义揭示了人类社会发展的一般规律,科学论证了社会主义战胜资本主义的历史必然性,但这种必然性的实现是有条件的。正如马克思指出:"无论哪一个社会形态,在它所能容纳的全部生产力发挥出来以前,是决不会灭亡的;而新的更高的生产关系,在它的物质存在条件在旧社会的胎胞里成熟以前,是决不会出现的。"①而现实的社会主义首先是在经济、文化相对较落后的国家取得胜利的,这些国家是否能成功跨越资本主义卡夫丁峡谷,关键在于它们的共产党是否能在无产阶级革命和社会主义建设的伟大实践中不断与时俱进,丰富、发展和完善社会主义制度,为人的自由和全面发展创造合理的社会条件。在十月革命的影响下,占世界人口三分之一以上的国家建立了社会主义制度,社会主义在一段时间内取得了辉煌成就。但是苏联东欧社会主义国家不是在资本主义的武力进攻下丧失政权的,而是在资本主义的"和平演变"中改旗易帜。这其中的原因是多方面的,但最根本的是内因,是这些国家的共产党在长期执政过程中逐渐偏离了"三个代表"的方向,是社会主义模式和体制长期僵化的结果,是教条主义地对待马克思主义的结果。所以不能在与资本主义的竞争中更好地体现社会主义的优越性,从而不能真正巩固、发展社会主义革命和建设所取得的伟大成果。相反,中国共产党在及时总结国际共产主义运动和中国社会主义现代化建设经验教训的基础上,在十一届三中全会后,及时把工作重心转移到发展生产、不断提高人民群众的物质文化生活水平上来,坚持"一个中心,两个基本点",大大增强了中国的综合国力。这不仅提高了我们反对"和平演变"的能力,而且是我们面对资本主义的强势和攻势,在经济全球化、政治多元化、社会信息化的新的历史条件下,如何在与资本主义和平共处中通过竞争战胜资本主义所作的艰难探索。江泽民正是在继承和发展邓小平理论的基础上,明确提出"三个代表"重要思想,并把它作为跨世纪党建的根本要求,强调要把"三个代表"重要思想贯彻到党的各项工作中去,在实践中坚持"三个代表"重要思想,检验、修正、发展和完善"三个代表"重要思想。这就为我们在新的历史条件下如何学习和利用人类文明的先进成果,不断发展先进生产力、发展先进文化,代表广大人民群众的根本利益提出了新标准、新要求,为我们战胜资本主义提供了新

---

① 马克思、恩格斯:《马克思恩格斯选集》(第2卷),北京:人民出版社,1972年,第32页。

专题六 "三个代表"重要思想对中国共产党执政理念的丰富与发展

思路、新方法。因为"社会主义要赢得与资本主义相比较的优势就必须大胆吸收和借鉴人类社会创造的一切文明成果,吸收和借鉴当今世界各国包括资本主义发达国家的一切反映现代社会化生产的先进经营方式、管理方法。"① 实践证明,只要我们始终坚持和贯彻"三个代表"重要思想,中国特色的社会主义就会欣欣向荣,我们的事业就会兴旺发达。从这个意义上说,"三个代表"重要思想为我们在和平与发展中,在同资本主义竞争中战胜资本主义提供了新的思路和途径,它必然像十月革命一样对国际共产主义运动产生广泛而深远的影响。

最后,"三个代表"重要思想为坚持和发展马克思主义进一步指明方向。

社会主义是一项前无古人的事业,它没有固定的模式,要求我们既要在实践的基础上,不断关注和解决时代提出的新课题,又要在思想上、理论上保持坚定的方向和勇于创新的精神,不断推进中国特色社会主义事业。为此,江泽民强调:坚持与时俱进,就一定要看到《共产党宣言》发表 150 多年来世界政治、经济、文化、科技等发生的重大变化,就一定要看到中国社会主义建设发生的重大变化,一定要看到广大党员干部和人民群众工作、生活条件和社会环境发生的重大变化,一定要充分估计这些变化对中国共产党执政提出的严峻挑战和崭新课题。要使党和国家的事业不停顿,首先理论上不能停顿。否认马克思主义的科学性,丢掉老祖宗,是错误的、有害的;教条式地对待马克思主义,也是错误的、有害的。我们一定要适应实践的发展,以实践来检验一切,用发展着的马克思主义指导新的实践。从邓小平的"三个有利于"标准到江泽民的"三个代表"重要思想都是基于这一战略考虑而提出的。20 世纪 90 年代初,由于受种种"左"的观念的束缚,人们对改革开放的姓"资"姓"社"问题产生疑惑和争议,在社会主义市场经济问题上不敢越雷池一步,这严重影响了改革开放的深入和发展。在这种背景下,邓小平旗帜鲜明地提出了"三个有利于"标准,有效地消除了人们对改革开放性质的思想困惑,为我们建立社会主义市场经济体制,大步推进中国特色社会主义现代化建设提供了理论支持。

在当代中国,马克思主义、社会主义和党的建设是三位一体、密切相关

---

① 邓小平:《邓小平文选》(第 3 卷),北京:人民出版社,1993 年,第 373 页。

的,其中党的建设是核心和关键。如果说,邓小平主要是从"什么是社会主义"和"怎样建设社会主义"来提出和思考问题的;那么,江泽民则是根据时代的新变化,着重从"建设一个什么样的党"和"怎样建设党"来思考和解决中国特色社会主义现代化建设和党的建设问题的。因此,能否从理论与实践的结合上正确回答这个问题,不但对党的生存和发展至关重要,而且在根本上决定着中国特色社会主义事业的兴衰成败。正由于这样一种内在逻辑的需要,"三个代表"重要思想既为新世纪加强党的建设指明了方向,同时和邓小平的"三个有利于"一样,面对新的时代课题,也为全面推进改革开放和社会主义现代化事业指明了方向。这说明"三个代表"与"三个有利于"是一脉相承的,它不仅是对党的80年经验教训和国际共产主义运动成败得失的深刻总结,而且容纳了邓小平理论所无法包含的新内容,因而是对邓小平理论的新发展,是马克思主义在当代中国的最新形式,体现了马克思主义与时俱进的理论品质和实践精神。党的十六大全面总结了这些年的经验,这些经验进一步丰富了"三个代表"重要思想,并以此为指导提出全面建设小康社会的奋斗目标与21世纪头20年经济、政治、文化建设和改革的主要任务,强调要在经济发展基础上推进国防和军队建设,实现祖国统一,促进世界和平与发展,全面推进党的建设新的伟大工程,为在新世纪全面推进中国特色社会主义伟大事业进一步指明了方向。它要求不仅党的纲领、路线和政策要体现"三个代表"重要思想,而且要把"三个代表"重要思想作为我们在新世纪治党、治国、治军的根本指导思想,作为指导党和国家建设的强大理论武器。这正如改革开放之初,针对一些人对改革开放的性质发生怀疑,邓小平旗帜鲜明地提出坚持四项基本原则一样,"三个代表"重要思想同"四项基本原则"都是在新的历史条件下,对中国特色社会主义基本原则和根本经验的高度概括与提升,是坚持和发展马克思主义、推进中国特色社会主义事业必须长期坚持的基本治国纲领。

  "三个代表"重要思想,是江泽民根据国际国内形势的新变化,根据中国改革开放和现代化建设面临的新问题、新任务,根据中国共产党肩负的历史使命和党的自身建设的实际,在深刻总结党的历史经验的基础上,作出的精辟论断和科学结论。它回答了在新的历史时期应当把中国共产党建设成为一个什么样的党和怎样建设党的问题,这是对邓小平"什么是社会主义,怎样建设社会主义"的进一步丰富和发展。由于中国共产党是执政党,是建设有中国特色社会主义的领导者、组织者和实践者,承担着领导人民建设国家的任务,因而在社会主义建设过程中就不得不把党的建设和党的执政地位结合起来加以考虑,不得不把党的建设和国内外形势的发展对我们提出的新要求结合起来加以考虑。这说明"三个代表"重要思想不是单纯的党建理论,而是立党与执政兴国二者统一的崭新理论,这是第三代领导集体治国的一大特色。

二、"三个代表"重要思想对中国特色社会主义理论体系的丰富与发展

与邓小平理论一样,"三个代表"重要思想是江泽民集全党全国人民的智慧而形成的贯穿于经济、政治、文化、军事、外交、党建等方面的重要思想。一方面,这一思想是对邓小平理论的直接丰富和发展,使邓小平建设中国特色社会主义理论更充实、更丰满、更具体;另一方面,它又涵盖了邓小平理论所无法涵盖的新内容,包含着当代中国共产党治党、治国、治军的根本指导思想,从多方面进一步丰富和发展了中国特色社会主义理论体系。

经济思想:强调要把深化经济体制改革和加快经济建设有机结合起来,建立适应生产力发展要求的社会主义经济制度和经济体制,不断解放和发展生产力。经济体制改革的目标是进一步完善社会主义市场经济体制,这就要充分发挥市场在国家宏观调控下对资源配置的基础性作用,不断深化计划、财税、金融体制等方面的改革,建立稳固、平衡、强大的国家财政,确保金融安全、高效、稳健运行,建立和完善社会保障体系。社会主义市场经济体制是同社会主义基本制度结合在一起的,我们要坚持和完善公有制为主体、多种所有制经济共同发展的基本经济制度,探索公有制实现形式的多样化,更好地发挥公有制经济对整个国民经济的主导和引领作用;坚持和完善按劳分配为主体、多种分配方式并存的分配制度,充分调动和发挥各方面积极性。全面建设小康社会最根本的是坚持以经济建设为中心,不断解放和发展社会生产力。为此要大力推进国有企业改革和发展:国有企业改革是经济体制改革的中心环节,要从战略上调整国有经济布局和改组国有企业,国有企业改革的方向和目标是建立现代企业制度,要充分发挥企业党组织的政治核心作用,要全心全意依靠工人阶级,切实关心国有企业下岗职工的生活和再就业;要

促进区域经济合理布局和协调发展,正确处理东部地区和中西部地区的关系,东部地区要继续加快发展,有条件的地方应率先基本实现现代化,实施西部大开发战略,加快中西部地区发展。要努力提高对外开放水平,积极推进全方位、多层次、宽领域的对外开放,加入世界贸易组织,主动参与国际竞争,实施"引进来"和"走出去"相结合的开放战略,经济特区要增创新优势,更上一层楼,积极合理有效地利用外资,学习和吸收人类文明的一切优秀成果。要高度重视农业、农村和农民问题:必须始终加强和巩固农业的基础地位,长期稳定并不断完善以家庭承包经营为基础的双层经营体制,积极探索扶持、保护、促进农业发展的新机制和新办法,发展乡镇企业,推动小城镇建设,提高城镇化水平,同时,要把扶贫开发作为贯穿整个社会主义初级阶段的重要任务。党的十六大和十六届三中全会进一步对工业、农业、西部大开发、对外开放和进一步完善社会主义市场经济等关系经济发展的重大方面作了总体部署,指出"根据世界经济科技发展新趋势和我国经济发展新阶段的要求,本世纪头二十年经济建设和改革的主要任务是,完善社会主义市场经济体制,推动经济结构战略性调整,基本实现工业化,大力推进信息化,加快建设现代化,保持国民经济持续快速健康发展,不断提高人民生活水平。前十年要全面完成'十五'计划和二〇一〇年的奋斗目标,使经济总量、综合国力和人民生活水平再上一个大台阶,为后十年的更大发展打好基础。"保持国民经济持续快速健康发展,抓住机遇、加快发展,用发展的办法解决前进中的问题,走既有较快速度又有较高素质的发展路子,发展要有新思路,核心就是进行经济结构的战略性调整,把经济发展建立在主要依靠国内市场的基础上,不断提高人民生活水平,使广大群众共享经济社会发展的成果。

政治思想:强调要把政治体制改革和政治建设有机结合起来,发展社会主义民主政治,建设社会主义政治文明,在坚持四项基本原则的前提下,继续积极稳妥地推进政治体制改革,扩大社会主义民主,健全社会主义法制,建设社会主义法治国家,巩固和发展民主团结、生动活泼、安定和谐的政治局面。为此,要坚持和完善社会主义民主制度,改革和完善党的领导方式和执政方式,改革和完善决策机制,深化行政管理体制改革,推进司法体制改革,深化干部人事制度改革,加强对权力的制约和监督,维护社会稳定。社会主义民主政治具有强大的生命力和优越性。中国共产党和中国人民对自己选择的政治发展道路充满信心,将坚定不移地把中国特色社会主义政治建设推向前进。在治国方面,第三代领导集体提出和实施了四大治国战略:一是德治和法治相结合,建设社会主义法治国家的治国战略。依法治国是党领导人民治理国家的基本方略,建立完备的社会主义法律体系,增强法制观念,严格执行宪法和法律,坚持依法治国与以德治国相结合。推进政治体制改革,发展社会主义民主政治。政治体制改革的目标是建设有中国特色的社会主义民主政治,其中最重要的是坚持和完善人民代表大会制度,坚持和完善中国共产党领导的多党合作和政治协商制度,扩大基层民主,保证人民群众直接行使民主权利,按照转变政府职能和精简、统一、效能的原则进行机构改革,建立民主的科学的决策制度,实现民主、自由和人权的根本途径是社会进步和经济发展。二是实施科教兴国和人才强国战略,把科技和教育摆在优先发展的战略地位。科技工作要面向经济建设主战场,创新是民族进步的灵魂,是国家兴旺发达的不竭动力。依靠科技创新实现社会生产力发展的跨越,实施科教兴国战略的关键是人才,教育必须以提高国民素质为根本宗旨,在全社会普及科学知识,树立科学观念,提倡科学方法,弘扬科学精神,大力促进哲学社会科学事业的发展和繁荣。三是实施可持续发展战略。正确处理经济发展同人口、资源、环境的关系,控制人口增长,提高人口素质,合理利用资源,保护生态环境,树立科学发展观。四是实施西部大开发战略,积极推进西部大开发,促进区域经济协调发展,关系全国发展的大局,关系民族团结和边疆稳定的大局。

  文化思想:把深化文化体制改革和文化建设有机结合起来,牢牢把握先进文化的前进方向,大力发展教育和科学文化事业,积极发展文化事业和文化产业,坚持弘扬和培育民族精神,切实加强思想道德建设,加强社会主义精神文明建设,推动社会全面进步,要把物质文明建设和精神文明建设作为统一的奋斗目标,发展和繁荣社会主义文化。伟大的创业实践需要伟大的创业精神。继承优良传统,弘扬民族精神,增强民族凝聚力,广泛深入地进行爱国主义、集体主义和社会主义教育。越是改革开放,越要重视宣传思想工作,尊重保护妇女,关心青少年成长。在当代中国,发展先进文化,就是发展面向现代化、面向世界、面向未来的,民族的科学的大众的社会主义文化,以不断丰富人们的精神世界,增强人们的精神力量。必须坚持马克思列宁主义、毛泽东思想和邓小平理论在意识形态领域的指导地位,用"三个代表"重要思想统领社会主义文化建设。坚持为人民服务、为社会主义服务的方向和百花齐放、百家争鸣的方针,弘扬主旋律,提倡多样化。坚持以科学的理论武装人,以正确的舆论引导人,以高尚的精神塑造人,以优秀的作品鼓舞人。大力发展先进文化,支持健康有益文化,努力改造落后文化,坚决抵制腐朽文化。文艺工作者要深入群众、深入生活,为人民奉献更多无愧于时代的作品。新闻出版和广播影视必须坚持正确导向,互联网站要成为传播先进文化的重要阵地。立足于改革开放和现代化建设的实践,着眼于世界文化发展的前沿,发扬民族文化的优秀传统,汲取世界各民族的长处,在内容和形式上积极创新,不断增强中国特色社会主义文化的吸引力和感召力。党的十六大进一步强调要继续深化文化体制改革。根据社会主义精神文明建设的特点和规律,适应社会主义市场经济发展的要求,推进文化体制改革。抓紧制定文化体制改革的总体方案。把深化改革同调整结构和促进发展结合起来,理顺政府和文化企事业单位的关系,加强文化法制建设,加强宏观管理,深化文化企事业单位内部改革,逐步建立有利于调动文化工作者积极性,推动文化创新,多出精品、多出人才的文化管理体制和运行机制。按照一手抓繁荣、一手抓管理的方针,健全文化市场体系,完善文化市场管理机制,为繁荣社会主义文化创造良好的社会环境。

军事思想:要加强军队和国防建设,坚持党对军队的绝对领导,实行积极防御的军事战略方针,立足于打赢现代技术特别是高技术条件下的局部战争,实施科技强军战略,加强军队质量建设,走有中国特色的精兵之路,按照"政治合格、军事过硬、作风优良、纪律严明、保障有力"的总要求,全面加强军队建设,建设符合中国国情并反映时代特征的现代化国防。

统战思想:在爱国主义、社会主义旗帜下实行广泛的团结,充分发挥人民政协政治协商、民主监督和参政议政的作用,巩固和发展最广泛的爱国统一战线,坚持中国共产党的领导是巩固和发展爱国统一战线的根本保证。高度重视民族问题和宗教问题,巩固和发展平等、团结、互助的社会主义民族关系,坚持和完善民族区域自治制度,加快民族地区的经济发展和社会进步,树立马克思主义的宗教观,积极引导宗教与社会主义社会相适应,警惕敌对势力利用民族、宗教问题"西化""分化"中国的图谋。

国家统一思想：完成祖国统一大业是中华民族的根本利益所在，实现香港、澳门顺利回归，保持香港、澳门繁荣稳定，坚持一个中国原则，发展两岸关系，实现台湾与祖国大陆的统一。

外交思想：要正确把握世界多极化和经济全球化的发展趋势，维护世界和平，促进共同发展，始终不渝地奉行独立自主的和平外交政策，反对霸权主义和强权政治，维护国家的独立、主权和尊严，在和平共处五项原则基础上建立国际政治经济新秩序，努力发展大国间长期稳定的友好合作关系，发展与周边国家睦邻友好的合作关系，为中国的改革、开放和发展创造良好的外部环境。

党建思想：如何加快社会主义现代化建设，推进经济发展和社会全面进步，这是21世纪建设中国特色社会主义的基本问题。江泽民说："治国必先治党，治党务必从严。治党始终坚强有力，治国必会正确有效。"[1]因此，"建设一个什么样的党，怎样建设党"，是个重大的理论与实践问题，"直接关系到中国共产党和国家的前途命运"[2]。在新的历史条件下，第三代中央领导集体高举邓小平理论伟大旗帜，将治党与治国紧密结合起来，把始终践行"三个代表"重要思想，作为中国共产党的立党之本、执政之基、力量之源，"围绕不断提高领导水平和执政能力、增强拒腐防变和抵御风险的能力这两大历史性课题，全面推进党建工作"[3]。"三个代表"重要思想对中国共产党的性质、任务、宗旨作出了新概括，科学回答了中国共产党进入新世纪"建设一个什么样的党，怎样建设党"这一重大问题，充满与时俱进的时代精神，闪耀着辩证唯物主义和历史唯物主义的光芒，是马克思主义建党学说的新发展。我们要按照"三个代表"重要思想要求，全面推进党的建设新的伟大工程，首先要坚持党的基本路线不动摇。始终坚持党的基本路线不动摇，关键是坚持以经济建设为中心不动摇，把握"一个中心、两个基本点"不动摇，从中国社会主义初级阶段的基本国情出发，不断推进改革开放，促进社会主义制度的自我完善和发展，不断解放思想、实事求是、与时俱进，促进马克思主义的发展。

马克思主义的发展史充分表明：解放思想、实事求是，是引导社会前进的

---

[1] 江泽民：《论党的建设》，北京：中央文献出版社，2001年，第359页。
[2] 江泽民：《论党的建设》，北京：中央文献出版社，2001年，第422页。
[3] 江泽民：《论党的建设》，北京：中央文献出版社，2001年，第398页。

强大力量。马克思主义是中国共产党的根本指导思想,马克思主义的基本原理任何时候都要坚持。但决不能把马克思主义变成僵化的教条,那种凝固化、教条化的马克思主义不但毫无用处,而且会给实践带来极大危害。只有把马克思主义正确运用于实践并在实践中使它不断得到发展,它才具有无限的生命力。中国共产党在不同的历史时期,对待马克思主义采取的就是这种科学态度。他们把马克思主义基本原理和中国具体实际相结合,解决了中国革命和建设中的一系列重大问题,又在实践中丰富和发展了马克思主义理论,形成了中国化的马克思主义。可以说,能不能用发展着的马克思主义指导实践,是我们的事业兴衰成败的关键。首先,在新的历史条件下,我们必须坚持解放思想、实事求是的思想路线,大力弘扬与时俱进的精神,不断开拓马克思主义理论发展的新境界。其次,在新的历史条件下,必须坚持、加强和改善党的领导。"三个代表"重要思想是中国共产党的立党之本、执政之基、力量之源。思想政治建设始终是党的建设的首要任务;民主集中制不仅不能削弱,而且必须改进领导方式和执政方式,提高领导水平和执政能力;党的基层组织是党的全部工作和战斗力的基础;不断增强党的阶级基础和扩大党的群众基础,始终保持党同人民群众的血肉联系,坚持一切为了群众、一切依靠群众,从群众中来、到群众中去的根本工作路线,忠实地代表最广大人民的根本利益。要坚持、加强和改善党的领导,不断提高党的执政水平和执政能力,还必须正确处理改革、发展和稳定的关系:改革是动力,发展是目标,稳定是前提;正确处理新形势下的人民内部矛盾,维护社会政治稳定,加强社会治安综合治理,创造良好的社会治安环境。再次,要改革和完善干部人事制度,不断培养造就大批高素质的、善于治党治国的领导干部和各方面人才。干部队伍建设的重点是加强各级领导班子建设,领导干部要牢固树立正确的权力观,坚持党管干部的原则,加快干部人事制度改革的步伐,培养和选拔优秀年轻干部、在实践中锻炼干部是中国共产党培养干部的一条根本途径。最后,要坚持不懈地进行廉政建设和反腐败斗争。领导干部要带头廉洁自律,要把反对腐败作为关系党和国家生死存亡的严重政治斗争,充分认识反腐败斗争的紧迫性、长期性、复杂性和艰巨性,不断探索反腐倡廉的新途径、新形式;反腐败要坚持标本兼治,从源头上预防和治理腐败现象,加大反腐败力度,使廉政法制建设与经济建设和社会发展相协调。

三、"三个代表"重要思想对中国共产党执政合法性的提升

如果说邓小平是捍卫、坚持和发展马列主义、毛泽东思想的杰出代表,他提出的关于建设有中国特色社会主义的理论、路线、方针和原则,是集中全党智慧和经验的创造,是在新的历史条件下对马列主义、毛泽东思想的一个重大贡献,标志着中国共产党对共产党执政规律和中国社会主义建设规律的认识有了一个新的飞跃,标志着中国特色社会主义事业的发展和社会主义制度的完善进入一个新的历史时期;那么,第三代领导集体则进一步继承和发展了毛泽东思想和邓小平理论,全面推进了中国特色社会主义建设的伟大事业,提高了共产党执政的有效性和合法性。因此,在党的十五大确立了邓小平理论在全党和全国的指导地位的基础上,十六大进一步明确了"三个代表"重要思想是党和国家的行动指南,从而在新的历史时期进一步丰富和发展了党的根本指导思想,体现了马克思主义解放思想、实事求是、与时俱进的精神实质和中国共产党执政兴国、执政为民思想的不断成熟。从提高执政能力和执政合法性的角度看,第三代领导集体的突出贡献可以归纳为以下几个方面。

第一,继承和发展了邓小平理论,提高了党的领导水平和执政能力,开辟了共产党执政合法性的新资源。一方面,第三代领导集体是通过提高共产党的领导水平和执政能力来提高执政合法性的。"三个代表"重要思想,是江泽民根据国际国内形势的新变化,根据中国改革开放和现代化建设面临的新问题和新任务,根据中国共产党肩负的历史使命和党的自身建设实际,在深刻总结党的历史经验的基础上,作出的精辟论断和科学结论。它回答了在新的历史时期应当把中国共产党建设成为一个什么样的党和怎样建设党的问题,这是对邓小平"什么是社会主义,怎样建设社会主义"的进一步丰富和发展。由于中国共产党是执政党,是建设中国特色社会主义的领导者、组织者和实践者,承担着领导人民建设国家的任务,因而在社会主义治国过程中就不得不把党的建设和党的执政地位结合起来加以考虑,不得不把党的建设和国内外形势的发展对我们提出的要求结合起来加以考虑。正如江泽民所说,"'三个代表'重要思想是中国共产党的立党之本、执政之基、力量之源,全党同志一定要坚持把全面落实'三个代表'要求,统一于党的建设的各个方面,统一

于领导人民进行改革开放和社会主义现代化建设的全过程"。2002年5月31日,江泽民在中央党校省部级干部进修班毕业典礼上的重要讲话中将"三个代表"重要思想的要求凝练成三句话,即:关键在坚持与时俱进,核心在保持党的先进性,本质在坚持执政为民。"关键、核心、本质"这三者是一个统一的整体。坚持与时俱进和保持党的先进性,最终都要通过执政为民这一本质要求体现出来,都要落实到发展这一执政治国的第一要务上来。在此意义上,江泽民首次提出要建设社会主义政治文明。一方面这正是"三个代表"重要思想在治党治国方面的深刻之处,它涵盖了邓小平理论所无法涵盖的新内容,与时俱进地开辟了共产党执政合法性的新资源。另一方面它提升了社会主义意识形态的合法性。江泽民认为,理论上的成熟是政治上成熟的基础,毛泽东思想和邓小平理论是中国共产党把马克思主义基本原理与中国实际相结合而形成的两次理论飞跃。在这两大理论的指导下,中国社会发生了翻天覆地的变化,特别是改革开放以来,社会主义在中国的新局面和新成就,更使我们从历史的比较和国际的观察中认识到,中国共产党建设中国特色社会主义的理论是正确的,是符合最广大人民的利益和要求的。邓小平理论第一次比较系统地初步回答了中国这样的经济文化比较落后的国家如何建设社会主义、如何巩固和发展社会主义的一系列基本问题,用新的思想、观点,继承和发展了马克思主义。中国共产党正是在邓小平理论的武装和指导之下,不但成功消解了苏联解体、东欧剧变对中国社会主义的不利影响,抵制了西方的"和平演变",而且使中国社会主义现代化建设取得了长足发展,并在实践中丰富和发展了邓小平理论,形成了"三个代表"重要思想,从意识形态方面进一步论证了共产党的先进性和执政的合法性。

第二,丰富和发展了邓小平建设小康社会的思想,完善了"三步走"的跨世纪发展战略,明确了全面建设小康社会的奋斗目标,进一步提高了中国共产党的领导水平和执政能力,标志着中国共产党在治国上日益成熟。党的十六大全面分析了我们在实现"三步走"战略目标的过程中取得的成就、存在的问题和面临的机遇,指出:"综观全局,二十一世纪头二十年,对我国来说,是一个必须紧紧抓住并且可以大有作为的重要战略机遇期。根据十五大提出的到二〇一〇年、建党一百年和新中国成立一百年的发展目标,我们要在本世纪头二十年,集中力量,全面建设惠及十几亿人口的更高水平的小康社会,使经济更加发展、民主更加健全、科教更加进步、文化更加繁荣、社会更加和谐、人民生活更加殷实。这是实现现代化建设第三步战略目标必经的承上启下的发展阶段,也是完善社会主义市场经济体制和扩大对外开放的关键阶段。经过这个阶段的建设,再继续奋斗几十年,到本世纪中叶基本实现现代化,把我国建成富强民主文明的社会主义国家。"并对全面建设小康社会提出了明确目标。这是中国特色社会主义经济、政治、文化全面发展的目标,是与加快推进现代化相统一的目标,符合中国国情和现代化建设的实际,符合人民的愿望,意义十分重大。为完成党在新世纪新阶段的这个奋斗目标,发展要有新思路,改革要有新突破,开放要有新局面,各项工作要有新举措。各地各部门都要从实际出发,采取切实有效的措施,努力实现这个目标。有条件的地方可以发展得更快一些,在全面建设小康社会的基础上,率先基本实现现代化。可以肯定,实现了全面建设小康社会的目标,我们的祖国必将更加繁荣富强,人民的生活必将更加幸福美好,中国特色社会主义必将进一步显示出巨大的优越性。

第三,"三个代表"重要思想是治党治国的根本指导思想。十六大报告指出:"三个代表"重要思想是对马克思列宁主义、毛泽东思想和邓小平理论的继承和发展,反映了当代世界和中国的发展变化对党和国家工作的新要求,是加强和改进党的建设、推进我国社会主义自我完善和发展的强大理论武器,是全党集体智慧的结晶,是党必须长期坚持的指导思想。始终做到"三个代表",是我们党的立党之本、执政之基、力量之源。这是中国共产党对"三个代表"重要思想的历史地位和作用的精辟概括和科学总结,这一论述昭示着我们必须从"三个代表"重要思想是治党治国的根本指导思想,是邓小平理论的创新和发展的高度来科学理解"三个代表"重要思想在治国方面的价值和意义。

在实际生活中,有的人或许认为,"三个代表"重要思想只是简单的动员口号,老生常谈,没有多少具体规定和深刻内涵。其实这是一种十分肤浅的庸俗之见。应该说"三个代表"重要思想的个别论述,可能散见于马列主义文献之中,然而把"三个代表"作为一个科学概念,作为一个有机整体,作为党的建设的本质要求,作为新世纪中国共产党的建党纲领和执政战略,却是江泽民的贡献。在毛泽东著作和邓小平著作中也有关于发展生产力和先进文化的大量论述,虽然十分精辟,但那都是在党的任务的层面上讲的,且是分别立论的,从来没有像江泽民这样明确地扩展概括为"三个代表"并提高到党的先进性的高度,将"三个代表"作为三位一体的完整思想加以提出。虽然在中国共产党80多年的历程中,处处体现着、实践着"三个代表"重要思想,但在那里却是单一的、分散的,没有综合起来并自觉把它作为一个完整的指导思想。"三个代表"重要思想第一次把解放和发展生产力、文化建设和人民的根本利益统一起来,形成一个系统的马克思主义建党学说,它把文化建设从党所领导的一个方面的工作,提升到党的性质、宗旨的层次上来,把代表先进文化的前进方向,作为党的先进性的重要标志,这在马克思主义思想发展史上是一个重大的理论创新;而且讲党的先进性,相对于讲党的任务而言,在党的学说中,这是一个更高的层次。"三个代表"重要思想就是在这个层次上作出的明晰的理论概括。这不仅在中国共产党的历史文献中是第一次,就是在马克思主义党建学说史上也是第一次。最为重要的是,"三个代表"重要思想已经成为治党治国的根本指导思想,这在历史上更是无可比拟的。综观"三个代表"重要思想,我们不难发现,它不仅回答了党的建设问题,而且回答了当代社会实践中的许多重大问题。它涉及马克思主义哲学、政治经济学和科学社会主义等许多内容,涵盖了政治、经济和文化等多种领域。可以这样说,"三个代表"重要思想在集中回答了"建设一个什么样的党,怎样建设党"的问题的同时,进一步回答了"什么是马克思主义,怎样对待马克思主义"和"什么是社会主义,怎样建设社会主义"的问题。因此"三个代表"重要思想作为一个有机联系的整体,体现了经济、政治和文化的统一,体现了党的建设和社会主义建设的统一。我们不能把"三个代表"重要思想仅仅理解为是对党的建设理论的新发展,而应当理解为是对马克思主义全部理论的新发展。所以"三个代表"重要思想不仅是加强和改进党的建设的行动纲领,而且是我们进行社会主义现代化建设的强大理论武器,是中国共产党执政经验和治国思想不断成熟、丰富与发展的一个重要标志。

第四,从建设社会主义的思维方式上看,"三个代表"重要思想给我们树立了一种不同于"战争与革命"和冷战思维的全新思维方式,这种思维方式概括起来就是"和而不同、和平竞争"的思维方式。"三个代表"重要思想是在和平与发展是时代主题的历史条件下反思和总结冷战思维的基础上提出的。

在以"战争与革命"为主题的历史时代,马克思主义、列宁主义和毛泽东思想中的建党学说和治国理念都突出了阶级斗争这个纲,都重视意识形态,首先强调党是工人阶级的先锋队,是阶级斗争的工具。对资本主义命运的理论判断,使我们过于看重社会主义相对于资本主义而言的优越性,过于看重社会主义对资本主义全面胜利的理论争论,反而没有聚精会神地进行本身的社会主义建设和探索,给社会主义的发展造成了严重危害。面向21世纪,我们面临的是和平与发展为主题的崭新时代,现代科技革命与经济全球化两大潮流为时代主流。正是在这种新形势下,"三个代表"重要思想要求中国共产党人最重要的工作不是阶级斗争,而是始终代表先进生产力的发展要求,代表先进文化的前进方向,代表最广大人民的根本利益。"三个代表"重要思想就是树立这种和资本主义"和而不同、和平竞争"的全新思维方式,它更加理性和务实,更加符合时代和历史进步的潮流。两千多年前,中国先秦思想家孔子就提出了"君子和而不同"的思想。和谐而又不千篇一律,不同而又不相互冲突。和谐以共生共长,不同以相辅相成。"和而不同",是社会事物和社会关系发展的一条重要规律,也是人们处世行事应该遵循的准则,是人类各种文明协调发展的真谛。这种思维方式认为:大千世界,丰富多彩。事物之间、国家之间、民族之间、地区之间,存在这样那样的不同和差别是正常的,也可以说是必然的。世界各种文明、社会制度和发展模式应相互交流和相互借鉴,在和平竞争中取长补短,在求同存异中同发展。我们坚信马克思主义关于人类社会必然走向共产主义这一基本原理,同时又必须看到实现共产主义是一个非常漫长的历史过程。我们对社会未来发展的方向可以作出科学的预见,但未来的事情具体如何发展,应该由未来的实践来回答。因此我们要胸怀远大理想,又以当前正在做的事情为中心。这才是今天共产党人应该采取的科学态度。

第五,从社会主义建设成败得失的判断标准看,"三个代表"重要思想为我们检验党的路线、方针、政策正确与否提供了更为准确、更为全面的标准,深化了对社会主义建设标准论的认识。我们在社会主义建设史上,曾经提出许多判断标准,例如实践标准、生产力标准和"三个有利于"标准,这是马克思主义和邓小平理论的观点,无疑是正确的。但是如果分别来立论的话,总归不是很全面,在实践中容易产生不正确的理解。实践是检验真理的唯一标准,这是一个唯物史观的科学命题。总体上来讲,它还是一个哲学命题,具有一定的抽象性,在工作中不易操作,容易引起不必要的争论,而且对实践概念的理解多种多样,不同立场、不同视角都会得出不同甚至偏差很大的结论。生产力标准克服了实践标准的抽象性和模糊性,使我们有了一个易于把握的规范,是一个大的进步,而且生产力标准的提出有利于我们克服"文革"中的"左"倾错误,客观上也起到拨乱反正的历史作用。但是随着时代的前进,生产力标准越来越显现出它的局限性,它使我们片面重视生产力的发展,忽视了政治、经济、文化的作用和发展,忽视了人的全面发展,越来越不合时宜。"三个有利于"标准总结以上两个标准的经验和教训,体现出自己的优越性,对我们具有启发作用。但是随着实践的深入,它也需要进一步丰富和完善。"三个代表"进一步继承和发展了"三个有利于"标准。"三个代表"和"三个有利于"标准在性质上是一致的,它们都是社会主义建设成败得失的标准。而在党的各项工作中,坚持"三个代表"又是实现"三个有利于"的前提和保证。没有党的先进性,没有先进生产力和先进文化的发展,就不可能做到"三个有利于",也就根本谈不上坚持"三个有利于"标准。具体地说,只有代表先进生产力的发展要求和代表先进文化的前进方向,才能有利于提高综合国力;只有代表最广大人民的根本利益,才能有利于提高人民群众的物质文化生活水平。总之,"三个代表"重要思想作为一个标准体系,既有客观标准,又有价值标准。它不仅把推动中国先进生产力的发展,使人民群众不断获得切实的经济利益作为标准;也把推动中国先进文化的发展,使人民群众不断获得切实的文化利益和推动中国先进政治的发展,使人民群众不断获得切实的政治利益作为标准。这样就把标准问题讲得非常全面了,而且"三个代表"重要思想中的各个"代表"在标准体系中都具有各自的重要地位。发展先进生产力是最根本标准;发展先进文化是最重要标准;代表最广大人民群众的利益是最高标准。这些思想把社会主义建设标准论的认识提到一个新的高度。

第六,从社会主义建设的思想路线上看,"三个代表"重要思想更加倡导解放思想、实事求是、与时俱进。世纪之交江泽民提出解放思想、实事求是、与时俱进,强调这是保持党的先进性和创造力的决定性因素,关系党和国家的前途命运。这标志着中国共产党对思想路线的认识不断深化,对党的建设规律、社会主义建设规律和人类社会发展规律的认识不断递进。实事求是作

专题六 "三个代表"重要思想对中国共产党执政理念的丰富与发展

为毛泽东思想的精髓,强调一切从中国革命和建设的实际出发,纠正和防止盲目照搬苏联的具体经验,强调从洋教条中解放出来。解放思想、实事求是作为邓小平理论的精髓,强调正视中国社会发展的阶段特征,纠正和防止"左"的和右的错误倾向,尤其是教条主义的错误倾向;强调从思想禁锢中解放出来,强调对毛泽东思想完整、准确的理解。"三个代表"重要思想强调解放思想、实事求是、与时俱进,其核心是发展,是创新,它强调面对新世纪、新形势、新任务、新考验、新挑战,一定要看到《共产党宣言》发表170年来世界政治、经济、文化和科技发生的重大变化,一定要看到中国社会主义建设发生的重大变化,一定要看到广大党员干部和人民群众工作、生活条件和社会环境发生的重大变化。我们一定要适应实践的发展,以实践来检验一切,自觉把思想认识从那些不合时宜的观念、做法和体制的束缚中解放出来,从主观主义和形而上学的桎梏中解放出来。既要坚持马克思主义基本原理,又要谱写新的理论篇章;既要发扬革命传统,又要创造新鲜经验。善于在解放思想中统一思想,用发展的马克思主义指导新的实践。与时俱进体现了继承和创新的统一,体现了解放思想与实事求是的统一。与时俱进不但是马克思主义的理论品质,也是一种精神状态,反映了中国共产党人奋发有为、生气勃勃的创造意识和前进精神。

第七,"三个代表"重要思想同马克思列宁主义、毛泽东思想、邓小平理论一脉相承,是当代中国马克思主义发展的最新境界。首先,在基本立场上,"三个代表"重要思想同马克思列宁主义、毛泽东思想、邓小平理论一脉相承。无论是马克思、恩格斯,还是列宁、毛泽东,都视人民利益高于一切;邓小平鲜明地提出,要以"三个有利于"以及人民高兴不高兴、人民赞成不赞成、人民答应不答应、人民拥护不拥护作为衡量一切工作成败得失的标准;江泽民强调:"中国共产党要始终代表中国最广大人民的根本利益",并将其作为"三个代表"重要思想的出发点、落脚点。这既坚持了马克思主义重视人民利益的观点,同时又有新发展。其次,"三个代表"重要思想与马克思列宁主义、毛泽东思想、邓小平理论有着一脉相承的思想方法。解放思想、实事求是,是马列主义、毛泽东思想的精髓,也是邓小平理论的精髓。列宁没有把马克思主义教条化、神圣化,而是坚持马克思主义基本原理,从俄国的实际出发,找到了正确的革命道路,取得了十月革命的伟大胜利;毛泽东把马克思主义基本原理和中国具体实际相结合,领导中国共产党成功进行了新民主主义革命,并把中国引上了社会主义道路;邓小平在改革开放和现代化建设中,打破"两个凡是"的僵化思想,坚持解放思想、实事求是的思想路线,在实践中锐意进取,开拓创新,形成了建设有中国特色社会主义理论;江泽民在论述"三个代表"重要思想时,始终以马列主义、毛泽东思想、邓小平理论为指导,以中国改革开放和现代化建设的实际问题、以我们正在做的事情为中心,着眼于马克思主义理论的运用,着眼于对实际问题的理论思考,着眼于新的实践和新的发展,与时俱进,开拓创新,形成了系统科学的治国思想体系。"三个代表"重要思想本身是党的第三代领导集体解放思想、实事求是、与时俱进、开拓创新的成果;同时,它又为我们进一步解放思想、实事求是、与时俱进、开拓创新指明了前进的方向。最后,"三个代表"重要思想与马克思列宁主义、毛泽东思想、邓小平理论在对根本任务的认识上是一致的。马克思主义认为,革命就是解放生产力,生产力的高度发展,是实现共产主义的物质前提。邓小平也一贯强调:贫穷不是社会主义,社会主义要消灭贫穷,我们要建设的有中国特色的社会主义,是不断发展社会生产力的社会主义;我们确定的基本路线,是以经济建设为中心,实现社会主义现代化的发展路线。"三个代表"重要思想系统论述了中国共产党要始终代表中国先进生产力的发展要求所必须履行的职责和途径,为在实践中不断解放和发展生产力提供了理论指导和方法论基础。坚持马克思主义,最重要的是在实践中丰富和发展马克思主义。"三个代表"重要思想既坚持马克思主义基本原理和立场观点方法,又不拘泥于个别过时的结论;既珍惜已有的成果和经验,又有创新和发展,从而用新的思想观点继承和发展了马克思主义,是当代中国马克思主义发展的最新境界。

总之,中国共产党在探索中国特色社会主义建设道路的过程中,始终是根据时代主题和实践条件的转变来不断开辟执政合法性新资源、提高党的领导水平和执政能力的。在这一艰苦探索过程中,既取得了丰富的实践经验和理论成果,又有过严重的错误和教训,所有这些经验教训都是中国共产党探索自身执政规律的宝贵财富。中国共产党执政指导思想和实践的曲折发展,表明中国共产党治国思想的日臻成熟和执政能力的不断提高。特别是"三个代表"重要思想在进一步回答了"什么是社会主义,怎样建设社会主义"首要问题的基础上,科学回答了"什么是中国共产党,怎样建设中国共产党"这个基本问题,形成了中国共产党治党、治国、治军的科学体系。它以思想路线为指导,以理论和实践的结合为途径,以坚持和发展马克思主义为出发点和归宿,构成一个中国马克思主义的当代形态,标志着中国共产党执政治国思想的不断成熟。在当代中国,只有把马克思主义同当代中国实践和时代特征结合起来的邓小平理论和"三个代表"重要思想,而没有别的理论能够解决社会主义的前途和命运问题。学习"三个代表"重要思想,最根本的是认真学习江泽民运用马克思主义的立场、观点和方法,研究新情况、解决新问题的科学态度和创造精神。正如十六大报告指出:"三个代表"重要思想是发展的、前进的。全党必须在思想上不断有新解放,理论上不断有新发展,实践上不断有新创造,把"三个代表"重要思想贯彻到社会主义现代化建设的各个领域,体现在党的建设的各个方面,使中国共产党始终与时代发展同步伐,与人民群众共命运。这就要求我们必须对"三个代表"重要思想有科学态度。马克思主义是发展的科学,它认为自然界、社会和人的思维始终处在不断运动、变化和发展之中,不承认世界上有任何终极状态和终极真理。对待"三个代表"重要思想,我们也要采取这样的科学态度。创新就要不断解放思想、实事求是、与时俱进。实践没有止境,创新也没有止境。我们要突破前人,后人也必然会突破我们。这是社会前进的必然规律。"三个代表"重要思想为我们指明了前进的方向,奠定了发展的基础,但是我们正在进行的建设中国特色社会主义的伟大实践必将不断产生丰富的新鲜经验。我们不仅要在实践中善于坚持和创造性地运用"三个代表"重要思想,而且要善于通过总结,从中提炼出规律性的认识和结论,继续丰富和发展"三个代表"重要思想。这是全党同志的庄严历史责任,也是我们研究中国共产党执政能力无法回避的内容。科学发展观和习近平新时代中国特色社会主义思想正是在新的历史条件下对"三个代表"重要思想的丰富和发展。

经典阅读

1. 江泽民:《论党的建设》,北京:中央文献出版社,2001年。
2. 江泽民:《论"三个代表"》,北京:中央文献出版社,2001年。
3. 马克思、恩格斯:《马克思恩格斯选集》(第3卷),北京:人民出版社,1995年。
4. 毛泽东:《毛泽东选集》(第2卷),北京:人民出版社,1991年。
5. 毛泽东:《毛泽东文集》(第5卷),北京:人民出版社,1996年。

专题七
科学发展观的马克思主义哲学观照

【导读】 科学发展观是马克思主义关于发展的世界观和方法论的集中体现,从马克思主义哲学高度看,科学发展观专题要求我们从五个方面深刻把握以人为本的科学发展观:一是科学发展观是以实践为基础的发展观,体现实践与认识的辩证法;二是科学发展观是全面、系统的发展观,丰富了唯物辩证法的系统性、整体性思想;三是科学发展观是可持续的发展观,体现了人与自然和谐发展的辩证统一;四是科学发展观是"以人为本"的发展观,丰富了马克思主义人的全面发展的思想;五是科学发展观是关于社会和谐发展的发展观,继承和发展了唯物史观。

发展是当今世界的主题,也是当代中国的主题。党的十七大报告强调"科学发展观是马克思主义关于发展的世界观和方法论的集中体现",这是中国共产党坚持解放思想、实事求是、理论创新的重大成果,是运用马克思主义哲学原理科学认识世界和改造世界的重大成果。本专题主要从马克思主义哲学原理的高度对此谈点认识。

一、科学发展观是以实践为基础的发展观,体现实践与认识的辩证法

马克思指出:任何真正的哲学都是自己时代精神的精华。重大现实性体现着深刻历史性和理论逻辑性。从哲学上看,科学发展观的提出不仅是对中国共产党执政实践的理论升华,而且是对时代精神的科学概括和总结,有着深刻的历史必然性和理论逻辑性,充分体现了社会主义建设伟大实践和认识的统一。

第一,科学发展观是对社会主义现代化建设规律和中国共产党执政规律认识的升华。

实践决定认识,认识来源于实践。社会实践在不断发展,人们的认识总是在实践基础上不断深化、扩展和向前推移。中国共产党对社会主义现代化建设规律的认识,也是随着实践的发展而不断深化的。1956年,毛泽东发表了《论十大关系》等著作,提出了一系列关于社会主义建设的指导思想和方针,对社会主义发展道路作出了初步探索,并且取得了丰硕成果。后来由于"左"的思想和各种复杂原因,中国的发展遭受了挫折。"文化大革命"以后,党的第二代领导集体根据中国正处于并将长期处于社会主义初级阶段的国情,对"什么是社会主义,怎样建设社会主义"这一首要问题进行了深入探索,提出了"社会主义的任务是解放和发展生产力",强调"发展才是硬道理",实现了中国共产党对社会主义现代化建设规律认识的一次飞跃。世纪交替之际,党的第三代领导集体着眼于中国改革开放和社会主义现代化建设的全局,提出了"三个代表"重要思想,强调发展是党执政兴国的第一要务,指出发展是社会主义物质文明、政治文明和精神文明的协调发展,包括人的全面发展,进一步丰富了社会主义现代化建设的理论。在党的十六届三中全会上,胡锦涛从"发展是党执政兴国的第一要务"的高度提出了科学发展观。党的十七大报告进一步强调科学发展观的第一要义是发展,核心是以人为本,基本要求是全面协调可持续,根本方法是统筹兼顾。树立科学发展观对于全面建成小康社会、构建社会主义和谐社会、加快推进社会主义现代化具有决定性意义,这标志着中国共产党对社会主义现代化建设规律和中国共产党执政规律的认识随着实践的发展而更加深入。"科学发展观是同马克思列宁主义、毛泽东思想、邓小平理论和'三个代表'重要思想既一脉相承又与时俱进的科学理论,是我国经济社会发展的重要指导方针,是发展中国特色社会主义必须坚持和贯彻的重大战略思想。"①

第二,科学发展观是中国共产党审视中国现实社会发展状况的理性回答。

科学的社会发展理论不仅要给现实社会提供价值尺度,而且要在对社会实然状态回答的基础上,给现实社会朝向应然状态发展的实践过程提供理论指导。在这一点上,马克思主义的社会发展理论、中国特色社会主义理论都不例外。如果说中国特色社会主义理论提出之初,完全是为着解决因"文化大革命"失误而面临的政治经济难题,因而将中国的社会主义定位为"社会主义初级阶段",并想用解放生产力,发展生产力,消灭剥削,消除两极分化,最终实现共同富裕的价值目标来表明社会主义的应然状态的话;那么,我们通过改革开放确实使社会生活各方面都取得了长足的进步,但在实际工作中,由于人们摆脱贫困的急切心情,常常对中央的理论作出片面的理解。如把"以经济建设为中心"理解为"以 GDP 增长为中心",认为只要经济总量增长了,其他如国民教育、公共卫生、社会公正等社会发展问题都能迎刃而解,因而事实上存在"经济一腿长、社会一腿短"的畸形发展现象,使经济社会发展与人口、资源、环境之间的矛盾日益突出,科技、教育、文化、公共卫生、体育发展相对滞后。根据中国社会发展实际,党的十六大提出了全面建设小康社会的奋斗目标,这个宏伟目标不仅是一个经济发展目标,而且包含政治、文化、生态等社会各个领域发展的目标。党的十七大进一步明确了中国共产党到 2020 年的奋斗目标是全面实现小康社会,基本实现现代化。新的实践要求我们必须扬弃传统发展观,确立科学发展观,为全面建设小康社会的实践提供指导。科学发展观的形成,是对中国现阶段经济和社会发展实际情况的理性回答,以科学发展观为指导的社会主义和谐社会理论的构想,不仅是对全面建设小康社会内涵的科学解答,而且从一般经济和技术层面上升到经济、自然、社会和人的整体和谐发展的全新高度,是对全面建设小康社会发展目标的深化,也是中国特色社会主义的必然选择。

---

① 胡锦涛:《高举中国特色社会主义伟大旗帜 为夺取全面建设小康社会新胜利而奋斗》,《人民日报》,2007 年 10 月 16 日。

第三,科学发展观是中国共产党对二战以来世界各国发展经验教训的合理借鉴。

发展是一个历史范畴,它本身也是随着历史进程而变化的。第二次世界大战后,经济问题成了世界普遍关注的问题。各国在以追求经济增长为目标的发展观——经济增长论的影响下,都掀起了"发展热"。这一发展观对促进生产力的发展起到了一定的作用,但由于其内涵的急功近利等缺陷,导致"有增长无发展"的状况,且带来了许多日益严重的全球性问题:发展中国家因经济的畸形发展而导致社会系统的功能失调;发达国家则出现了经济繁荣和道德堕落等社会病态。其后,又先后出现以"增长的极限"表述的发展观——增长极限论;人与客观世界协调的发展观——综合发展观;生态型资源循环利用引出的发展观——循环经济的发展观;围绕选择、权利和福利的发展观——以自由看待发展的发展观。这些发展观对发展的理解都归于简单和片面,忽视了人是社会发展的主体,忽视了人的物质和文化需要,忘记了人不仅是发展的手段,而且是发展的目的,忽视了发展的最终目的是为了使人民得到自由全面的发展。"正确的理论必须结合具体情况并根据现有条件加以阐明和发挥"。世界各国的发展道路与发展理念启示我们:在现代化实践中,应根据中国的国情,合理借鉴国际上发展观演变中的有益成果。科学发展观坚持以经济建设为中心,坚持经济与社会协调发展,坚持城乡协调发展,坚持区域协调发展,坚持可持续发展,坚持改革开放,坚持以人为本。面对当今社会发展的新情况、新问题,从发展的重点、发展的全面性、发展的协调性、发展的持续性、发展的落脚点和目的性等方面,系统、科学地回答了当代中国社会为什么要发展、怎样发展、靠谁发展、为谁发展等重大理论问题,第一次把发展观表述为以人为本,全面、协调、可持续发展的结合,并赋予其普遍意义,用新的思想观点丰富和发展了马克思主义的发展观,实现了发展观上的创新,进一步为中国社会主义现代化建设指明了方向。

二、科学发展观是全面、系统的发展观,丰富了唯物辩证法的系统性、整体性思想

联系和发展是唯物辩证法的两个基本特征,马克思主义创始人把联系、发展的观点和方法应用于人类社会发展的研究,系统揭示了社会有机体的运行规律,取得了巨大成果。恩格斯在《社会主义从空想到科学的发展》中指出:"当我们深思熟虑地考察自然界或人类历史或我们自己的精神活动的时候,首先呈现在我们眼前的,是一幅由种种联系和相互作用无穷无尽地交织起来的画面。"①任何事物的发展都是一个系统工程,辩证的发展应当是全面的、保持内在各要素相对平衡的发展,而不是片面的、畸形的、单一要素突进的发展。系统的有机组成要素在发展中相互联系、相互制约、相互作用,构成系统的整体发展。马克思主义认为,社会发展是一个系统工程,社会主义现代化建设的各个领域是一个有机联系的整体,各个部门、各个方面都相互联系和制约,互为存在和发展的条件。现代科学的发展,特别是系统论的兴起,进一步证实和丰富了唯物辩证法的系统思想,为唯物辩证法的系统范畴提供了科学基础。唯物史观把社会作为一个有机整体的系统观思想具有重要的方法论意义,它要求我们观察和处理问题必须着眼于事物的整体性,整体的功能、效益是认识、解决问题的出发点和落脚点。在处理问题、进行决策时必须立足整体,总览全局,只有从整体出发,才能正确认识和合理发挥各个部分和要素的作用与价值。

科学发展观坚持全面、协调、可持续发展的思想是对马克思主义关于社会发展的系统性、整体性思想的丰富和发展,它把社会发展作为一个复杂的系统工程,在发展过程中要求全面兼顾系统工程的各个要素;认为社会系统本身就是由经济、政治、文化等子系统组成的一个大系统,只有坚持社会的经济、政治、文化全面发展,坚持物质文明、政治文明、精神文明和生态文明协调发展,才能推进人与自然、社会的和谐发展。科学发展观强调的协调发展就是要实现城乡之间、区域之间、经济与社会之间的相互协调,促进生产力和生产关系、经济基础和上层建筑相互适应。因此,发展必须做到"五个统筹"、注重"五个协调"。这既体现了辩证唯物主义系统论的整体性思想,又是中国长期发展经验教训的深刻总结,充分体现了中国共产党面对未来更加注重协调发展的科学发展观,构成了引导和推动中国的发展从不平衡走向相对平衡、从不协调走向相对协调,最终实现新的平衡和协调,从而实现社会和谐发展的强大动力。

---

① 马克思、恩格斯:《马克思恩格斯全集》(第27卷),北京:人民出版社,1972年,第433页。

三、科学发展观是可持续发展观,体现人与自然和谐发展的辩证统一

唯物辩证法认为,人是自然界的一部分,人与自然的关系是相互依存的辩证关系。人类的生存发展依赖于自然,同时也影响着自然的结构、功能与演化过程。恩格斯对此作了多次说明,他在《自然辩证法》中指出:"我们连同我们的肉、血和头脑都是属于自然界,存在于自然界的;我们对自然界的整个统治,是在于我们比其他一切动物强,能够认识和正确运用自然规律。"[①]人类物质生产活动是在一定的自然环境中进行的,是人与自然界进行物质变换的过程。因此,我们在开发自然资源、进行经济建设的过程中,必然遵循自然规律,保护生态环境,努力实现人与自然的和谐相处,以保障经济社会的可持续发展。但我们在实际工作中却长期片面强调经济发展而忽视了人与自然的和谐发展,特别是经济利益的驱动使得人与自然的矛盾日益凸现出来:人们对自然无限制的掠夺式开发,不仅造成了资源的浪费,从而影响了人与自然关系的和谐;而且造成了日益严重的环境污染和生态平衡的破坏,诸如"竭泽而渔""杀鸡取卵""斩草除根"式的野蛮开发,从而形成了人与自然界的价值对立,这种对立绝不是社会主义所期许的,对上述问题反思的结果就是建设中国特色社会主义必须树立科学发展观,促进人与自然的和谐发展。为此,中央多次强调坚持贯彻和深入落实科学发展观,必须正确处理两方面的关系:一是人的发展与自然发展的关系。一方面,要充分考虑人的全面发展,牢固树立以人为本的观念,把最广大人民的根本利益作为出发点和落脚点;另一方面,要十分注意考虑自然的发展,节约资源,倍加爱护和保护自然,尊重自然规律,这也是十七大报告特别强调生态文明的原因。二是要处理好发挥人的主观能动性和尊重客观规律性的关系。人们要在认识世界和改造世界的活动中有所建树,必须充分发挥人的主观能动性;但主观能动性的发挥又不是随心所欲的,必须以尊重客观规律和客观条件为基础。人们发挥主观能动性的程度和效果如何,主要取决于对客观规律和条件的了解、掌握和尊重程度。违背客观规律和客观条件的盲目蛮干,必然受到客观规律的惩罚。

---

① 恩格斯:《自然辩证法》,北京:人民出版社,1957年,第32页。

坚持可持续发展,就是要在发展经济的同时,充分考虑环境资源和生态的承受能力,保持人与自然的和谐发展,实现自然资源的永续利用,实现社会的永续发展。实现可持续发展,要正确处理人与自然的关系,用尽可能少的代价来获得经济的发展,在不牺牲未来需要的情况下,满足当代人的要求。这是迄今为止人类对发展内涵的认识所达到的较高境界,是世界各国普遍认同的发展理念,也是科学发展观的重点所在。

四、科学发展观是"以人为本"的发展观,充实了马克思主义人的全面发展思想

"以人为本"是唯物史观的基本立场,体现了马克思主义的根本观点。唯物史观把人看作社会历史的主体,认为"历史不过是追求着自己目的的人的活动而已"①,人是社会历史活动的主体,人民群众是历史的创造者,是推动社会发展的决定性力量。马克思主义把社会理解为"现实的、活生生的创造着自己的社会联系和社会本质的人的集合体"②;把历史理解为人本身的活动过程和结果的存在。在人类社会发展的历史进程中,人民群众始终是推动社会历史前进的主体。尊重人民群众的历史主体地位,包括尊重人民群众在历史活动中所表达的意愿、所显示的智慧、所进行的创造、所发挥的作用等,既内在地包含着尊重社会发展规律,也内在地包含着尊重人民利益需求。用以人为本的科学发展观来衡量,不难发现过去某些地方和某些领域出现的若干偏颇:重经济增长,轻社会进步;重发展速度,轻生态效益;重物质成果,轻人本价值等。我们要实现社会主义和谐社会的宏伟目标,就必须坚决纠正这类偏差,牢固树立以人为本的科学发展观。以人为本是科学发展观的核心,胡锦涛强调:"坚持以人为本,就是要以实现人的全面发展为目标,从人民群众的根本利益出发谋发展、促发展,不断满足人民群众日益增长的物质文化需要,切实保障人民群众的经济、政治和文化权益,让发展的成果惠及全体人民。"这就要求我们在考察和处理发展问题时,不仅要重视经济增长,也要重视社会进步和生态发展;不仅要重视物质文明建设,也要重视政治文明和精

---

① 马克思、恩格斯:《马克思恩格斯全集》(第2卷),北京:人民出版社,1972年,第189页。
② 马克思、恩格斯:《马克思恩格斯全集》(第1卷),北京:人民出版社,1995年,第92页。

神文明建设;不仅要重视发展速度,也要重视社会公平和人的发展,要把促进人的全面发展作为根本目的,不断满足人民群众日益增长的物质文化需要,切实保障人民群众的各项实际利益,让全体人民共享经济社会发展的丰硕成果。"以人为本"就是要把人民的利益作为一切工作的出发点和落脚点,不断满足人们多方面的需求和实现人的全面发展。具体来说,就是在经济发展的基础上,不断提高人民群众的物质文化生活和健康水平;就是要尊重和保障人权,包括公民的政治、经济、文化权利;就是要不断提高人的思想道德素质、科学文化素质和健康素质;就是要让广大人民共享改革开放和社会进步的成果;就是要创造人人平等发展、充分发挥聪明才智的社会环境。

五、科学发展观是关于社会和谐发展的发展观,继承和发展了唯物史观

马克思主义创始人通过对社会有机体内在矛盾的分析,揭示了社会发展的基本动力和总体规律,科学论证了"两个决不会"和"两个必然",为消灭资本主义制度下的"异化"、剥削和压迫现象,实现人的自由、解放与社会的和谐而全面发展指明了方向。当《新纪元》周刊记者要求恩格斯用一句精练的话将社会主义新纪元与但丁所说的"一些人统治,另一些人受苦难"的旧纪元区别开来时,恩格斯回答道:"除了从《共产党宣言》……中摘出下列一段话外,我再也找不出合适的了:'代替那存在着阶级和阶级对立的资产阶级旧社会的,将是这样一个联合体,在那里,每个人的自由发展是一切人的自由发展的条件。'"①可以说,对"自由人联合体"的描绘,是马克思主义对和谐社会的精辟概括。

对此马克思也曾经指出这一社会是"人和自然之间、人和人之间的矛盾的真正解决"。不仅如此,马克思还将理想社会的实现看成是一个现实的、非虚幻的历史过程,并致力于指出一条在现实资本主义社会中行之有效的实现共产主义理想的道路。现实社会主义在中国这样落后国家的建成,得益于马克思的社会发展理论和对马克思主义理想社会的信仰。正如2007年6月25日,胡锦涛在中央党校省部级干部进修班发表重要讲话时强调:长期以来,以

---

① 马克思、恩格斯:《马克思恩格斯选集》(第1卷),北京:人民出版社,1995年,第294页。

毛泽东同志、邓小平同志、江泽民同志为核心的党的三代中央领导集体带领中国共产党不断探索和研究建设社会主义这个重大问题,取得了重要成果。十六大以来,党中央继承和发展党的三代中央领导集体关于发展的重要思想,提出了科学发展观,进一步明确了我们要建立的社会主义是一个"民主法治、公平正义、诚信友爱、充满活力、安定有序、人与自然和谐相处"的社会主义和谐社会。构建社会主义和谐社会既要不断张扬人的主体性,扩大人的自由度;又要最大限度地实现人与社会的和谐发展。人与社会的和谐是指任何个人在张扬自己的个性、发展自己的自由时,不会成为其他人发展的障碍,而是其他人发展的条件。表现为社会各个要素、各个群体、各个个体,都能够相互协调,相互理解,相互兼容;表现为人与自然和社会之间的协调发展。当前要实现人与社会的和谐,最主要的是解决好以下问题:首先,要始终坚持社会公正。公平正义是文明社会的一个显著标志,是社会和谐发展的根本价值诉求,是人与社会和谐的核心,主要体现在人格、权利、机会、规则等方面的平等。这在政治学角度上,就是执政党要保护人民的基本人权,保障社会多元化、防止社会两极分化;在社会学角度上,就是执政党要调节各社会成员间不同利益群体的关系,缩小社会贫富差距;在经济学角度上,就是执政党要在经济增长与资源环境、公平与效率之间找到平衡。其次,在目标上强调利益协调。和谐社会应是一个各方面利益关系能够得到有效协调的社会。和谐社会要以一定的经济发展水平和物质财富为基础,贫穷的社会是不可能和谐的。但是富裕也只是和谐社会的必要条件,而不是充分条件。这里有一个财富怎样分配、利益怎样协调的问题。十七大进一步强调要按照共同建设、共同享有的原则,着力解决人民最关心、最直接、最现实的利益问题,努力形成全体人民各尽其能、各得其所而又和谐相处的局面,为发展提供良好的社会环境,使所有公民都有参与社会发展的机会,共同分享社会发展成果的权利。再次,在制度运行中维护社会秩序。任何一种价值理念的客观存在必然体现在相应的制度上。和谐社会必然是一个有序的社会,人与人、人与社会之间的关系是以社会秩序为保障的,要维护社会有序正常的发展不仅要加强民主与法律制度的建设,而且要充分运用道德力量解决冲突、弥合社会裂痕,为此我们要以社会主义核心价值体系和价值观引领和谐文化发展,把依法治国和以德治国有机结合起来;始终把协调利益关系、利益矛盾、促进社会公平作为其价值取向,实现人与社会的水乳交融。

  总之,科学发展观是面对全球化大趋势和中国改革开放新形势,为解决实践中的新问题而提出的新的科学理论。以人为本的全面、协调、可持续的发展观,是我们以邓小平理论和"三个代表"重要思想为指导,在建设中国特色社会主义新的实践中进一步得出的重要结论。我们要坚持运用马克思主义的立场、观点、方法观察和思考发展问题,全面准确地把握科学发展观的深刻内涵,真正发挥科学发展观在实践中的重要指导作用。马克思主义哲学是科学发展观的哲学基础,而科学发展观则是在新的历史条件下对马克思主义发展观的继承和发展。只有运用马克思主义哲学的基本原理和方法,深刻理解科学发展观的马克思主义哲学渊源,才能全面、准确地理解科学发展观丰富而深刻的内涵和精神实质,更好地以科学发展观指导社会主义现代化建设,为实现社会主义和谐社会的目标而奋斗。

经典阅读

1. 马克思、恩格斯:《马克思恩格斯选集》(第4卷),北京:人民出版社,1990年。
2. 列宁:《列宁选集》(第3卷),北京:人民出版社,1995年。
3. 毛泽东:《毛泽东文集》(第5卷),北京:人民出版社,1996年。
4. 邓小平:《邓小平文选》(第3卷),北京:人民出版社,1993年。
5. 胡锦涛:《胡锦涛文选》(第1~3卷),北京:人民出版社,2006年。

专题八
习近平新时代中国特色社会主义思想

【导读】 中国共产党第十九次全国代表大会的最大创新是提出并集中阐述了习近平新时代中国特色社会主义思想。以习近平新时代中国特色社会主义思想为指导,深入贯彻和落实党的十九大精神,就要深刻领会习近平新时代中国特色社会主义思想产生的时代背景、确立的发展目标和发展任务,掌握其精神实质、基本方略和历史地位,自觉把思想和行动统一到十九大的战略部署上来,为建设社会主义现代化强国、实现中华民族伟大复兴的中国梦而奋斗。

党的十八大以来,国内外形势的变化和我国各项事业的发展都给我们提出了一个重大时代课题,这就是必须从理论和实践结合上系统回答新时代坚持和发展什么样的中国特色社会主义、怎样坚持和发展中国特色社会主义。围绕这个重大时代课题,以习近平同志为核心的党中央坚持以马克思列宁主义、毛泽东思想、邓小平理论、"三个代表"重要思想、科学发展观为指导,坚持解放思想、实事求是、与时俱进、求真务实,坚持辩证唯物主义和历史唯物主义,紧密结合新的时代条件和实践要求,以全新的视野深化对共产党执政规律、社会主义建设规律、人类社会发展规律的认识,进行艰辛的理论探索,取得重大理论创新成果,形成了习近平新时代中国特色社会主义思想。这是党的十九大最大的理论成果。

党的十九大是在全面建成小康社会的决胜阶段、中国特色社会主义进入新时代的关键时期召开的一次十分重要的大会,是一次不忘初心、牢记使命、高举旗帜、团结奋进的大会。党的十九大以历史的眼光,全球的视野,作出了中国特色社会主义进入了新时代,我国社会的主要矛盾已经转化为人民日益增长的美好生活需要同不平衡不充分的发展之间的矛盾的重大政治论断;阐述了新时代坚持和发展中国特色社会主义的基本理论、基本路线、基本方略。这个重大政治论断是对我国发展历史方位的精辟概括,是一项关系全局的战略考量,体现了我们党对党的执政规律、社会主义建设规律和人类社会发展规律的深刻认识。新时代,凝结着一代又一代人的艰苦奋斗,清晰标示出中国发展新的历史方位。进入新时代,最鲜明的历史坐标,就是中华民族迎来了从站起来、富起来到强起来的伟大飞跃。把新时代中国特色社会主义推向前进,要求我们党适应社会主要矛盾变化,满足人民新期待,牢牢坚持党的基本路线这个党和国家的生命线、人民的幸福线,大力提升发展质量和效益,更好推动人的全面发展、社会全面进步;要求我们党付出更为艰巨的努力,进行伟大斗争、建设伟大工程、推进伟大事业、实现伟大梦想,在新时代中国特色社会主义的伟大实践中,更好地担当起实现中华民族伟大复兴的历史使命。

一、习近平新时代中国特色社会主义思想产生的时代背景

习近平新时代中国特色社会主义思想的产生适应了新时代发展的需要,从时代背景看,有其历史必然性。

1. 十八大以来的五年执政实践为习近平新时代中国特色社会主义思想的产生提供了历史机遇

十八大以来的五年,是党和国家发展进程中极不平凡的五年,发展前景十分光明,挑战十分严峻。党的十九大对过去五年的工作和历史性变革进行了科学总结,在此基础上提出习近平新时代中国特色社会主义思想,并把它上升为党和国家的指导思想。

总书记强调,五年来,我们勇于面对党面临的重大风险考验和党内存在

的突出问题,以顽强意志品质正风肃纪、反腐惩恶,消除了党和国家内部存在的严重隐患,党内政治生活气象更新,党内政治生态明显好转,党的创造力、凝聚力、战斗力显著增强,党的团结统一更加巩固,党群关系明显改善,党在革命性锻造中更加坚强,焕发出新的强大生机活力,为党和国家的事业发展提供了坚强的政治保证。

五年来,我们取得了十个方面的历史成就:一是经济保持中高速增长;二是全面深化改革取得突大重破;三是民主法制建设迈出重大步伐;四是思想文化建设取得重大进展;五是人民生活不断改善;六是生态文明建设成效显著;七是强军兴军开创新局面;八是港澳台工作取得新进展;九是全方位外交布局深入展开;十是全面从严治党成效显著。

在这十大成就中,我们必须着重强调全面从严治党成效卓著。十八大以来,全面加强党的领导和党的建设,坚决改变管党治党宽松软状况,坚持反腐败无禁区、全覆盖、零容忍,坚定不移"打虎""拍蝇""猎狐",不敢腐的目标初步实现,不能腐的笼子越扎越牢,不想腐的堤坝正在构筑,反腐败斗争压倒性态势已经形成并巩固发展。

五年来我们之所以能取得历史性成就、发生历史性变革,最根本的是我们党有以习近平同志为核心的党中央的坚强领导,有习近平总书记系列重要讲话精神和治国理政新理念新思想新战略的科学指引。

2. 我国社会主要矛盾的变化对党和国家工作提出的新要求,催生了习近平新时代中国特色社会主义思想

中国特色社会主义进入新时代,问题是时代之声,矛盾是事物存在和发展的源泉与动力,我国社会主要矛盾已经转化为人民日益增长的美好生活需要和不平衡不充分的发展之间的矛盾。主要矛盾的转变,要求我们一方面必须认识到,我国社会主要矛盾的变化是关系全局的历史性变化,对党和国家工作提出了许多新要求,迫切需要有新的理论能够与时俱进,指导我们科学分析和解决矛盾,推动中国特色社会主义不断前进。习近平新时代中国特色社会主义思想就是为了解决这一主要矛盾而提出来的,推进了马克思主义中国化的发展,体现了马克思主义实事求是、与时俱进的理论品质。另一方面必须认识到,我国社会主要矛盾的变化,没有改变我们对我国社会主义所处历史阶段的判断,我国仍处于并将长期处于社会主义初级阶段的基本国情没有变,我国是世界最大发展中国家的国际地位没有变。只有把握好这种"变"与"不变"的矛盾辩证法,我们才能根据主要矛盾的变化和实际情况的发展,进一步明确新时代的发展目标和发展任务,不断满足人民对美好生活的需要。人民对美好生活的需要不仅仅是物质文化方面的需要,而且包括经济、政治、文化、社会、生态等各个方面的需要。这就要求我们党和国家顺应人民需要多样化多层次多方面的特点,推动社会全面发展,促进人民共同富裕,为实现人的自由全面发展创造更好的条件,这也是中国共产党解决发展不平衡不充分问题的必然要求。习近平新时代中国特色社会主义思想从"四个全面"战略布局、"五位一体"总体布局、"八个明确"、"十四个坚持"和"两个阶段"实现现代化等方面系统回答了这些问题,为解决人民对美好生活的需要与不平衡不充分的发展问题提供了科学的理论指导和实践路径。

3. 习近平新时代中国特色社会主义思想是时代精神的精华,标志着中国特色社会主义进入新时代

时代是思想之母,实践是理论之源。任何真正的哲学都是自己时代精神的精华,人民看不见摸不着的反映时代精神本质和规律的东西都蕴涵在代表这个时代精神的哲学之中。习近平新时代中国特色社会主义思想作为马克思主义哲学中国化的最新理论成果,集中反映了当代中国特色社会主义理论和实践的深刻变化,标志着中国特色社会主义进入新时代。中国特色社会主义进入新时代,意味着近代以来久经磨难的中华民族迎来了从站起来、富起来到强起来的伟大飞跃,迎来了实现中华民族伟大复兴的光明前景;意味着科学社会主义在 21 世纪的中国焕发出强大的生机活力,在世界上高高举起了中国特色社会主义伟大旗帜;意味着中国特色社会主义道路、理论、制度、文化不断发展,拓展了发展中国家走向现代化的途径,给世界上那些既希望加快发展又希望保持自身独立性的国家和民族提供了全新选择,为解决人类问题贡献了中国智慧和中国方案。

经过长期努力,中国特色社会主义进入了新时代,这是我国发展新的历史方位。这个新时代,是承前启后、继往开来、在新的历史条件下继续夺取中国特色社会主义伟大胜利的时代,是决胜全面建成小康社会、进而全面建设社会主义现代化强国的时代,是全国各族人民团结奋斗、不断创造美好生活、逐步实现全体人民共同富裕的时代,是全体中华儿女勠力同心、奋力实现中华民族伟大复兴中国梦的时代,是我国日益走近世界舞台中央、不断为人类作出更大贡献的时代。

可以说,习近平总书记关于中国特色社会主义进入新时代的论断既是完全正确,也是十分精准的。时代是表述特定社会历史的范畴,不同社会形态、不同历史时期、不同发展阶段,形成了不同内涵的时代。对于国家而言,新时代表明我国战略任务的变化、发展坐标的前进、国际影响的增强。进入新时代的重要标志,是社会主要矛盾的转化。作出中国特色社会主义进入新时代的重大判断,正是基于对党的十八大以来的历史性飞跃、中国特色社会主义世界性意义准确认识,基于对新的伟大实践的正确反映,基于对我国社会主要矛盾转化的高度概括。十九大报告提出"新时代",是重大理论创新和实践创新,必将大大推进实现"两个一百年"奋斗目标的宏伟蓝图。

二、习近平新时代中国特色社会主义思想确立的发展目标和发展战略

理论的产生是为了更好地指导实践。习近平新时代中国特色社会主义思想不仅确立了在新时代建设社会主义现代化强国和实现中华民族伟大复兴的中国梦这两个发展目标,并提出了"四个伟大"的保障措施;而且明确了"四个全面"战略布局和"五位一体"总布局,为把我国建成富强民主文明和谐美丽的社会主义现代化强国指明了方向。

1. 规划了建设社会主义现代化强国的时间表,明确了奋斗目标

十九大从新的历史起点出发,坚持以人民为中心的发展思想,系统谋划新时代中国特色社会主义的战略部署,对决胜全面建成小康社会,开启全面建设社会主义现代化国家新征程作出了战略安排,完善了两个一百年奋斗目标。大会提出,从现在到2020年,是全面建成小康社会决胜期,从十九大到二十大,是"两个一百年"奋斗目标的历史交汇期。我们既要全面建成小康社会、实现第一个百年奋斗目标,又要乘势而上开启全面建设社会主义现代化国家新征程,向第二个百年奋斗目标进军。综合分析国际国内形势和我国发展条件,从2020年到本世纪中叶可以分两个阶段来安排。第一个阶段,从2020年到2035年,在全面建成小康社会的基础上,再奋斗15年,基本实现社会主义现代化。第二个阶段,从2035年到本世纪中叶,在基本实现现代化的基础上,再奋斗15年,把我国建成富强民主文明和谐美丽的社会主义现代化强国。

2. 不忘初心,牢记使命,描绘了实现中华民族伟大复兴的新蓝图

我们共产党人的初心和使命是什么？就是为中国人民谋幸福,为中华民族谋复兴。不忘初心,方得始终。这个初心和使命是激励中国共产党人不断前进的根本动力。中国共产党一定要永远与人民同呼吸、共命运、心连心,永远把人民对美好生活的向往作为奋斗目标,以永不懈怠的精神状态和一往无前的奋斗姿态,继续朝着实现中华民族伟大复兴的宏伟目标奋勇前进。

实现中华民族伟大复兴是近代以来中华民族最伟大的梦想。中国共产党一成立,就把实现共产主义作为党的最高理想和最终目标,义无反顾肩负起实现中华民族伟大复兴的历史使命,团结带领人民进行了艰苦卓绝的斗争,谱写了气吞山河的壮丽史诗。今天,我们比历史上任何时期都更接近、更有信心和能力实现中华民族伟大复兴的目标。行百里者半九十,中华民族伟大复兴,绝不是轻轻松松、敲锣打鼓就能实现的。全党必须准备付出更为艰巨、更为艰苦的努力,才能实现中华民族伟大复兴这个伟大梦想。

实现伟大梦想,必须进行伟大斗争。我们党要团结带领人民有效应对重大挑战、抵御重大风险、克服重大阻力、解决重大矛盾,必须进行具有许多新的历史特点的伟大斗争。全党要充分认识这场伟大斗争的长期性、复杂性、艰巨性,发扬斗争精神,提高斗争本领,不断夺取伟大斗争的新胜利。

实现伟大梦想,必须建设伟大工程。这个伟大工程就是我们党正在深入推进的党的建设新的伟大工程。全党要更加自觉地坚定党性原则,勇于直面问题,敢于刮骨疗毒,消除一切损害党的先进性和纯洁性的因素,清除一切侵蚀党的健康肌体的病毒,不断增强党的政治领导力、思想引领力、群众组织力、社会号召力,确保我们党永葆旺盛生命力和强大战斗力。

实现伟大梦想,必须推进伟大事业。中国特色社会主义是改革开放以来党的全部理论和实践的主题,是党和人民历尽千辛万苦、付出巨大代价取得的根本成就。全党要更加自觉地增强道路自信、理论自信、制度自信、文化自信,既不走封闭僵化的老路,也不走改旗易帜的邪路,保持政治定力,坚持实干兴邦,始终坚持和发展中国特色社会主义。

伟大斗争,伟大工程,伟大事业,伟大梦想,紧密联系、相互贯通、相互作用,其中起决定性作用的是党的建设新的伟大工程。推进伟大工程,要结合伟大斗争、伟大事业、伟大梦想的实践来进行,确保党在世界形势深刻变化的历史进程中始终走在时代前列,在应对国内外各种风险和考验的历史进程中始终成为全国人民的主心骨,在坚持和发展中国特色社会主义的历史进程中始终成为坚强的领导核心。

3. 开启全面建设社会主义现代化强国新征程

我们既要全面建成小康社会、实现第一个百年奋斗目标,又要乘势而上开启全面建设社会主义现代化国家新征程,向第二个百年奋斗目标进军。

从现在到 2020 年,是全面建成小康社会决胜期。要按照十六大、十七大、十八大提出的全面建成小康社会各项要求,紧扣我国社会主要矛盾变化,统筹推进经济建设、政治建设、文化建设、社会建设、生态文明建设,坚定实施科教兴国战略、人才强国战略、创新驱动发展战略、乡村振兴战略、区域协调发展战略、可持续发展战略、军民融合发展战略,突出抓重点、补短板、强弱项,特别是要坚决打好防范化解重大风险、精准脱贫、污染防治的攻坚战,使全面建成小康社会得到人民认可、经得起历史检验。

综合分析国际国内形势和我国发展条件,从 2020 年到本世纪中叶可以分两个阶段来安排。

第一个阶段,从 2020 年到 2035 年,在全面建成小康社会的基础上,再奋斗 15 年,基本实现社会主义现代化。到那时,我国经济实力、科技实力将大幅跃升,跻身创新型国家前列;人民平等参与、平等发展权利得到充分保障,法治国家、法治政府、法治社会基本建成,各方面制度更加完善,国家治理体系和治理能力现代化基本实现;社会文明程度达到新的高度,国家文化软实力显著增强,中华文化影响更加广泛深入;人民生活更为宽裕,中等收入群体比例明显提高,城乡区域发展差距和居民生活水平差距显著缩小,基本公共服务均等化基本实现,全体人民共同富裕迈出坚实步伐;现代社会治理格局基本形成,社会充满活力又和谐有序;生态环境根本好转,美丽中国目标基本实现。

第二个阶段,从 2035 年到本世纪中叶,在基本实现现代化的基础上,再奋斗 15 年,把我国建成富强民主文明和谐美丽的社会主义现代化强国。到那时,我国物质文明、政治文明、精神文明、社会文明、生态文明将全面提升,实现国家治理体系和治理能力现代化,成为综合国力和国际影响力领先的国家,全体人民共同富裕基本实现,我国人民将享有更加幸福安康的生活,中华民族将以更加昂扬的姿态屹立于世界民族之林。

习近平强调,从全面建成小康社会到基本实现现代化,再到全面建成社会主义现代化强国,是新时代中国特色社会主义发展的战略安排。我们要坚忍不拔、锲而不舍,按照"四个全面"战略布局和"五位一体"总布局实现这一战略安排,奋力谱写社会主义现代化新征程的壮丽篇章。

三、习近平新时代中国特色社会主义思想的精神实质

党的十九大以"八个明确"阐释了习近平新时代中国特色社会主义思想的精神实质。

明确坚持和发展中国特色社会主义,总任务是实现社会主义现代化和中华民族伟大复兴,在全面建成小康社会的基础上,分两步走在本世纪中叶建成富强民主文明和谐美丽的社会主义现代化强国;

明确新时代我国社会主要矛盾是人民日益增长的美好生活需要和不平衡不充分的发展之间的矛盾,必须坚持以人民为中心的发展思想,不断促进人的全面发展、全体人民共同富裕;

明确中国特色社会主义事业总体布局是"五位一体"、战略布局是"四个全面",强调坚定道路自信、理论自信、制度自信、文化自信;

明确全面深化改革总目标是完善和发展中国特色社会主义制度,推进国家治理体系和治理能力现代化;

明确全面推进依法治国总目标是建设中国特色社会主义法治体系,建设社会主义法治国家;

明确党在新时代的强军目标是建设一支听党指挥、能打胜仗、作风优良的人民军队,把人民军队建设成为世界一流军队;

明确中国特色大国外交要推动构建新型国际关系,推动构建人类命运共同体;

明确中国特色社会主义最本质的特征是中国共产党领导,中国特色社会主义制度的最大优势是中国共产党领导,党是最高政治领导力量,提出新时代党的建设总要求,突出政治建设在党的建设中的重要地位。

以上"八个明确",实际上阐明了新时代坚持和发展中国特色社会主义的总目标、总任务、总体布局、战略布局和发展方向、发展方式、发展动力、战略

步骤、外部条件、政治保证等基本问题,着重说明的是在新时代坚持和发展什么样的中国特色社会主义问题。

总之,习近平新时代中国特色社会主义思想,是对马克思列宁主义、毛泽东思想、邓小平理论、"三个代表"重要思想、科学发展观的继承和发展,是马克思主义中国化的最新成果,是党和人民实践经验和集体智慧的结晶,是中国特色社会主义理论体系的重要组成部分,是全党全国人民为实现中华民族伟大复兴而奋斗的行动指南,必须长期坚持并不断发展。

四、新时代坚持和发展中国特色社会主义的基本方略

党的十九大以"十四个坚持"阐明了在新时代怎样坚持和发展中国特色社会主义,谋划了新时代中国特色社会主义的发展蓝图,是习近平新时代中国特色社会主义思想的方略体系,也是其重要内容。

坚持党对一切工作的领导。在新时代坚持和发展中国特色社会主义的十四条基本方略中,摆在第一条的是坚持党对一切工作的领导。报告重申,"党政军民学,东西南北中,党是领导一切的"。党中央集中统一领导是党的领导的最高原则,从根本上关乎党和国家前途命运、关乎人民根本利益,加强和维护党中央集中统一领导是全党共同的政治责任。今后要坚决维护习近平总书记作为党中央的核心、全党的核心的地位,自觉在以习近平同志为核心的党中央的集中统一领导下履行职责、开展工作,凝聚全党意志,激发全国各族人民充满信心朝着中国梦的宏伟目标奋勇前进。

坚持以人民为中心。"我们要牢记人民对美好生活的向往就是我们的奋斗目标,坚持以人民为中心的发展思想,努力抓好保障和改善民生各项工作,不断增强人民的获得感、幸福感、安全感",习近平总书记在十九届中共中央政治局常委同中外记者见面时再次向世界作出庄严承诺。这份承诺预示着:在新时代,党和国家将继续贯彻以人民为中心的发展思想,紧扣满足人民日益增长的美好生活需要,按照十九大提出的新时代中国特色社会主义建设的战略部署,为人民办实事,谋幸福,人的全面发展、社会全面进步将不断彰显,人民将会有更多实实在在的获得感。

坚持全面深化改革。中国特色社会主义进入新时代,全面深化改革也站在了新的历史起点,改革走到今天,能不能突破利益固化的藩篱,逐步形成合

理的利益结构和社会结构,是当前全面深化改革面临的重大难题。未来要确保十九大报告所确立的思想、理念与部署得到贯彻落实,坚持以人民为中心的发展思想,把不断促进人的全面发展、全体人民共同富裕作为深化改革的出发点与归宿。要通过进一步深化改革坚持和完善中国特色社会主义制度,构建系统完备、科学规范、运行有效的制度体系,推进国家治理体系和治理能力现代化,这将对人类社会发展作出重大贡献。

坚持新发展理念。历史在前进,中国共产党领导中国选择发展道路和谋划发展战略的进程,也是针对中国特色社会主义发展实践,不断创新发展理念的历程。每一次发展理念的重大转变,都是中国开启更高发展阶段的起点。十九大报告提出必须坚定不移贯彻"创新、协调、绿色、开放、共享"新发展理念,实质上是科学发展在新时期的一种必然要求。未来的发展,必须要通过大量创新作为第一推动力,因为中国必须要从过去粗放式、高速增长的阶段,过渡到创新发展的阶段。只有发展,才能给我们整体的这个伟大工程、伟大事业提供良好的经济社会"五位一体"的基础。

坚持人民当家作主。"保证人民当家作主落实到国家政治生活和社会生活之中",不仅再次庄重表明中国共产党人的鲜明政治立场,更是指明了中国特色社会主义民主政治的发展方向,为人类政治文明提供了中国方案。立场问题是马克思主义的本质问题,中国共产党从建立之初起,就庄严宣布了自己的政治立场:一切为了人民,也就是共产党人的初心。民主政治不仅属于人文范畴,也是一门科学,96年来中国共产党人从来不把政治看作是"变魔术",而是老老实实地当作一门科学来学习、实践、发展,所以始终能够得到最广大人民群众的拥护。时至今日,我们可以向全世界宣布:中国共产党人的政治道路是自己走出来的,是有着中国知识产权的原创产品;中国特色社会主义民主政治是有着中国共产党人和中国人民的智慧与创新的,是有科技含量的。

坚持全面依法治国。全面依法治国是中国特色社会主义的本质要求和重要保障。坚持全面依法治国是习近平新时代中国特色社会主义思想的重要内容,是完善国家治理体系和治理能力、坚持和发展中国特色社会主义制度的题中应有之义。中国共产党作为执政党,对全面依法治国至关重要。党的领导是中国特色社会主义最本质的特征,是中国特色社会主义法治最根本的保证。我们要把党的领导贯彻到全面依法治国的全过程和各方面,坚持党领导立法、保证执法、支持司法、带头守法。为此,十九大报告明确提出要成立中央全面依法治国领导小组,加强对法治中国建设的统一领导,充分说明以习近平同志为核心的党中央对坚持全面依法治国的高度重视和坚定决心,为我们全面推进依法治国提供了遵循。

坚持社会主义核心价值体系。这条基本方略是把社会主义核心价值体系具体化为两个方面。首先必须坚持马克思主义,牢固树立共产主义远大理想和中国特色社会主义共同理想;其次是强调了文化自信,中国特色社会主义文化自信是融入到骨子里面的。确立文化自信的标志是形成中国话语体系、涵养大国心态,确立民族自信心,增强民族自豪感。只要我们不忘本来、吸收外来、面向未来,更好构筑中国精神、中国价值、中国力量,就能为人民提供精神指引。说到底,社会主义核心价值体系体现了社会主义意识形态的本质要求,反映和代表着中国人民的根本利益,不仅处处充满着马克思主义和社会主义的科学智慧,而且包含着浓郁的民族传统和强烈的时代精神,还和每个人的生活实践息息相关。

坚持在发展中保障和改善民生。十九大报告提出,要坚持在发展中保障和改善民生。前面讲的人与自然和谐共生解决的是生态文明建设问题,是绿色发展问题,这是保障民生的基础。改善民生就是贯彻共享发展理念。要深入开展脱贫攻坚,把扶贫与扶"志"扶"智"结合起来,保证人民有更多的获得感。"弱有所扶"是新要求,体现了习近平新时代中国特色社会主义思想的高度人文标准与人文价值,真正的人民政府不能不扶危济困。解决环境问题和民生问题都要靠进一步发展,必须坚定不移贯彻五大新发展理念。"期盼有更好的教育、更稳定的工作、更满意的收入、更可靠的社会保障、更高水平的医疗卫生服务、更舒适的居住条件、更优美的环境、更丰富的精神文化生活",有了更凝练的表述。

坚持人与自然和谐共生。"建设美丽中国,为人民创造良好生产生活环境,为全球生态安全做出贡献",标志着社会主义现代化奋斗目标从"富强民主文明和谐"进一步拓展为"富强民主文明和谐美丽"。增加了"美丽",经济、政治、文化、社会、生态文明建设"五位一体"总体布局与现代化建设目标有了更好的对接。美丽中国,是一个扣人心弦的梦想,它要呈现的,是天蓝、地绿、水清、景美的美好生活,是中华民族伟大复兴中国梦的重要内容。五年前,党的十八大擘画了美丽中国的动人梦想,而今,十九大让梦想落地有了清晰的时间表。

坚持总体国家安全观。十九大报告对国家安全作了比以往任何党政文件都更加全面、更加系统的论述,这说明国家越来越重视国民安全和非传统安全。不管你在世界哪个角落,国家都是你最重要的保障和最坚实的后盾。在把"坚持总体国家安全观"作为习近平新时代中国特色社会主义思想的重要组成部分进行阐述的同时,习近平同志还在"提高保障和改善民生水平,加强和创新社会治理"的论述中对今后的国家安全工作做了战略性布局。此外,在讲到外交问题时,习近平强调"树立共同、综合、合作、可持续的新安全观";在讲到军队国防问题时,习近平强调"坚持走中国特色强军之路,全面推进国防和军队现代化"。如此等等,都是以"总体国家安全观"为指导的习近平新时代中国特色国家安全思想的重要内容,需要在国家安全理论建设和实践活动中认真学习,深刻领会并贯彻。

坚持党对人民军队的绝对领导。十九大提出,确立新时代党的强军思想在国防和军队建设中的指导地位,进一步阐明了坚持党对军队绝对领导的极端重要性,揭示了人民军队的灵魂和生命所在,明确了人民军队的最高政治要求和绝对标准,为我军建设改革发展指明了正确方向。90年来,人民军队从小到大、由弱到强、从胜利走向胜利,向我们昭示了坚持党对军队的绝对领导是人民军队建军的根本原则;实现强军目标、建设世界一流军队,是摆在我们面前现实的、艰巨的任务,而坚持党对军队的绝对领导是强军兴军的根本保证;军队历来讲"兵权贵一",面对新体制新职能新使命,必须以绝对的标准践行党对军队绝对领导的要求。

坚持"一国两制"和推进祖国统一。明确把"推动两岸关系和平发展,推进祖国和平统一进程",作为实现中华民族伟大复兴的内在需求与必然要求突出出来,充分诠释了解决台湾问题所处的历史高度和时代纬度,顺应的是历史大势,担当的是民族大义,体现了坚定的意志和决心,展示了充分的信心和能力。将两岸关系和统一问题纳入中华民族伟大复兴的两个百年进程,纳入超越当前政治分歧的历史时空关照,纳入国家治理体系和治理能力的现代化建设中,从历史和全民族的高度定位了两岸统一的使命和必然趋势,但又并非通过明示所谓"时间表"来自我框限,显示出中华人民共和国政府牢牢把握两岸关系主导权和方向的从容,必将促进两岸同胞的手足投合、骨肉融合、心灵契合。

坚持推动构建人类命运共同体。实现中国梦离不开和平的国际环境和稳定的国际秩序。用人类命运共同体和新型大国关系来概括中国对外关系,说明新时代中国外交的任务是从全人类和全球发展事业的角度出发的,体现了中国致力于深化同周边国家关系,促进缩小南北发展差距,打造国际合作新平台等具体工作,展示了中国与世界携手发展、实现互利共赢的决心。可以说,习近平对新时代中国外交提出的任务,准确、清晰、科学地对中国外交在21世纪的地位、角色和战略内涵进行了新的定位和规划,客观、深入、及时地对中国外交的大方向作出战略展示,融入了"兼济天下"的精神,体现出大国担当,是中国外交坚持中国特色、中国风格、中国气派方针的生动发展。

坚持全面从严治党。全面从严治党是完善党的领导的基础。全党必须增强政治意识、大局意识、核心意识、看齐意识,自觉维护党中央的权威和集中统一领导,进一步完善坚持党的领导的体制机制,大力提高党把方向、谋大局、定政策、促改革的能力和定力,确保党始终总览全局、协调各方。全面从严治党以党章为根本遵循,全党要认真学习新党章,高度尊崇党章,对照党章要求改变工作中的种种惰性和因循,以高度的主动性、创造性积极实践党章,让党章动起来、成为日常行动指南。

这十四条基本方略如何贯彻落实,可以用五个关键词来阐释概括。

第一个关键词,"一个新时代"。要保证十四条基本方略更好地贯彻落实,首先就要明确我们进入了新时代。我们必须弄清楚时代问题,不要以为还处在刚改革开放时期,甚至还跑得更远一点,回到以前的时代。这个新时代就是十九大报告当中讲的,从十九大到二十大,是"两个一百年"奋斗目标的历史交汇期。

第二个关键词,"两个阶段"。十九大报告提出的"两个阶段",也就是未来的两个15年,已经给我们的发展作出了规划。对十四条基本方略的坚持,也是要服务于"两个阶段"发展的。

第三个关键词,"三个起来"。十九大报告中提到进入新时代有"三个意味",特别强调近代以来中国站起来、富起来和强起来。1949年我们已经站起来了,然后我们在1978年要富起来,现在还要接着摆脱贫困继续富起来,更重要的是我们还要强起来,强起来已经成为我们新的历史使命。因为富起来以后,我们的发展必然是朝着强起来的目标努力。中国进入"强起来"的时代,有哪些体现?第一,体现在建设了一个强有力的执政党。五年间,以习近平同志为核心的党中央从党的存亡高度深刻认识世情国情党情,全面从严治党,累计制定修订近80部党内法规,实现党的历史上首次一届任期内中央巡视全覆盖,全方位扎紧了制度的笼子,党内政治生态发生根本性变化。第二,体现在发展更重质量的经济,寻求更有质量的增长。从2013年到2016年,我国经济年均增长率为7.2%,大大高于世界平均增速。更为重要的是,我们主动适应经济发展新常态,引领新常态,党中央紧紧牵住供给侧结构性改革这个"牛鼻子",推动了经济结构和发展动力的重大转变,技术要素和创新要素已经逐步成为经济发展的第一动力。第三,体现在民生的改善和社会福祉的提升。五年来,国民收入分配结构持续改善,合理有序的收入分配格局基本形成,区域和城乡发展差距继续缩小,扶贫攻坚续写了世界瞩目的中国"减贫奇迹",社会保障制度不断完善,受惠群体不断扩大。五年来,"人民对美好生活的向往,就是我们的奋斗目标"的庄严承诺,已转化为人民群众实实在在的获得感。第四,体现在文化事业的发展和文化自信的增强。五年来,我国社会主义文化强国建设基础更加坚实,文化自信日益突显。文化产业进一步发展,文化市场进一步繁荣,基本公共文化设施进一步完善,中华民族伟大复兴的中国梦和社会主义核心价值观深入人心。中国方案、中国理念、中国智慧在世界范围内受到越来越广泛的认同。第五,体现在美丽中国建设成绩斐然。五年来,我国坚持"保护生态环境就是保护生产力,改善生态环境就是发展生产力"的绿色发展理念,资源利用效率不断提升,生态环境明显改善。

第四个关键词,"四个伟大"。推进伟大工程,要结合伟大斗争、伟大事业、伟大梦想的实践来进行,确保党在世界形势深刻变化的历史进程中始终走在时代前列,在应对国内外各种风险和考验的历史进程中始终成为全国人民的主心骨,在坚持和发展中国特色社会主义的历史进程中始终成为坚强的领导核心。这"四个伟大",是我们贯彻十四条基本方略的目的和动力。

第五个关键词,"五个文明"。到21世纪中叶,我国建成富强民主文明和谐美丽的社会主义现代化强国。到那时,物质文明、政治文明、精神文明、社会文明、生态文明将全面提升。"五个文明"系统明确,彰显了中国特色社会主义开辟了社会主义的新境界,对世界社会主义作出了贡献。

习近平总书记强调,实践没有止境,理论创新也没有止境。世界每时每刻都在发生变化,中国也每时每刻都在发生变化,我们必须在理论上跟上时代,不断认识规律,不断推进理论创新、实践创新、制度创新、文化创新以及其他各方面创新。

五、习近平新时代中国特色社会主义思想的历史地位

党的十九大把习近平新时代中国特色社会主义思想确立为党的指导思想。大会提出,围绕回答新时代坚持和发展什么样的中国特色社会主义、怎样坚持和发展中国特色社会主义这个重大时代课题,我们党以全新的视野深化对共产党执政规律、社会主义建设规律、人类社会发展规律的认识,进行艰辛的理论探索,取得重大的理论创新成果,创立了习近平新时代中国特色社会主义思想。习近平新时代中国特色社会主义思想,是对马克思列宁主义、毛泽东思想、邓小平理论、"三个代表"重要思想、科学发展观的继承和发展,是马克思主义中国化的最新成果,是党和人民实践经验和集体智慧的结晶,是中国特色社会主义理论体系的重要组成部分,是全党全国人民为实现中华民族伟大复兴而奋斗的行动指南,必须长期坚持并不断发展。大会通过的《党章(修正案)》,把习近平新时代中国特色社会主义思想写入《党章》,确立为党必须长期坚持的指导思想,这是十九大最大的理论贡献、最大的政治成果、最大的亮点。习近平新时代中国特色社会主义思想是夺取新时代中国特色社会主义伟大胜利的光辉旗帜,是把我国建设成富强民主文明和谐美丽的社会主义现代化强国、实现中华民族伟大复兴的指导思想,必将深刻影响党的建设、中国特色社会主义、中华民族的发展和人类社会发展的进程。

经典阅读

1. 毛泽东:《毛泽东文集》(第6卷),北京:人民出版社,1999年。
2. 邓小平:《邓小平文选》(第3卷),北京:人民出版社,1993年。
3. 江泽民:《论党的建设》,北京:中央文献出版社,2001年。
4. 胡锦涛:《胡锦涛文选》(第1卷),北京:人民出版社,2006年。
5. 《习近平谈治国理政》(第2卷),北京:外文出版社,2017年。

专题九
党的群众路线和思想路线的互动品质

【导读】 群众路线和思想路线是中国共产党的两条基本路线,实事求是思想路线是群众路线的真理性标准,群众路线是实事求是思想路线的价值性标准,二者相互作用、相互影响、相得益彰;党的群众路线和思想路线统一于中国特色社会主义建设的伟大进程中,只有坚持党的群众路线和思想路线,才能推进中国特色社会主义理论创新和实践创新。

中国共产党在中国革命和建设过程中逐步形成了思想路线和群众路线。思想路线是指"实事求是,一切从实际出发,理论联系实际,坚持实践是检验真理的标准"[①]。群众路线是指"一切为了群众,一切依靠群众;从群众中来,到群众中去"[②]。这是中国共产党的两条根本路线。实事求是思想路线是群众路线的真理性标准,群众路线是实事求是思想路线的价值性标准,实事求是思想路线对贯彻群众路线起促进作用,丰富和发展了马克思列宁主义,为

---
① 邓小平:《邓小平文选》(第2卷),北京:人民出版社,1994年,第278页。
② 中共中央文献研究室:《三中全会以来重要文献选编》,北京:人民出版社,1982年,第780页。

中国革命、建设和改革的胜利奠定了思想基础,具有长远的指导意义。

一、关于党的群众路线

党的十八大明确提出,围绕保持党的先进性和纯洁性,在全党深入开展以为民务实清廉为主要内容的党的群众路线教育实践活动,是新形势下坚持党要管党、从严治党的重大决策,是顺应群众期盼、加强学习型服务型创新型马克思主义执政党建设的重大部署,是推进中国特色社会主义伟大事业的重大举措。中共中央政治局2013年4月19日召开会议,决定从当年下半年开始,用一年左右时间,在全党自上而下分批开展党的群众路线教育实践活动。中央政治局带头开展党的群众路线教育实践活动,是中国共产党每一代新的中央领导集体成立以后,在解放思想中摸索出来的一个比较好的经验:通过一项活动来集中宣传贯彻新的中央领导集体的新的执政理念,同时也是马克思主义中国化理论和实践的具体运用与展开。

开展党的群众路线教育活动的原因是多方面的。党的十八届三中全会对未来中国社会的发展,乃至世界经济的发展产生了重大影响。这次全会与十一届三中全会、《中共中央关于全面深化改革若干重大问题的决定》与《解放思想,实事求是,团结一致向前看》的报告有异曲同工之处。十一届三中全会是围绕"实事求是是检验真理的唯一标准"的讨论,在当时冲破"两个凡是"的思想局限,自发形成的解放思想、统一思想的活动。改革开放40年来,我们取得了一定的经验,无论是理论方面还是实践方面,无论是经济文化方面还是社会发展方面都取得了辉煌的成果。但是不容置疑,我们也有很多深刻的教训,也付出了很多的代价。所以改革开放之初,改革是受到自上而下的欢呼的,在当时吃不饱饭的情况下,改革使大家都能获得利益。相比之下,现在的改革要困难得多。因为中国的改革是渐进式改革,这是我们取得辉煌成就又没有引起国家和社会分裂、动乱的原因。许多国家的改革却成了改制,根本制度改了,整个国家处于混乱状态,我们周边出现这样问题的国家很多,不仅苏联剧变国家解体;像柬埔寨、菲律宾、日本等国家也因改革不当而出现阶级阶层分裂、国家动荡。我们的改革虽然也付出了一定的代价:贫富分化,资源枯竭,环境污染,盲目追求GDP等;但这种代价是改革中不可避免的,要想改革没有代价,那是理想主义。不过,如果党的路线方针政策更加合理科学,更加坚持党的群众路线、思想路线,可能我们的代价就会小一些,我们的发展就会更加科学,而不是盲目追求 GDP。所以从以胡锦涛同志为总书记的中央领导集体提出科学发展观到以习近平同志为总书记的新一届领导集体提出党的群众路线教育活动是一脉相承的,强调科学执政、民主执政、依法执政、执政为民,更加贴近"两个百年"梦想,实现中华民族伟大复兴的中国梦,切实改革惠民生,增加广大人民群众在改革中获得的利益。在这样大的时代背景下,重新开展党的群众路线教育活动就更要坚持实事求是的思想路线,这两者是相辅相成、相得益彰的。

1. 开展群众路线教育活动的时代背景

20世纪90年代初苏联解体东欧剧变,社会主义由辉煌转入重大挫折。2001年"9·11事件",标志着美苏意识形态的对抗终结而转向全球反恐。中国是在世界格局转变中,抓住机遇,迎接挑战,保持两位数的经济高速增长。在当代中国发展社会主义,坚持和改进党的领导,坚持和发展马克思主义是三位一体、不可分割的。党的领导是核心,这是苏联东欧共产党和世界上一些老牌执政党丧失执政地位给我们的深刻教训。中国共产党要长期执政,巩固执政之基,带领中国人民实现"两个百年"梦想,而且要在资本主义处于强势情况下,坚持扛起社会主义大旗,为世界共产主义运动指明方向,责任重大,使命光荣。要完成这个使命必须紧紧依靠人民群众,离开人民群众是不可能实现的。无论从革命、战争年代还是建设、改革开放的时代,无论是国际还是国内形势的变化,无论是苏联东欧共产党还是世界上其他老牌执政党丧失执政地位给我们深刻的教训,都要求我们要密切党群关系,践行中国共产党全心全意为人民服务的宗旨。

习近平在决定开展党的群众路线教育活动时的内部讲话强调,我们这次开展批评和自我批评,围绕反"四风",是自上而下的,从中央政治局开头,到党和国家中央机关、省直机关,再到基层党组织,这是我们长期执政中不可避免的,不存在有无的问题,而是多少轻重缓急的问题。因为党的宗旨是全心全意为人民服务,只有自觉整治"四风",加强党与人民群众的联系,真正让人民共享改革发展的成果,才能得到人民群众的支持和拥护,才能不断提高我们党的领导水平和执政能力,才能避免苏联东欧以及其他老牌执政党丧失执政地位的深刻教训。苏共丧失执政地位的原因主要是:教条主义害的病,官僚主义送的命,外部和平演变势力催的命,结果导致亡党亡国。习近平在中央政治局委员开展群众路线教育活动的讲话中指出:我们开展这个活动不管是在国内还是在国际上都有很多声音,特别是美国、欧洲等敌对势力,会拿我们开展"四风"做文章:中国共产党自己都认为存在"四风",或者曲解开展群众路线教育活动的本意,损害中国共产党的形象,削减党执政的合法性。出现这种情况我们不要怕,长期执政中,我们认识到存在"四风",我们坚决改。所以群众路线教育活动是我们围绕反"四风",发现、分析、查找、解决问题。不谈成绩,只谈问题,让各级组织来谈、来监督。各个部门查找问题,分析问题,哪些问题立刻可以解决,哪些问题创造条件以后可以解决,哪些问题暂时不能解决,及时给群众一个交代,向上级报告。刘云山同志在第二批群众路线教育活动督导组组长会议上的讲话也强调关键是整改、真改,不仅要提出问题、发现问题,而且要来真正的改,要完整系统的改,最终是要建立长效机制,避免再犯以前犯的错误,真正遏制"四风"。

可见,群众路线教育活动是以习近平同志为核心的中央领导集体执政为民的重大举措,把有利于深化改革和坚持群众路线有机结合,体现党的全心全意为人民服务的宗旨,也更加有利于反"四风",密切党群、干群关系,针对性很强。

2. 党的群众路线的理论依据

党的群众路线是党的生命线和根本工作路线,是中国共产党取得革命、建设和改革胜利的一大法宝。党的群众路线集中体现了马克思主义唯物史观的基本观点。

"人民群众是历史的创造者"是马克思主义唯物史观的重要内容,恩格斯《在马克思墓前的讲话》中提出马克思的两大理论贡献:一是唯物史观,一是剩余价值论。唯物史观解决了社会历史发展的动力问题,不是像以往的历史学家那样跳开社会历史本身,认为是某种神秘的力量推动历史发展;而是通过分析社会基本矛盾运动来揭示社会发展的动力和机制。阐述了社会发展的动力体系,包括:社会基本矛盾是推动社会发展的根本力量;阶级斗争是阶级社会质变的直接动力作用;革命是自下而上的由先进的阶级推翻腐朽落后的阶级,从而推翻旧的上层建筑,建立新的上层建筑,更好地促进生产力的发展,因而是推动历史发展的火车头;改革是各个社会制度自我完善的内在力量;科学技术是社会发展最强有力的杠杆等。这是从客观方面揭示社会发展的动力体系。在此基础上,唯物史观还从主观方面揭示了社会发展的主体力量:强调人民群众是历史的创造者,不是英雄人物、不是帝王将相,而最广大人民群众才是创造历史的主人。因为人民群众是推动社会发展进步的人们的总和,人民群众是物质财富的创造者,人民群众是精神财富的创造者,人民群众是社会变革的决定力量。任何统治阶级、社会精英都不要自以为是,如有些封建皇帝认为"顺我者昌,逆我者亡",忽视人民群众是历史的创造者而导致自身灭亡。中国共产党清楚认识到人民群众是历史的创造者,强调要始终坚持群众观点和群众路线。群众观点包括:相信群众自己解放自己,要虚心向群众学习,要对群众负责,全心全意为人民服务等。群众理论和群众观点是我们坚持群众路线的理论依据。群众路线是中国共产党把人民群众是历史的创造者和群众观点转化为党密切联系群众、开展群众工作的根本路线和工作方法。这是中国共产党制定路线、方针、政策的依据。所以毛泽东强调党的宗旨是全心全意为人民服务。邓小平讲我们的路线方针政策正确与否要看群众满意不满意、群众答应不答应、群众赞成不赞成、群众支持不支持。江泽民强调党的先进性体现为代表先进生产力的发展要求,代表先进文化的前进方向,代表最广大人民的根本利益。胡锦涛强调执政为民、以人为本,科学发展不是抽象的,发展要惠及最广大人民群众,要把发展的成果让最广大人民群众共享。以习近平同志为核心的中央领导集体开展群众路线教育活动正是把从毛泽东以来的几代中央领导集体对群众负责的思想观点与党的群众路线教育活动有机结合起来,又对我们长期执政过程中容易滋生的"四风"加以克服,从而更好地密切联系党和群众的关系,践行党的宗旨。

毛泽东在中国革命未取得政权的完全胜利时把共产党执政比喻为"进京赶考",说我们的领导干部,有一些人在敌人的枪火炮弹下没有倒下,而执政后,思想麻痹,享乐主义的思想就会滋生,其中肯定会有一些人倒在敌人的糖衣炮弹之下。新中国成立初期,毛泽东处决了张子善等人,就是要杀鸡儆猴。邓小平在改革开放之初更是强调这一点,一方面经济发展,计划经济向市场经济转变;另一方面双轨制、改革机制中贪污腐败现象一定会滋生,所以邓小平谆谆教导党的领导干部要"两手抓,两手都要硬":既要抓经济建设,又要抓反对贪污腐败,消除贪污腐败的土壤。江泽民、胡锦涛更加强调依法治国和以德治国相结合。中国共产党几代领导集体都把遏制腐败,建立健全反贪污腐败的机制作为重要的事情来抓。以习近平同志为核心的党的新的中央领导集体提出:不仅要打老虎而且要拍苍蝇。最重要的是要建立机制,要不然执政党在执政过程中很容易产生官僚主义,官僚主义的直接后果就是享乐主义。"四风"不除,我们党制定路线方针政策的时候就会脱离群众,就会出现政策不出门,或者是制定政策不出门,制定的政策出不了门。党的政策在上传下达的过程中就歪了,这与脱离群众、官僚主义和享乐主义是密切相关的。有的党员干部的世界观、人生观、价值观在市场经济条件下扭曲了,手中的权利只为自己、自己的亲人朋友、小集团谋取各种各样利益,这样难免会产生官僚主义和享乐主义,难免让老百姓看到身边的党员干部和党的组织搞特权现象,从而党群关系疏散乃至恶化。苏共丧失执政地位之前的调查显示,苏共不能代表工人和群众的利益了,脱离群众是导致苏共亡党亡国的主要原因。从十月革命、卫国战争群众的积极响应到1991年苏联共产党丧失人心而失去执政地位,就是教条主义害的病,官僚主义要的命,外部势力推动的结果。中国共产党如果不坚持群众路线,这种风险也是存在的。我们自觉认识到这一点,实事求是评判党的执政情况,实事求是根据国际国内形势的剧变开展群众路线教育活动就是要抓住机遇,反对"四风",化解危机。在全党全国开展群众路线教育活动,真正认清中国共产党的宗旨是全心全意为人民服务,真正认清要实现中华民族伟大复兴之梦,要实现"两个百年"的梦想和任务,离不开中国共产党的领导,离不开密切党群关系,离不开人民群众的主体地位和主动精神。

二、关于党的思想路线

坚持党的群众路线要求我们要坚持党的思想路线。坚持群众路线实质上就是坚持思想路线,当前国际国内形势的变化更加要求中国共产党必须坚持实事求是,进一步密切党群关系,按照"四个全面"战略布局全面推进中国特色社会主义现代化建设。

1. 党的思想路线形成发展的过程

思想路线,也叫认识路线,是人们的认识所遵循的方向、途径、原则和方法。一个政党的思想路线,是指这个政党确定自己的指导思想并支配自己行为的认识路线。

中国共产党的思想路线,是中国共产党在领导人民进行革命、建设和改革开放的伟大实践中产生、形成和不断发展起来的,是一个与时俱进、不断走向科学化的历史进程。党的思想路线的主要内容是:一切从实际出发,理论联系实际,实事求是,在实践中检验真理和发展真理。核心是实事求是。

"实事求是"最早出现在《汉书·河间献王刘德传》:记载汉景帝之子刘德做学问的态度是修学好古,实事求是。

1942年,毛泽东在延安整风运动中,在《改造我们的学习》一文中第一次把它上升为马克思主义的精髓,马克思主义的理论很多,归根结底一句话,就是实事求是。"'实事'就是客观存在着的一切事物,'是'就是客观事物的内部联系,即规律性,'求'就是我们去研究"[①]。实事求是指从实际对象出发,探求事物的内部联系及其发展的规律性,认识事物的本质。这是毛泽东从认识论的角度,在反对王明、李立三等"左"、右倾机会主义错误中得出的经验。在革命和建设的初期中国共产党自觉坚持了实事求是的思想路线。党的七大,真正确定毛泽东思想为党的指导思想,刘少奇说实事求是是毛泽东思想的核心。这就是把实事求是上升为党的思想路线,成为我们制定路线方针政策的依据。尽管毛泽东强调实事求是,强调没有调查就没有发言权,强调批评和自我批评,通过延安整风开创了中国共产党坚持实事求是,克服自身毛病的好作风、好方法,但毛泽东也有失误。抗美援朝之后,中国的国际影响大增,"一五"计划提前完成,所以毛泽东错误地认为只要人民群众的热情高涨,我们就很快可以赶英超美。毛泽东在写了《论十大关系》《关于正确处理人民内部矛盾的问题》之后,针对国内外形势的变化,开展了大跃进运动,提出"多快好省"建设社会主义。后来三年自然灾害的出现,一半是天灾一半是人祸。大炼钢铁、环境污染,社会经济出现问题根本在于没有坚持实事求是,没有正确认识中国长期处在社会主义初级阶段的国情。毛泽东在七千人大会上,承认自己不懂经济,周恩来、刘少奇等政治局常委都作了自我批评。随后,经过调整,我国经济社会情况得到一定的好转。但是,1966年又发生了"文化大革命",给党和国家带来了深重的灾难。这说明经济规律和革命战争规律是

[①] 毛泽东:《毛泽东选集》(第3卷),北京:人民出版社,1994年,第801页。

不一样的,以革命运动的方式来搞建设,就一定会犯错误。毛泽东虽不懂经济建设,但他十分重视经济建设。他认为搞社会主义建设要人心一致,不能人心散了。所以,"文化大革命"中一方面以阶级斗争为纲,斗私批修;另一方面提出"抓革命、促生产"的口号。"文化大革命"中虽然坚持了群众路线但是没有坚持正确的思想路线,盲目赶英超美,仅仅依靠群众运动和革命热情,没有坚持实事求是,出现了十年重大失误。所以改革开放以后,围绕实践是检验真理的唯一标准的社会大讨论,打破了"两个凡是"的思想束缚,重新恢复了实事求是的思想路线,结束了"文化大革命",开启了以经济建设为中心的改革开放的伟大历程。

在改革开放的进程中,针对资产阶级自由化倾向,邓小平进一步确定了党的基本路线是:一个中心,两个基本点。强调如果不坚持四项基本原则,我们的改革就要改变方向了,就会像苏联东欧共产党丧失执政地位。如果不坚持以经济建设为中心,发展就会走歪路,导致亡党亡国。

总之,以毛泽东同志为核心的党的第一代中央领导集体是党的思想路线的伟大创立者;以邓小平同志为核心的党的第二代中央领导集体重新恢复和确立并在改革开放的历史新时期发展了党的思想路线;以江泽民同志为核心的党的第三代中央领导集体在改革开放新时期、新阶段,对党的思想路线进一步丰富和发展;以胡锦涛同志为总书记的党中央领导集体面向 21 世纪,在新的历史起点上继续把党的思想路线推向前进,将党的思想路线建设的科学化水平提升到一个新的高度。以习近平同志为核心的党的中央领导集体注重以开展群众路线教育活动来坚持和发展党的思想路线。党的几代领导集体坚持与中国国情相结合、与时代发展同进步、与人民群众共命运,继往开来、承上启下,在各自特定的历史条件下努力实现党的思想路线的创新和发展,使其具有鲜明的时代特色、实践特色、民族特色,既一脉相承,又新的建树。

2. 党的思想路线的理论依据

马克思主义认识论是党的思想路线的理论依据,强调感性认识到理性认识,是认识的第一次飞跃,从理论到实践是认识的第二次飞跃。实践—认识—再实践的过程就要求我们解放思想、实事求是。毛泽东提出要把马克思主义理论和中国实际相结合,用中国化的语言表达马克思主义的基本精神,确定了中国共产党实事求是的思想路线。邓小平讲解放思想,因为在"文化大革命"的历史进程中,大部分人思想保守,不敢讲真话,所以不解放思想就不能做到实事求是。江泽民提出了与时俱进,时代在不断发展,而我们的思想往往跟不上时代发展的潮流或者少数人的思想会超越时代的发展。一个政党制定方针政策就要把握时代的主题——和平与发展;把握时代使命——三步走,两阶段,"两个百年"梦想,实现中国特色社会主义现代化发展目标。稳步健康地实现中华民族伟大复兴,而不是大跃进时期的"多快好省"建设社会主义、用3到5年时间赶英超美。胡锦涛提出求真务实。党的几代领导集体在贯彻思想路线时各有侧重。毛泽东强调认识上、理论上驳倒"左"、右倾机会主义和经验主义的错误。邓小平是从解放思想上打破"两个凡是"的局限。江泽民针对当时国际国内环境变化提出要与时俱进,扩大开放,依法治国与以德治国相结合。胡锦涛强调科学发展,以人为本,求真务实,而不是盲目追求GDP。以习近平同志为核心的中央领导集体看到现在是改革啃硬骨头的时候,要全方位深化改革,强调通过党的群众路线教育实践活动反对"四风",提出落实"四个全面"战略布局。这些都是很有针对性的。

三、党的群众路线与思想路线的辩证法

中国共产党的群众路线与思想路线作为一对矛盾,二者是相互影响、相互作用、相互依存、不可分割的。正确认识二者的矛盾辩证法,有助于我们始终坚持用群众路线和思想路线这两条根本路线来纠正"四风",深入开展群众路线教育活动,不忘初心,砥砺前行,始终坚持实事求是,为民办事,全心全意为人民服务,在全面推进中国特色社会主义伟大事业中践行中国共产党人的宗旨。

1. 党的群众路线与思想路线的辩证统一

党的群众路线和思想路线虽然侧重点不同,地位、作用有差异,但两者不是对立的,而是对立中的统一,是一对矛盾,把握这一对矛盾有助于促进二者的发展。

两者的差异主要表现在:内涵不同;理论依据不完全一样,群众路线的理论依据是马克思主义唯物史观,思想路线的理论依据是马克思主义认识论;二者的发展历史进程不完全一样。

两者的同一性主要表现在：都属于马克思主义基本原理，都属于中国共产党基本的思想方法和工作方法。列宁讲"马克思主义是一块整钢"，唯物史观和认识论同属马克思主义理论的组成部分。思想路线和群众路线是这两个理论演变的带有根本性的思想方法和工作方法，因此在本质上是相同的，都是以马克思主义为指导，都是对马克思主义理论的继承、发展和运用。

2. 党的群众路线与思想路线的互动品质

党的群众路线和思想路线是有机统一、互动发展的。党的思想路线是党的群众路线的指导思想。如果不坚持党的思想路线，党的群众路线就坚持不下去，甚至会走向极端。毛泽东是实事求是思想路线的开创者，坚持思想路线和群众路线的统一，开创了新民主主义革命道路。但是在社会主义建设过程中，由于建设规律是一个逐步展开的过程，由于对社会主义建设规律的认识不充分，对社会主义建设急于求成，脱离了当时中国社会还处于并将长期处于社会主义初级阶段的历史事实，盲目强调跑步进入社会主义和赶英超美，导致发动群众运动。无论是大跃进运动还是"文化大革命"，都是试图用发动群众运动的形式来推动经济发展，结果不但没有发展，反而影响了经济社会的发展。群众路线没有坚持下去，反而变成了群众运动。相反，无论是革命的成功还是改革开放的伟大胜利，都是群众路线和思想路线的贯彻与落实。所以，毛泽东提出实事求是的思想路线。邓小平恢复思想路线，并把解放思想与实事求是有机结合，开辟了改革开放的新时代。江泽民提出与时俱进，胡锦涛强调求真务实，都是对实事求是思想路线的坚持和发展。实践证明，只有坚持党的思想路线才能坚持党的群众路线。如果思想路线出了问题，群众路线一定不能贯彻下去。所以思想路线是群众路线的重要思想保障和理论指引，是坚持和发展马克思主义和中国特色社会主义的道路自信、理论自信、制度自信、文化自信的根本理论依据和思想保障。

3. 党的群众路线是思想路线的实践保障

党的路线方针政策是不是从群众中来，是不是回到群众中去，是不是在群众的实践中得到检验发展和完善的，这决定了我们能不能坚持和发展思想路线。从理论上看，一切从实际出发，理论联系实际实质上就是从群众中来到群众中去的过程：一切从实际出发，就是从人民群众的实践实际出发，听从群众的呼声，满足群众的需要，来制定我党的路线方针政策；路线方针政策正确与否要回到群众中去,也就是理论联系实际。比如,农村联产承包责任制实施之初,并不是强制推行,而是农村自愿推行。土地制度的确权,也是根据农村发展的实际情况从三五年分地一次到三十年的确权,就是根据现实农村的状况制定和不断完善政策。

实事求是的思想路线,一切从实际出发,与一切为了群众、一切依靠群众在本质上是一样的。我们的理论路线方针政策是不是对的,在多大程度上是对的,只有坚持实事求是。从人民群众中来,从客观情况出发开展实验,不断听取各方面意见,使我们的决策更加科学合理。还要在实践中来检验和修正,目的是为了群众、依靠群众。改革不是为了少数人先富起来,而是有步骤、有计划地使一部分人先富起来,先富带动后富。邓小平讲:社会主义的本质是解放和发展生产力,消灭剥削,消除两极分化,最终达到共同富裕。胡锦涛讲:要以人为本,不仅要经济上富裕,而且要促进人的全面发展。如果我们能够按照中央的"四个全面"战略部署,深入贯彻习近平新时代中国特色社会主义思想,有计划、有步骤实施党和国家的一系列方针政策,全面推进中国特色社会主义现代化建设,我们就能够实现"两个百年"的奋斗目标和中华民族伟大复兴的中国梦,在世界上的影响就会越来越大,社会主义才有可能由低潮逐渐走向高涨。

4. 党的群众路线和思想路线统一于中国特色社会主义建设的伟大实践中

我们坚持和发展思想路线,坚持和发展群众路线具有十分重大的意义。从宏观上说,在国际上,能够提升我们的综合国力,保障我们决策的科学性,提升综合国力,扩大我们在世界上的影响。从国际共产主义运动来看,开拓一条不同于西方的发展模式和发展道路,即中国特色社会主义道路和中国特色社会主义发展模式。增强中国特色的道路自信、理论自信、制度自信和文化自信,从而为世界社会主义、国际共产主义指明方向,也为其他发展中国家提供借鉴。"华盛顿共识"逐步走向破产,"北京共识"逐步形成并产生越来越大的国际影响力就是最好的例证。

从国内看,改革进入攻坚期、深水区,我们的改革一定会触动既得利益集团的利益。而既得利益集团中有一部分人就是党的领导干部,所以这次群众路线教育活动就是针对"四风",我们不回避矛盾,相反我们正视矛盾,发现问题、解决问题,努力构建科学解决问题的长效机制。这是我们科学发展的需要。党的十八届三中全会《关于全面深化改革若干重大问题的决定》强调不是某一个方面的改革,而是全面的全方位的改革。以习近平同志为核心的中央领导集体一个新的特点就是亲民近民,不仅习近平、李克强亲自带头反"四风",而且中央政治局常委、领导亲自对照检查,更加深入群众、倾听群众呼声,把群众路线教育和坚持实事求是的思想路线有机结合,科学决策,实施"四个全面"战略布局和"一带一路"发展战略,助推中华民族伟大复兴。

5. 坚持党的思想路线和群众路线的统一,为实践创新和理论创新提供指导

中国特色社会主义理论创新就是不断解放思想、实事求是,把马克思主义基本原理和中国实际相结合来推动中国特色社会主义理论体系的发展。

党的每一代领导集体,在执政的5年到10年内一定会本着对党负责、对人民负责的精神,根据实际情况的变化提出自己的发展战略,这些发展战略往往是适应时代发展的战略部署。从毛泽东思想到中国特色社会主义理论体系的不断发展完善,正是坚持党的思想路线和群众路线的统一,发扬民主,凝聚全党全国人民的智慧,逐渐建立和完善科学执政、民主执政、依法执政的有效机制,保证了党和国家的长期稳定发展。

从共产党执政的历史来看,无论是苏联共产党还是东欧共产党执政时都没有很好地解决权力交接的问题,而我们建立了民主集中制,定期召开党的各级代表大会,发扬党内民主,通过中国共产党领导的多党合作制度发展协商民主,建立了民族区域自治制度、一国两制和"两会"制度等发展人民民主和选举民主。这些制度虽然还需要在实践中不断丰富、发展和完善,但是这些制度保证了党和国家政权的平稳交接,是保证党和国家平稳发展的根本机制。这是我们长期坚持党的思想路线和群众路线的结果,是在实践中不断丰富和发展马克思主义的结果。党的每一代领导集体都会进行5年到10年国家发展的谋划,这是叠加式发展、可持续发展的有效保障机制。这不像西方资本主义国家的政党制度只是为了谋求某一个政党的利益而制定规划,而不顾国家和社会的利益。因此,我们可以吸取西方的一切文明,包括西方的政治、经济、文化、社会生态方面的积极成果;但是一定要有中国特色,一定要从中国人民群众的实践出发,相信人民群众自己能够解放自己,向人民群众学习,从群众中来,到群众中去,激发广大人民群众建设中国特色社会主义的伟大激情和创造力。更要坚持从实际出发,实事求是,在实践中检验真理和发展真理。这样我们党和国家的事业才能兴旺发达,才能长盛不衰。

经典阅读

1.《习近平谈治国理政》,北京:外文出版社,2014年。
2.《习近平总书记重要讲话文章选编》,北京:中央文献出版社,2016年。
3.毛泽东:《毛泽东文集》(第6卷),北京:人民出版社,1999年。
4.邓小平:《邓小平文选》(第3卷),北京:人民出版社,1993年。
5.列宁:《列宁全集》(第24卷),北京:人民出版社,1990年。

专题十
坚持"三严三实",培育共产主义理想信念

【导读】"三严三实"是新形势下加强党员干部教育的新举措;共产主义是社会发展的客观规律和必然趋势,理应成为党员干部的社会理想。坚持"三严三实",既是新时期树立党员意识,改进作风的有力思想武器,更是培育共产主义理想信念的基本要求;我们要在建设中国特色社会主义进程中为实现共产主义而奋斗。

"三严三实"言简意赅而又内涵深刻,体现着共产党人的价值追求和政治品格,准确阐明了一名合格的党员干部所应具备的修身之本、为政之道、成事之要,丰富了管党、治党的思想理念,是在新形势下强化党员干部的党性修养、推进党建工作、培育全体党员干部理想信念的基本要求。

一、"三严三实"是树立党员意识,培育共产主义理想信念的基本要求

深入开展"三严三实"专题教育,首先是要通过专题教育活动,引导党员干部树立党员意识,不断加强自身修养,培育共产主义理想信念,提高贯彻落实"三严三实"的自觉性。这是我们加强党的建设的一个重要经验。革命战

争年代,无数先烈严守党员意识,靠理想信念取得胜利。当下一些违法犯错的党员干部在悔过书中,忏悔最多的也是缺乏党性修养、理想信念丧失。这从正反两方面说明了坚持"三严三实",培育共产主义理想信念的必要性和重要性。

1. "三严三实"是新形势下加强党员干部教育的新举措

习近平结合中国当前社会新形势和中国共产党自身存在的一些问题,强调"三严三实"是新时期全面从严治党的基本要求。具体来说,就是要求全体党员尤其是各级领导干部,带头做到"严以修身、严以用权、严以律己,谋事要实、创业要实、做人要实"。随后,他又多次强调和阐述"三严三实"的本质要求和科学内涵。例如,2014年3月18日,他在河南兰考县调研指导党的群众路线教育实践活动时强调,作风问题本质上是党性问题。抓作风建设,就要返璞归真、固本培元,重点突出坚定理想信念、践行根本宗旨、加强道德修养①。做到严以修身、严以用权、严以律己,又谋事要实、创业要实、做人要实,堂堂正正、光明磊落,敢于担当责任,勇于直面矛盾,善于解决问题,不搞"假大空"。为了落实习总书记关于"三严三实"的讲话精神,中国共产党中央办公厅于2014年4月印发了《关于在县处级以上领导干部中开展"三严三实"专题教育方案》的通知,部署2015年在全国范围内开展面向县处级以上领导干部的"三严三实"专题教育,要求把开展"三严三实"专题教育与做好当前改革发展稳定各项工作结合起来,与完成本地区、本部门、本单位重点工作任务结合起来,做到专题教育与日常工作有机融合、相互促进,两手抓、两不误。

2. 深入开展"三严三实"专题教育,要厘清"三严三实"的科学内涵

"三严三实"的内涵十分丰富,厘清"三严三实"的科学内涵是开展好专题教育的前提和基础。

严以修身就是要从根本上加强共产党员的党性修养、坚定心中的理想信念、提升个人道德修养、抵制社会上的歪风邪气。正所谓"修身、齐家、治国、平天下",所以为政为官者要做到以德为先,修身养性,只有树立正确的世界观、人生观、价值观,才能更好地治国、平天下,提高为人民服务的本领。

---

① 《抓作风必先强党性》,《人民日报》,2014年3月20日。

严以用权关键在于坚持用权为民,依法制行使权力,任何时候都不以权谋私、不滥用权力。党员干部只有将自己放在与群众平等的位置,坚持情为民所系、权为民所用、利为民所谋,做到让权力在阳光下运行,才能赢得百姓的信任与支持。

严以律己就是要有敬畏之心,严格要求自己,慎独慎微、清廉从政。为政为官者要敬畏群众、时时自省;敬畏规则、清正廉洁,做到"为官一任、造福一方",唯有如此,才称得上一名合格的党员干部。

谋事要实即在谋求事业发展时,要从具体实际出发,做到实事求是,使得具体的政策、方案和点子始终符合客观实际与规律,始终代表人民利益。就是要真心为群众着想,从实际出发谋划事业和工作,树立正确的事业观、政绩观,全身心投入事业,才能谋成好事,才能在工作中举棋若定,落子有声。

创业要实就是要脚踏实地、直面矛盾、真抓实干、解决问题,作出经得起实践、人民、历史检验的实绩。领导干部要确立正确的"政绩观",坚持真抓实干,一步一个脚印,不搞浮夸风和"形象工程",坚持务实创新、勇于担当,做实干家,察实情、出实招、取实效。

做人要实就是争当老实人,说话老实、做事老实,心怀坦白,作风公正。工作时要始终发扬钉钉子精神,保持韧劲和力度,做到善作善成、善始善终,实实在在深入到群众中,扎扎实实为百姓办实事、办好事,树立起党员干部在群众心中的务实形象。

3. 通过"三严三实"教育改进作风,树立党员意识,培育共产主义理想信念

"三严三实"是以习近平总书记为核心的党中央对中国共产党治党经验和智慧的高度概括。在县处级以上领导干部中开展关于"三严三实"的专题教育,不仅是落实全面从严治党要求的务实之举,也是巩固和扩大党的群众路线教育实践活动成果,推动党员干部大力学习弘扬像焦裕禄这样的优秀干部,自觉践行"三严三实"的要求,还是各级党员干部成长为让党放心、让人民满意的好干部的修身之本、为政之道和成事之要。

深入开展"三严三实"专题教育,就是坚持思想建党基本原则不动摇,通过理论的武装强化、坚定政治信仰,加强党性修养,严肃党内政治生活,解决存在的问题,不断提高自我的政治觉悟,促进各行各业的领导干部坚守共产党人的精神高地,坚守社会主义核心价值观的精神家园,践行"三严三实"要求,推进从严治党决策部署落地生根。领导干部是落实从严治党各项措施的先行者和带头人,务必增强政治意识、大局意识,自觉肩负起深入开展"三严三实"专题教育的责任,严格要求、严格程序,推动专题教育深入开展,确保取得实效,加快形成全面从严治党新常态。

"三严三实"既是各级领导干部正心修身的思想基础,也是干事创业的根本准则,突出对干部修身律己、干事创业、理想信念、廉洁从政方面的思想引导和刚性约束,使好干部的标准在内容上更加丰富、衡量上更加精准、品质上更加提升,体现了做人做事做官的高度统一。

"三严三实"体现了共产党人的政治立场、价值追求和道德风范,是新形势下全面从严治党的行动纲领,是党员干部加强党性修养、改进作风的有力思想武器。"三严"与"三实"相互联系、相辅相成,不可分割。"三严"是根本,是出发点,"三实"是目标,是落脚点。

总之,"三严三实"既是新时期树立党员意识,改进作风的有力思想武器,又是培育共产主义理想信念的基本要求。

二、共产主义是社会发展的必然趋势,理应成为党员干部的社会理想

习近平强调深入开展"三严三实"专题教育,重点突出坚定理想信念、践行根本宗旨、加强道德修养。当前,要加强党员干部的理想信念教育,必须将树立中国特色社会主义信念和共产主义远大理想结合起来。因为共产主义的最终实现,既符合历史规律,又是中国特色社会主义的最终发展目标,因而是能够实现的社会理想,党员干部应该为之奋斗终生,时刻不能放松。坚持"三严三实",培育共产主义理想信念,首先要厘清什么是共产主义。

1. 厘清马克思主义创始人对未来社会的展望,为培育共产主义理想指明方向

马克思认为共产主义是比资本主义更先进的社会制度。恩格斯在回答《新纪元》记者的提问时用一句话概括共产主义社会:"代替那存在着阶级和阶级对立的资产阶级旧社会的,将是这样一个联合体,在那里,每个人的自由发展是一切人的自由发展的条件"[①]。作为严谨的科学家,马克思和恩格斯

---

① 马克思、恩格斯:《马克思恩格斯选集》(第 1 卷),北京:人民出版社,1995 年,第 294 页。

都不愿对未来共产主义社会作任何具体的阐述,认为共产主义社会要由未来人们根据实际去具体实践;针对一些人打着马克思主义旗号歪曲共产主义社会,马克思只是在批判蒲鲁东式的社会主义和《哥达纲领批判》中才对未来共产主义社会的基本特征作了科学描述:(1)高度发达的生产力,各尽所能、各取所需;(2)阶级国家消亡,民族共和,人类进入自由人联合体时代;(3)人的全面发展:物质和精神两方面的全面发展等。马克思强调共产主义理想与一切的空想、幻想有着本质的区别,它是能够实现的理想。因为它是基于对人类社会发展规律的正确认识,最终所确立的社会发展目标,是作为一种比资本主义更先进的社会理想而存在;它并不神秘,而是可以根据社会基本矛盾运动的历史规律和发展趋势,深入认识共产主义社会的基本轮廓和特征。实现共产主义理想,要依靠人民群众的实践和社会发展进步,不能依赖于什么神秘的力量。今天我们加强"三严三实"教育,就是要引导党员干部坚定共产主义理想信念,树立正确的人生观、权力观、事业观,从而形成科学的世界观和价值观,自觉培育和践行社会主义核心价值观,努力使自己成为思想和道德高度发达的精神上全面发展的共产主义新人,在中国特色社会主义道路上努力奋斗直至实现共产主义远大理想。

2. 掌握马克思展望未来社会时所运用的科学方法和立场,坚定共产主义的理想信念

身为态度严谨的科学家,马克思认为共产主义社会极其美好,坚信共产主义理想一定会实现;但是在对共产主义社会进行展望时,不做事无巨细的描绘,仅仅指出未来社会的发展方向、原则以及基本特征,具体细节则交给后来的实践者,让他们作具体描绘。所以,要树立共产主义的伟大理想,就要掌握马克思展望未来社会的科学立场和方法,才能在实践中更好地为共产主义事业而奋斗。

首先,马克思先是揭示人类社会发展的一般规律,再指明社会发展方向所在,创立了唯物史观,根据社会形态交替规律,论证了实现共产主义理想的历史必然性。其次,马克思是在剖析资本主义社会旧世界的过程中阐发关于共产主义社会远大理想的。马克思不仅看到资本主义社会的一系列弊端,并且进一步揭示了弊端的根源所在,在具体剖析资本主义社会的基础上,创立并运用剩余价值论,基于资本主义社会的基本矛盾发展,以实证形式证明了共产主义必将取代资本主义,阐明资本主义在自我发展进程中自我否定的力量,并揭示在资本主义的矛盾运动中孕育出的新社会因素,论证了资本主义的必然灭亡和共产主义的必然胜利("两个必然")是不可避免的。从而使社会主义理论不再驻足于空想阶段,而是真正走向科学实践。最后,马克思还从"两个决不会"的视角论证了共产主义的实现周期长、艰难而曲折。正如马克思所说,"无论哪一个社会形态,在它所能容纳的全部生产力发挥出来以前,是决不会灭亡的;而新的更高的生产关系,在它的物质存在条件在旧社会的胎胞里成熟以前,是决不会出现的。"①如果说"两个必然"揭示的是资本主义灭亡和共产主义胜利的客观必然性,那么"两个决不会"揭示的是这种必然性实现的时间和条件,强调"两个必然"的实现条件。"两个必然"和"两个决不会"的统一,就是历史大趋势和历史具体过程的统一。可见,任何一种社会形态的产生、发展和灭亡都是社会基本矛盾运动的结果,都需要一个漫长的过程。实现共产主义远大理想更是如此:一方面,因为社会主义的充分发展、向共产主义社会的全面过渡都需要相当长的历史周期;另一方面,资本主义不甘心退出历史舞台,从灭亡到逐步走向社会主义、共产主义更需要一个长期的过程。正因如此,习近平要求党员干部要坚持"三严三实",培育共产主义理想信念,在中国特色社会主义伟大事业中体现中国共产党人为实现共产主义远大理想而奋斗终生的社会担当。

3. 实现共产主义,既是社会历史规律发展的客观要求和必然趋势,更是人类的远大理想

伴随着社会基本矛盾的不断展开和发展,资本主义制度也变得越来越不能适应、容纳更高的生产力发展要求,生产力和科学技术在资本主义体系里并非为促进人的本质的全面自由发展而存在,仅仅是为了追求剩余价值的最大化,导致作为第一生产力的科学技术的"双刃剑"作用越来越突显,全球性危机越来越复杂和深刻。例如:美国的霸权主义、西方的中心主义和旧的国际政治经济秩序导致的不同国家、民族的分歧越来越扩大;全球人口的暴涨、贫富分化和全球生态危机越来越严重等,导致地球的承载能力越来越趋于极限;资本主义周期性经济危机不断超出行业、国家和地区的限制,越来越成为

---

① 马克思、恩格斯:《马克思恩格斯全集》(第2卷),北京:人民出版社,1995年,第33页。

世界性的"金融海啸",成为影响人类社会发展的毒瘤和资本主义的不治之癌,这都是资本主义无法解决的;加之"核武器和世界大战"的威胁无法根除,导致"人类不走向共产主义,就可能走向灭亡"。这些都从实际层面证明只有共产主义才是人类的归宿,只有马克思主义才能解决人类越来越严重的全球性危机。正因如此,即使在苏联东欧社会主义失败的背景下,1999—2000年在西方主流媒体不同群体的评选中,马克思仍然被西方主流社会反复评为"千年思想家""千年哲学家""千年经济学家"等。这再次证明了恩格斯、邓小平等人讲话的正确性:即使整个资产阶级社会都把马克思作为"公敌",但因为马克思的"两大发现"(唯物史观、剩余价值理论),马克思主义学说成为人类社会历史上最为彻底的科学理论,全世界范围内相信马克思主义、怀揣社会主义和共产主义理想的人会越来越多。国际共产主义运动越是处于低潮之时,我们就越是要坚定共产主义理想信念,体现无产阶级的先进性,发挥好共产党人的先锋模范作用,牢记全心全意为人民服务的宗旨,承担"无产阶级只有解放全人类才能解放自身"的历史使命,体现中国共产党人的历史担当。

当前,尽管整体上仍然是"资强社弱"的形势,加上市场经济条件下的"物化"导致一些党员干部理想信念丧失、自我异化,因而看不清资本主义的"先发"优势正随着资本主义的周期性经济危机而逐步消解,中国特色社会主义的"后发"优势日渐突显,"华盛顿共识"正在瓦解、"北京共识"正在形成。这就要求我们特别是党员干部要自觉加强学习和运用马克思主义理论,时时坚定共产主义理想信念,坚持中国特色社会主义的道路自信、制度自信、理论自信和文化自信,做一个为共产主义社会远大理想而努力奋斗的人。

三、在建设中国特色社会主义进程中为实现共产主义而奋斗

当前,国际共产主义运动还处于低潮,社会主义国家处于持续发展中,但发展周期越长,取得的成就越瞩目,就越能累积更多更有利的条件迎接共产主义高级阶段的到来,同时也为共产主义的必然胜利提供更为有力的实践证明。我们要在中国特色社会主义伟大事业中为实现共产主义而奋斗。

1. 社会主义是通往共产主义的必经之路,超越社会主义发展阶段去实现共产主义行不通

马克思将共产主义社会划分为第一阶段和高级阶段,列宁则在马克思的基础上,将第一阶级和高级阶段分别称为社会主义社会和共产主义社会。毛泽东认为社会主义社会必须经历一个由初级到高级的发展过程,邓小平根据中国实际确定中国还处于社会主义初级阶段,强调中国共产党的一切路线、方针和政策都不能脱离中国还处于并将长期处于社会主义初级阶段这个最大的国情。社会主义作为共产主义的低级阶段,是绕不开的,这是因为高级阶段要建立在低级阶段的基础之上,因此要最终实现共产主义,就一定得坚定不移地走社会主义发展道路。同时,社会主义社会自身的发展历程也要走由低级阶段向高级阶段发展的模式,只有一切条件充分成熟之后,才能实现社会主义向共产主义的过渡。中国当前仍然处于社会主义社会的初级阶段,距离共产主义社会还远,并且社会主义制度本身尚不完善,但我们必须满腔热忱、脚踏实地为社会主义建设事业而奋斗终生。对社会主义时期的长期性应有充分估计,建设社会主义只能是一个艰苦的长期过程,试图规避社会主义阶段直接踏入共产主义社会的一切构想都缺乏现实依据。历史已经证明:急于求成,人为缩短社会主义建设周期,"跑步进入共产主义",是有害无益的。如果现在不努力建设社会主义,就不能到达共产主义社会,放弃现在也就失去了未来。正因如此,党的十三大报告早就指出:我们要通过几代人、十几代人乃至几十代人的努力,走建设中国特色社会主义道路,实现共产主义。

2. 建设中国特色社会主义是我们实现共产主义的必由之路

实现共产主义的漫长性和复杂性决定了共产主义是世界性与民族性相结合的运动。一方面,共产主义是世界性运动,马克思认为实现共产主义是事关全世界的伟大事业。既要通过社会主义国家的巩固、发展来实现共产主义,又有赖于全世界无产阶级的联合来推动现存资本主义国家向社会主义的转变,并向共产主义发展。另一方面,实现共产主义又必须与本国实际相结合。因为社会主义革命和建设是在各个国家和民族的范围内各自进行,由于历史传统和现实国情有差异,导致不同国家和民族在建设社会主义道路时有所差异。历史经验和教训一再告诉我们:马克思主义一定要民族化、社会主义一定要国家化和特色化才能得到实际的、长足的发展,各个国家和民族要根据自身特点采取不同的方式才能走向共产主义社会。经过长期实践和探索,中国共产党找到了实现共产主义的建设中国特色社会主义道路。新中国成立以来尤其是改革开放之后,在建设中国特色社会主义的过程中,已经取得了很多世界瞩目的成就,"中国模式"已经引起世界的关注甚至认同,这不仅更加坚定了我们坚持中国特色社会主义的道路自信、理论自信、制度自信和文化自信,而且开创了国际共产主义运动的新局面、新气象。

3. 牢固树立共产主义远大理想,以积极的态度投身于中国特色社会主义伟大事业

理想是指引人们奋斗方向的航标,是推动人们前进的强大精神动力。一个人不能没有理想,一个社会更不能缺乏理想。而共产主义理想是建立在科学基础之上的人类社会最伟大的理想,它在当今的中国社会具体体现为中国特色社会主义的共同理想。我们在建设中国特色社会主义的实践中,应坚定这一共同理想,并在此基础上树立共产主义远大理想。

当下,在时代主题、形势任务、社会大环境有所变化的情形下,一部分人开始觉得共产主义是虚无缥缈的理想信念;一些人甚至借口"资强社弱"的现状不愿认同中国特色社会主义制度的优越性;还有部分党员干部在精神层面极度缺"钙"、人生观扭曲、价值观错位、权力观膨胀,导致在是非面前丧失原则和标准、唯利是图、大搞权钱色交易。具体分析这些错误的思想源头,最根本原因还是理想信念的缺失,难以科学认识和把握社会发展历史及其规律,忽视了理想、信念、信仰对于人类社会所起的重要价值导向作用。只有确立了科学的理想信念,才能把握正确方向,培育党员干部身上的浩然正气,做到"富贵不能淫、贫贱不能移、威武不能屈",自觉抵制各类诱惑,抵制住各类"物化""异化"思想的侵袭;才能有力抵制各种不正之风和腐败现象,自觉经受考验,永葆高风亮节的品质。

事实上,从党的第一代领导集体开始,无不强调树立和坚持共产主义理想信念的价值与重要性:毛泽东提出了"知识—信仰—行动"三步骤的观点,"我一旦接受了马克思主义是对历史的正确解释以后,我对马克思主义的信仰就没有动摇过"①。邓小平曾经说过:"在我们最困难的时期,共产主义的

---

① [美]斯诺:《西行漫记》,北京:三联书店,1979年,第42页。

理想是我们的精神支柱,多少人牺牲就是为了实现这个理想。"①理想、信仰和信念是重要的精神支柱。在改革开放初期,邓小平提出要培育"四有"新人,首先强调的就是要"有理想"。江泽民在庆祝建党80周年的讲话中,提出"我们是最低纲领与最高纲领的统一论者",要求全党同志"既要树立共产主义的远大理想,坚定信念,以高尚的思想道德要求和鞭策自己,更要脚踏实地地为实现党在现阶段的基本纲领而不懈努力,扎扎实实地做好现阶段的每一项工作"②。胡锦涛指出,"崇高的理想信念,始终是共产党人保持先进性的精神动力"③。《中国共产党章程》规定,共产党作为无产阶级的先锋队具有先进性,首先在于共产党是用最先进的理论即马克思主义武装起来的,因而能够通晓社会发展的规律,并在此基础上确立起共产主义的崇高理想。党员干部应该坚持共产主义的理想信念,才能永葆先进性。

十八大以来,习近平多次强调:理想信念是共产党人精神上的"钙",没有理想信念,或理想信念不坚定,精神上就会缺"钙",就会得"软骨病"。加强新形势下党的建设,必须抓住坚定理想信念这个根本,从理论上对共产主义理想信念的价值进行深刻认识,在实践中坚定不移。

如果只顾眼前而忘却远大理想,在市场经济的大潮中就会迷失方向;相反,偏离实际工作而沉溺于远大理想的空谈,也会脱离社会现实。中国共产党人,一方面,要按照"三严三实"要求,牢固树立共产主义的远大理想,坚定内心深处共产主义必胜的信念,矢志不渝地为共产主义而奋斗终生。共产主义作为强大的精神支柱和精神动力,一直指引着中国革命、建设和改革,并且取得了伟大胜利。牢牢树立并且坚定共产主义必然取代资本主义获得胜利的理想信念,源自对共产主义实现的客观必然性的清醒认识。马克思和他的盟友恩格斯并非像他们同时代乃至后来的人一样,抽象地从伦理的、道德的或者是对美好社会的向往来探讨共产主义,而是站在无产阶级的立场,运用科学思维方法,投身于人类社会的整体研究,考察发展规律,并在此基础上揭露资本主义社会的基本矛盾;除此之外,还总结了当时国际工人运动已经取得的丰富斗争经验,展望全人类解放之后的光明前程,最终形成科学共产主

---

① 邓小平:《邓小平文选》(第3卷),北京:人民出版社,1993年,第137页。
② 江泽民:《论党的建设》,北京:中央文献出版社,2001年,第522页。
③ 《党的十八大文件汇编》,北京:党建读物出版社,2012年,第356页。

义理论,揭示共产主义制度远远优于资本主义制度,一定能最终实现。这是建立在科学论证基础之上的必然逻辑,而不是仅仅基于主观良好愿望的空想。要想正确认识实现共产主义的客观必然性,就必须认真学习马克思主义并运用马克思主义武装头脑,这样才能真正领悟社会主义取代资本主义的历史必然性,自觉抵制、克服各种错误的社会思潮,在思想领域牢牢树立起社会主义信念和共产主义理想。从这个角度来说,中国共产党作为中国工人阶级的先锋队,更应该履行这种职能,而加强"三严三实"教育正是我们今天加强共产主义理想信念的一个"重要抓手"。

另一方面,要坚持在中国特色社会主义建设过程中做到"三严三实",从现在做起,从小事做起,从自己做起。"三严三实",重知更要重行。党员干部首先要内明于心,深刻把握"三严三实"的精髓,自觉将学习和贯彻好"三严三实"作为一项重要的政治任务。其次要外见于行,切实落实"三严三实"的要求。马克思曾说:"一步实际行动,比一打纲领更重要。"践行"三严三实",须从点滴做起,从"行"处落实,抓铁有痕。此外,各级单位党组织要保障于制,营造践行"三严三实"的氛围。"喊破嗓子,不如甩开膀子。"要一级做给一级看,一级带着一级干,形成"水波效应"。在中国特色社会主义的伟大实践中充分发挥党员干部的先锋模范作用,为实现中华民族伟大复兴的中国梦和共产主义远大理想而努力奋斗。

经典阅读

1. 马克思、恩格斯:《马克思恩格斯全集》(第4卷),北京:人民出版社,1956年。
2. 马克思、恩格斯:《马克思恩格斯全集》(第2卷),北京:人民出版社,1995年。
3. 邓小平:《邓小平文选》(第3卷),北京:人民出版社,1993年。
4. 江泽民:《论党的建设》,北京:中央文献出版社,2001年。
5. 《习近平谈治国理政》,北京:外文出版社,2014年。

专题十一
价值观教育的马克思主义人学理路

【导读】 马克思人的本质观和价值观相得益彰的互动品质揭示了人的本质的生成发展与核心价值观教育的内在联系,是加强和改进社会主义核心价值观教育的马克思人学理论依据;立德树人就要围绕培育共产主义新人、促进人与社会的协调发展、引领社会主义文化建设等方面着力构建社会主义核心价值观教育的人本路径,更好地发挥马克思主义的思想引领和价值引领作用,促进人的本质的自由全面发展。

如何加强和改进社会主义核心价值观教育是当前的一个理论热点和现实难点问题。近年来,学术界从不同视角对社会主义核心价值观的科学内涵、主要特征、基本表述,以及加强和改进的理论依据、实践路径和保障机制等方面作了深入研究,为加强和改进社会主义核心价值观教育提供了不同的参考。但从马克思人学思想源头开展研究较少,这不利于揭示马克思主义与社会主义核心价值观的内在联系与互动品质。马克思关于人的本质的自由全面发展观是社会主义核心价值观教育所要追求的最高目标,理应成为中国加强社会主义价值观教育的根本依据。习近平在全国高校思想政治工作会议上反复强调要发挥马克思主义的思想引领和价值引领作用。我们要更好地发挥马克思主义的思想引领和价值引领作用,就要按照马克思人的本质的自由全面发展的基本理路不断提升社会主义核心价值观教育的实效性。

一、社会主义核心价值观教育应该以马克思人的本质观为基本理论依据

价值观教育始终是做人的工作,社会主义核心价值观教育要深入人心,必须要有科学的理论指导。马克思人的本质观是迄今为止关于人的本质问题的最科学概括,理应成为加强价值观教育的基本理论依据,从根本上说,培育和践行社会主义核心价值观是为了实现马克思所说的"人的本质的自由全面发展"的价值目标。为此,加强和改进社会主义核心价值观教育应该坚持马克思人的本质的自由全面发展的理路。

首先,厘清马克思人的本质观,提升社会主义核心价值观教育的科学性。

马克思人的本质观是以科学揭示人的本质与人的价值、权利、实践、需要、社会关系以及人的自由全面发展等方面的内在联系而形成的基本观点和理论体系。马克思人的本质观思想博大精深。从价值观上看,马克思关于人的本质的自由全面发展观与其价值观在逻辑、方法论和价值追求上的内在统一,决定了它是社会主义核心价值观教育的理论基础;提升价值观教育的实效性就要厘清马克思人的本质观的科学内涵及其与当代中国加强社会主义核心价值观教育的内在联系。

马克思对于人的本质的科学认识经历了一个由唯心主义到唯物主义再到马克思主义的发展历程。揭示"人的本质"概念在马克思人学思想中的不同理论定位,我们不仅能够厘清马克思人的本质观的形成和发展历程,而且能够揭示马克思科学世界观、人生观、价值观与人的本质观的内在联系,准确定位马克思人的本质观在马克思主义唯物史观中的重要地位及其对我们今天加强社会主义核心价值观教育的重大价值。马克思人的本质观的内涵十分丰富,可以概括为九个方面:"人的需要是人的内在本质;生产劳动是人的类本质;个性是人的个体本质;生理属性是人的自然本质;人的社会本质是社会关系的总和;人的价值是人的本质的潜在形式;人的理性是人的本质的观念形式;实践是人的本质实现的根本途径;人的素质和能力是人的本质形成和发展的依托;人的自由与全面发展是马克思人学思想的主旨和核心价值观。"[1]只有厘清马克思人的本质观的科学内涵,我们才能顺应"以人为本"的价值诉求,深入贯彻落实以人为本的科学发展观,坚持"两学一做",提升加强和改进社会主义核心价值观教育的自觉性。

其次,马克思科学揭示了人的本质的生成与核心价值观教育的内在联系。

马克思指出,在阶级社会,统治阶级的思想总是占统治地位的思想。在社会主义中国,社会主义核心价值观对人的本质的塑造性与人民性的内在统一,决定了马克思人的本质的自由全面发展观是践行社会主义核心价值观的根本目标。以实践为基础的马克思人的本质观是培育和践行社会主义核心价值观的科学依据,决定着社会主义核心价值观教育的必要性、可能性、有效性,二者相得益彰。

一方面,人的本质的可塑造性决定了核心价值观教育的必要性、可能性和有效性。马克思认为,人在本质上是物质和思想内在统一的社会存在,人的本质中思想的后天性和可变性,理性和价值观的生成性,人的生理、心理、能力和素质的发展性都突显了人的本质的变动性和可塑性;加之,人在实践中对各种社会关系正确认识和发展的需要,人解决自身思想问题进而提升自己精神境界的需要,决定了加强核心价值观教育是必要的、可能的和有效的。当下的全球化、信息化正深刻影响着人的精神生活和行为方式,对人的本质的生成和发展产生直接影响,导致中国人的人生观和价值观也发生了深刻变化,价值观的多元化必然要求和带动核心价值观教育的改革、发展。加强和改进社会主义核心价值观教育就是要通过价值观教育方式、方法、观念的更新,澄清"普世价值"等错误价值观对人的影响,以"三个倡导"为主要内容的社会主义核心价值观引领和促进人的本质的自由而全面发展。

另一方面,核心价值观教育参与了人的本质的生成和发展。马克思强调,人的本质是在实践中生成的各种社会关系和实践活动的总和。价值观教育作为一种实践活动,是主体对客体施加信息影响,同时客体选择接受信息影响的双向互动过程。社会主义核心价值观教育中主客体双向互动、相得益

---

[1] 杨艳春:《立德树人的马克思主义人本理路探析》,《思想教育研究》,2014年第1期。

彰的互动关系,主客体的各种活动,不仅构成人的社会关系和社会实践的一部分,而且是引领人的本质生成和发展的灵魂。坚持社会主义核心价值观教育的马克思人本理路就是要以马克思人的本质的自由全面发展观来正确引导和调控人的价值观,通过改变人的思想和思维方式,来提升人的道德修养和精神境界,丰富人的情感生活和文化知识,引导人们科学构建合理的内心世界和心灵大厦。在价值观多元化的当代中国,只有社会主义核心价值观能更好地帮助人们认识自我、认识世界,使人们对自己和世界有一个较为科学的完整把握,从而为人们建构一个安身立命的合理的思想根基,以比较健全的思维、情感和心态面对世界,更自觉地按照人的本质的要求和世界的规律进行学习和参加各种实践活动,以满足和提升各种合理需要,处理、开辟和拥有更为丰富的社会关系,全面创造和发展人的本质,拓展人的本质力量,进而达到人与自然、社会和自身和谐发展的效果。

二、以马克思人的本质观为指导,加强和改进社会主义核心价值观教育

厘清马克思人的本质观的科学内涵及其与社会主义核心价值观教育相得益彰的互动品质,提升社会主义核心价值观教育的实效性和针对性就要狠抓三点:着眼点是培育共产主义新人,立足点是促进人的全面发展,落脚点是以社会主义核心价值观引领文化发展,不断拓展人的本质力量。

首先,加强和改进社会主义核心价值观教育的着眼点是培育共产主义新人。

马克思主义创始人认为,人的本质是一切社会关系的总和,社会的文明发展程度直接决定着人的发展状况,只有共产主义才能实现人的本质的自由全面发展的价值目标。正如恩格斯用一句精练的话回答《新纪元》周刊记者关于社会主义新纪元与资本主义旧纪元的区别时所说:"代替那存在着阶级和阶级对立的资产阶级旧社会的,将是这样一个联合体。""在那里,每个人的自由发展是一切人的自由发展的条件。"[①]可见对"自由人联合体"的描绘是马克思、恩格斯对共产主义社会的精辟概括。人的本质的自由全面发展不仅

---

① 马克思、恩格斯:《马克思恩格斯选集》(第1卷),北京:人民出版社,1995年,第294页。

是共产主义社会的基本特征,而且应成为我们加强和改进社会主义核心价值观教育、培育适应社会主义不断发展的共产主义新人、为共产主义理想社会而奋斗的根本指向。为此,马克思科学论证了共产主义的实现是一个现实的、非虚幻的历史过程,开辟出一条在现实资本主义社会中行之有效的实现共产主义理想的道路。应该说,马克思对资本主义社会的批判并不否认其创立了高度发达的生产力,而是批判资本主义私有制及其决定和产生的文化、价值思想观念以及资本主义制度对人的本质的全面异化。资本主义社会由于对剩余价值最大化的追求而产生的商品、货币和资本崇拜,资本与权力的结合进一步阻碍和破坏了生产力的发展,使物质财富的增长不仅不能成为人的全面发展的物质基础,反而成为人剥削、压迫人的工具。共产主义取代资本主义不仅要发展其高度发达的生产力,为人的全面发展提供物质基础;而且要促进人的思想文化发展,为人和社会的全面发展提供思想文化支持。在生产力发展水平不高的国家建立社会主义,我们不仅要完成解放和发展生产力的首要任务,而且要完成发展和繁荣社会主义文化的艰巨任务。因为这些国家由于历史上剥削阶级思想文化价值观念根深蒂固,文化价值观等精神方面的发展远远落后于物质方面的发展,从而极大地阻碍了社会主义现代化和人的全面发展进程。对此,列宁甚至主张:在社会主义阶段要掀起一场"文化革命",用共产主义思想引导人民群众从私有制文化中解放出来,树立无产阶级的世界观、人生观、价值观,这是培养共产主义新人的基本要求。

其次,加强和改进社会主义核心价值观教育的立足点是促进人的全面发展。

人的全面发展包括物质和精神两个方面,如果说生产力的发展是实现人的全面发展的物质前提和基础,那么文化价值思想观念的发展则是人的全面发展的精神指向,是人的全面发展的更高层次。共产主义社会是实现人的全面发展的理想社会,整个社会主义阶段都必须始终坚持社会主义核心价值观教育的马克思主义人本指向,培育一代又一代的共产主义新人,才能为促进人的全面发展与社会的文明进步提供精神支柱。

一方面,加强和改进社会主义核心价值观要以实现人的全面发展作为追求的最终目标。实现人的自由全面发展虽然作为一种价值"终极理想"是一个复杂的、长期的、艰苦的历史过程,但作为一种目标和方向一直是人类进步的不懈追求。以"三个倡导"为主要内容的社会主义核心价值观,包含着人的全面发展的内涵:其倡导的富强、民主、文明、和谐实质上是为人的自由而全面发展提供外部保障;其倡导的自由、平等、公正、法治强调实现人的社会关系的全面发展;其倡导的爱国、敬业、诚信、友善能够全面提升人的综合素质。可见,按照"三个倡导"培育和践行社会主义核心价值观能够在满足不同社会主体的价值需求的同时,促进人的能力、社会关系、需要、个性和主体性的全面发展,而不会偏离主流价值理念的轨道,使社会主义核心价值观教育深入人心,逐步实现人的全面发展。

另一方面,要把社会主义核心价值观教育融入中国特色社会主义建设,夯实人的自由全面发展的社会基础。社会主义制度的确立为实现人的自由、解放与全面发展创造了根本条件,但中国仍然处在社会主义初级阶段,社会发展中重经济建设轻文化建设的现象还没有彻底改变。特别是市场经济条件下的商品崇拜、金钱崇拜、GDP崇拜和权色崇拜,加剧了物质文明与精神文明、政治文明、社会文明和生态文明发展的不协调,经济快速增长与文化价值思想观念落后的矛盾仍然突出,加上价值观念的多元化和西方自由化思想与文化的渗透,迫切需要我们坚持以人为本的科学发展观,坚持"两学一做",把社会主义核心价值观教育融入中国特色社会主义现代化建设之中,为促进人的全面发展提供精神支持和价值导向。中国特色社会主义现代化建设就是要坚持以人为本,不断化解影响广大人民群众发展的矛盾,最大限度地实现人与自然、自身和社会的和谐发展。特别是中国在经济腾飞后,必须要由社会主义核心价值观引领文化的繁荣发展;否则,即使经济突飞猛进也不能促进人的全面发展,反而会加剧两极分化,导致思想价值观念多元对立、精神涣散,影响社会安全稳定。因此,我们要着眼于人的本质的自由全面发展,使社会主义核心价值观深入人心,成为社会和谐发展的共同思想道德基础。

最后,坚持文化自信,从文化价值上提升中国特色社会主义意识形态合法性。

"文化越来越成为民族凝聚力和创造力的重要源泉,越来越成为综合国力竞争的重要因素。"[①]文化是一个国家的灵魂,主要包括两个方面:一是科

---

① 《科学发展观重要论述摘编》,北京:中央文献出版社、党建读物出版社,2008年,第95页。

学技术,二是思想道德,其根本是核心价值观建设。我们只有坚持以社会主义核心价值观引领文化发展,才能真正促进社会和谐发展与人的全面发展,确保改革开放的成果为全体人民共享,不断拓展人的本质力量,突显中国特色社会主义文化自信。

第一,要明确社会主义核心价值观在引领文化发展中的功能定位。社会主义核心价值观之所以能够对繁荣社会主义文化、构建和谐社会思想道德基础起重大引领作用,是因为它不仅是对马克思主义文化与价值理论的继承和发展,而且是中国共产党对人类价值观的合理扬弃,是党的全心全意为人民服务宗旨在价值观上的具体体现。正因如此,中央多次强调要把加强和改进社会主义核心价值观作为文化宣传思想工作的主要内容和根本任务来抓。从党的十六大提出要大力加强社会主义文化建设,到十八大在总结以人为本的科学发展观和社会主义核心价值体系建设经验的基础上明确提出"三个倡导"的社会主义核心价值观,再到以习近平同志为核心的中央领导集体多次强调社会主义核心价值观在引领社会主义文化发展、增强文化自信中的突出作用,不断明确了社会主义核心价值观在引领文化发展中的功能定位。

第二,充分发挥社会主义核心价值观在科学技术发展中的引导作用。科学技术是文化建设的重要内容,加强和改进社会主义核心价值观教育,必须认真落实"四个全面"战略布局,推动文化科学技术革新,鼓励全民创新创业,构建创新型社会。如果科学家、教育家的收入远低于各种所谓"明星"的收入,这种错误的价值倾向长期得不到纠正;未来中国在科学方面只是重复以往学习和模仿西方的道路,在文化方面大众仍然沉醉在欧美大片和"韩流""日剧"中"快乐至死",国民就难以继续保持精神上的凝聚力、亲和力和向心力,中国特色社会主义的优越性就会受到质疑。同样,如果缺乏社会主义核心价值观引领科学文化的发展,就不会有大量属于中国知识产权和发明专利的新理论、新方法、新思想、新观点、新科学技术和新艺术的不断问世,并对中国乃至世界产生重大影响,经济结构调整和产业结构优化升级就会缺乏动力源泉、智力支持和消费市场,中国的文化影响力甚至综合国力都会削弱。这也是当前经济不景气、经济提升信心不足的原因之一。越是这样,就越要坚持以社会主义核心价值观引领科技发展,增强文化自信。只有坚持以社会主义核心价值观武装全党全国人民、引领文化发展,按照"四个全面"战略布局全面推进中国特色社会主义现代化建设,坚持科教兴国、人才强国,构建创新型社会,推动全民创新创业,坚持"三个倡导",才能激发人的主动性和创造性,在复杂变化的国际国内形势下,增强民众坚持现存政治制度是中国社会最适合制度之信仰的能力,坚定走中国特色社会主义道路的自觉性,充分体现社会主义制度的优越性和价值观的先进性。

第三,以社会主义核心价值观扬弃"普世价值",坚持文化自信。在当今信息化、全球化条件下,文化特别是核心价值观建设不仅直接关系到执政党的执政合法性,而且是一个国家综合实力特别是软实力的直接体现,越来越引起各个国家的高度重视。美国等西方发达国家在对苏联东欧进行"和平演变"后,继续推行"冷战"思维,打着抽象的"民主、自由、人权"等幌子,利用自身的先发优势和信息化、全球化条件,对包括中国在内的社会主义国家和发展中国家积极推行"普世价值"之争和"人权白皮书"等文化渗透,力图扰乱人心,搞乱这些国家的文化思想和价值观;按照"华盛顿共识",通过实施"颜色革命""阿拉伯之春"等大力推行"文化霸权"甚至"文化殖民",以达到不战而胜和文化思想控制的目的。对此我们应该高度警觉,随着信息网络化、经济全球化、世界多极化趋势的日益加强,思想文化领域出现不同价值观念交流和碰撞的现象不可避免。如何把握文化话语权、发挥马克思主义在思想文化领域的指导作用,引导人们树立正确的世界观、人生观和价值观,迫切需要我们科学构建社会主义核心价值观引领文化发展的马克思主义人本路径;越是改革开放越要坚持推进马克思主义中国化、时代化、大众化,坚持推进马克思主义理论创新,加强社会主义核心价值观建设,引领文化发展,增强马克思主义意识形态合法性和中国共产党执政合法性,坚持中国特色社会主义道路自信、理论自信、制度自信和文化自信,促进人的本质的自由全面发展。

第四,充分发挥社会主义核心价值观在思想价值领域的引领作用。当今世界正在经历深刻的社会转型,文化思想价值观呈现多元发展趋势,文明的冲突越来越体现为文化价值思想观念的冲突,核心价值观深刻影响着人的本质的生成和发展。在当代中国,价值观是多元化的,概括起来主要有四种:一是中国传统价值观,即以"三纲五常"等文化思想为主导的价值观,对中华民族的价值观念和中国人的生活方式产生过重大影响,经过几千年历史的筛选,其中的一些内容例如"三纲"逐渐被历史淘汰,也有一些内容例如以"仁、义、礼、智、信"为核心的"五常"随着历史的发展一直影响着许多人的价值导向乃至生活方式;二是改革开放前倡导的大公无私、公而忘私、个人绝对服从国家和集体利益等集体主义价值观,由于强调绝对的平等、公正,脱离中国社会主义初级阶段的发展实际和广大人民群众的合理需要而成为一种抽象的意识形态;三是改革开放后受西方文化思想和价值观影响的个人主义和实用主义价值观,强调个人至上、追求利益最大化,在现实生活中异化为金钱和权利崇拜;四是正在逐渐形成的中国特色社会主义核心价值观,"三个倡导"是这种价值观的集中体现。面对当前文化思想价值领域出现的复杂化、多元化情况,加强和改进社会主义核心价值观教育就要坚持"三个倡导",对前面三种价值观进行合理扬弃;坚持社会主义核心价值观引领社会主义先进文化建设,使社会主义核心价值观成为凝聚思想共识、激发爱国热情与民族活力的精神食粮,为中国特色社会主义现代化建设和实现中国梦提供思想文化和智力支持,发挥价值观的引领作用。

经典阅读

1. 马克思、恩格斯:《马克思恩格斯选集》(第4卷),北京:人民出版社,1995年。
2. 列宁:《列宁选集》(第4卷),北京:人民出版社,1995年。
3. 毛泽东:《毛泽东文集》(第7卷),北京:人民出版社,1999年。
4. 邓小平:《邓小平文选》(第3卷),北京:人民出版社,1993年。
5.《习近平总书记重要讲话文章选编》,北京:中央文献出版社,2016年。

专题十二
把握"四个全面"战略布局的哲学底蕴，提升"两学一做"自觉性和实效性

【导读】 "四个全面"战略布局的提出，反映了以习近平同志为核心的中央领导集体治国理政总体框架的日臻成熟，是党的十八大以来党中央治国理政实践的科学总结，厘清其中蕴涵的深刻的马克思主义唯物论、辩证法、认识论和群众史观等哲学思想，有助于我们用发展着的马克思主义指导中国特色社会主义现代化建设，深入贯彻落实习近平新时代中国特色社会主义思想，提升"两学一做"自觉性和实效性。

党的十八大以来，以习近平同志为核心的党中央提出并形成了全面建成小康社会、全面深化改革、全面依法治国、全面从严治党的"四个全面"战略布局。"四个全面"战略布局中所蕴涵的马克思主义世界观和方法论，是当代中国的马克思主义哲学新成果，是当代中国时代精神的精华。开展"两学一做"，重点在于按照党纲党章要求全面从严治党，深入学习领会"四个全面"战略布局，把握其中蕴涵的马克思主义哲学思想，全面推进中国特色社会主义现代化建设。

一、深刻领会把握"四个全面"战略布局的马克思主义哲学底蕴

"四个全面"战略布局的马克思主义哲学底蕴是多方面的,主要体现在以下几方面。

首先,坚持一切从实际出发,实事求是,是"四个全面"战略布局的唯物论底蕴。

马克思说:"理论在一个国家实现的程度,总是决定于理论满足这个国家的需要的程度。"[①] "四个全面"战略布局就是从中国实际出发,适应国际国内形势的深刻变化,在广泛调查研究的基础上形成的指导当下中国实事求是发展的战略思想和战略布局。当前,中国的经济社会发展处于新常态,改革进入攻坚阶段和深水区,各领域内深层次矛盾突显。"四个全面"战略布局是党中央以现实问题为导向,为推动解决中国当前经济社会发展面临的突出矛盾和问题提出来的,因而也可以说是新形势下中国坚持和发展中国特色社会主义的必然选择。

世界的物质统一性原理是马克思主义哲学的基石,要求中国共产党要一切从实际出发,理论联系实际,实事求是,才能与时俱进制定符合实际的正确的路线方针政策。"四个全面"战略布局就是运用马克思主义唯物论,着眼于中国实际情况的新变化、新常态而形成的发展战略:一方面是用发展的观点实事求是评价中国的发展阶段,坚持和发展社会主义初级阶段论。改革开放以来,由于中国经济社会发生了翻天覆地的变化,GDP总量稳居世界第二,与美国的差距也在逐渐缩小,国内外一些人就不顾实际、别有用心地说中国不是社会主义初级阶段的发展中国家而是已经进入中等发达国家行列;还有一些人想唱衰中国,认为中国经济已经不可能保持高速发展,伴随经济的下滑,中国必然走向衰败。针对这种情况,我们应该认识到中国的基本国情并没有变,中国仍是处于社会主义初级阶段的发展中国家,还没有进入中等发达国家行列,"四个全面"战略布局就是适应社会主义初级阶段的新变化而形成的发展思想和战略布局。另一方面是强烈的问题意识和解题布局。一切从实际出发关键在于从实际出发破解发展难题。"四个全面"战略布局主要

---

① 马克思、恩格斯:《马克思恩格斯选集》(第1卷),北京:人民出版社,1995年,第11页。

是适应新形势、新变化,特别是重大新老问题而形成的破解发展难题的战略布局。这就要求我们既要看到在不同发展阶段,中国经济社会发展面临的问题、提出的要求不同、呈现出的特点不同;又要准确把握这种"不变"与"变"的统一,始终坚持从中国基本国情和发展要求的实际出发,准确把握中国在不同发展阶段经济社会发展的新特征,在实践中抢抓发展机遇期,切实解决经济社会发展中的突出问题:经济发展过程中出现的新常态、改革进入攻坚期和深水区面临的一系列突出矛盾,立法不科学、执法不严、司法不公等问题层出不穷,领导干部贪污腐败、滥用权力等。"四个全面"战略布局的提出,正是从中国发展的实际出发,结合中国当前经济社会发展的新特点,为推动解决中国经济社会发展面临的突出矛盾和问题作出的新的战略布局。

其次,坚持两点论和重点论的统一,是"四个全面"战略布局的辩证法底蕴。

矛盾是一切事物存在和发展的内在原因与根本动力,矛盾的普遍性和特殊性关系原理,要求我们要坚持两点论与重点论相结合、具体问题具体分析,才能正确把握和解决矛盾,推动事物不断发展。习近平总书记明确指出:"面对复杂形势和繁重任务,首先要有全局观,对各种矛盾做到心中有数,同时又要优先解决主要矛盾和矛盾的主要方面,以此带动其他矛盾的解决。"[1]这说明党中央在中国特色社会主义现代化建设中坚持以马克思主义矛盾辩证法作指导,不仅要认识矛盾,而且要善于抓主要矛盾和矛盾的主要方面,坚持两点论和重点论的辩证统一。

党的十八大以来,以习近平同志为核心的中央领导集体着眼于解决中国社会生活中出现的重大问题,从实现中华民族伟大复兴的中国梦和社会主义现代化建设的全局出发,提出并形成了"四个全面"战略布局。"四个全面"战略布局的提出,体现了两点论和重点论相结合的矛盾辩证法:一方面,全面建成小康社会抓住了中国经济社会发展的主要矛盾。从当前中国经济社会发展的现实状况看,全面建成小康社会的目标是针对经济社会发展中存在的突出矛盾和问题、顺应人民群众意愿的基础上提出的,更能够体现广大人民群

---

[1] 习近平:《在中国共产党中央政治局第二十次集体学习时的讲话》,《人民日报》,2015年1月25日。

专题十二 把握"四个全面"战略布局的哲学底蕴,提升"两学一做"自觉性和实效性

众的根本利益,在当代中国的经济社会发展中起决定性作用。全面建成小康社会的奋斗目标是"三步走"战略目标中最重要的一步,在"四个全面"中具有总揽全局的地位,是实现中华民族伟大复兴的中国梦的关键所在,体现了党和国家当前和今后很长一段时期的战略方向和主攻目标。只有全面建成小康社会,才能为实现社会主义现代化建设和中华民族伟大复兴的中国梦奠定坚实的基础。另一方面,虽然主要矛盾和矛盾的主要方面决定着事物发展的方向,但也不能忽视次要矛盾和矛盾的次要方面,特别是对于正处于矛盾凸显期的中国而言。当前中国正处于改革的攻坚阶段和深水区,各种矛盾和问题凸显,在这种历史条件下,只重视全面建成小康社会,不仅不能够解决小康社会全面建成过程中所面临的矛盾和问题,反而会引发更多的矛盾和问题,因而不能忽视协调推进全面深化改革、全面依法治国和全面从严治党。正如刘云山所说:"如果把中国比作一列正在向着全面建成小康社会进发的列车,那么改革就是发动机,法治就是稳压器,党的领导就是火车头。"可见,"四个全面"战略布局是一个有机整体,它们之间存在着相辅相成、相互贯通的内在联系和相互作用、相互指导的互动品质。只有坚持两点论和重点论的统一,既注重总体规划,又注重牵住"牛鼻子",协调推进"四个全面"战略布局,才能更好地建设中国特色社会主义,实现中华民族伟大复兴的中国梦。

再次,坚持实践第一,不断推进实践基础上的理论创新,是"四个全面"战略布局的认识论底蕴。

实践是认识的来源、动力、检验标准和最终目的,实践决定认识,认识对实践又具有反作用,这是马克思主义哲学的基本观点。习近平指出:"学习的目的全在于运用。领导干部加强学习,根本目的是增强工作本领、提高解决实际问题的水平。'空谈误国、实干兴邦',说的就是反对学习和工作中的'空对空'。"[1]习近平在主持中央政治局第二十次集体学习时又强调:"要学习掌握认识和实践辩证关系的原理,坚持实践第一的观点,不断推进实践基础上的理论创新。"[2]"四个全面"战略布局的提出,不是头脑中先验的构想,也不

---

[1] 习近平:《在中央党校建校80周年庆祝大会暨2013年春季学期开学典礼上的讲话》,《人民日报》,2013年3月4日。
[2] 习近平:《在中国共产党中央政治局第二十次集体学习时的讲话》,《人民日报》,2015年1月25日。

是照搬照抄别国已有的理论,而是来自于新的历史条件下中国经济社会发展的实践需要,是党在实践基础上发展中国特色社会主义的重要理论创新的产物,对中国特色社会主义现代化建设实践起到巨大的指导作用。

"四个全面"战略布局的提出,不是一蹴而就的,而是以习近平同志为总书记的党中央领导集体坚持实践第一,从实践出发,逐步提出并形成的,是对中国共产党执政经验的科学总结和治国理念的继承与发展。例如,"四个全面"的龙头是全面建成小康社会。党的十六大报告中首次确立"全面建设小康社会"的奋斗目标,党的十七大报告中把"全面建设小康社会"改为"全面建成小康社会",并提出要"确保到2020年实现全面建成小康社会的奋斗目标"。党的十八大以来,党中央先后明确提出了全面深化改革、全面依法治国和全面从严治党,这"三个全面"都是针对当前中国改革发展面临的突出问题、为保证实现全面建成小康社会的战略目标而提出的战略举措。在实践基础上形成的"四个全面"战略布局,说明我们对中国特色社会主义建设规律的认识达到了一个新的高度,理应成为新形势下推进党和国家事业发展的科学纲领。深入贯彻落实"四个全面"战略布局,就要在以习近平同志为总书记的党中央的带领下,协调推进"四个全面"战略布局,坚持实践第一,不断推进实践基础上的理论创新,坚持中国特色社会主义道路自信、理论自信、制度自信和文化自信,不断发展中国特色社会主义。

最后,树立群众观点,坚持群众路线,是"四个全面"战略布局的群众史观底蕴。

马克思主义唯物史观指出,人民群众既是社会物质财富和精神财富的创造者,又是社会变革的决定力量,因而人民群众是历史的创造者。中国共产党是马克思主义政党,党的宗旨是全心全意为人民服务,党始终坚持"从群众中来,到群众中去"的群众路线。习近平总书记在十八届中国共产党中央政治局第一次集体学习时的讲话中强调"一个政党、一个政权,其前途和命运最终取决于人心向背。如果我们脱离群众、失去人民拥护和支持,最终也会走向失败"[①]。这表明习近平总书记始终强调要基于人民立场来分析和思考问题,

---

① 习近平:《在十八届中国共产党中央政治局第一次集体学习时的讲话》,《人民日报》,2012年11月17日。

专题十二 把握"四个全面"战略布局的哲学底蕴,提升"两学一做"自觉性和实效性

要着力解决事关人民群众切身利益的事情,即要树立群众观点、坚持群众路线。

"四个全面"战略布局的提出,是为推动解决中国经济社会发展过程中面临的突出矛盾和问题提出来的,"四个全面"的出发点和落脚点都是最广大人民群众的根本利益。全面建成小康社会着眼于解决极端贫困人口,全面提高人民的生活水平和质量;改革就是进行利益调整,全面深化改革就是试图针对各领域存在的问题深化改革,让改革开放 40 年的发展成果惠及全体人民;全面依法治国是为了解决立法不科学、执法不严、司法不公等问题,促进社会公平正义;全面从严治党是党为了整治"四风"泛滥、腐败严重的问题,始终保持党同人民群众的血肉联系。此外,"四个全面"战略布局的提出和贯彻实施,从根本上是为了实现中华民族伟大复兴的中国梦,而中国梦正是中国每个人民的梦,中华民族伟大复兴的中国梦的实现,离不开密切的党群关系,离不开人民群众主动性的积极体现和主人翁作用的发挥。因而,坚持和发展中国特色社会主义,协调推进"四个全面"战略布局,必须树立群众观点,不仅要着眼于实现和维护最广大人民群众的根本利益,而且要始终坚持群众路线,紧紧依靠人民群众的智慧和力量。

总之,每到重大历史关头,尤其需要学习哲学。习近平总书记说过:"马克思主义哲学深刻揭示了客观世界特别是人类社会发展一般规律,在当今时代仍然有着强大生命力,依然是指导我们共产党人前进的强大思想武器。"[①] 党的十八大以来,习近平总书记系列重要讲话蕴涵了丰富的哲学思想,中央政治局集体学习多次以"学哲学"为主题,这都体现了党中央十分重视学习和运用马克思主义哲学。"四个全面"战略布局的提出,也是党中央从实现中华民族伟大复兴的中国梦和社会主义现代化建设的全局出发,结合中国经济社会发展的现实需要,为推动解决中国经济社会发展过程中面临的突出矛盾和问题提出来的,反映了以习近平同志为核心的中央领导集体治国理政总体框架的日臻成熟,是党的十八大以来党中央治国理政实践的科学总结,是将马克思主义基本原理与中国具体实际相结合的产物,是在实践基础上发展中国特色社会主义重要理论创新的产物,为中国特色社会主义现代化建设和实现

---

① 习近平:《在中国共产党中央政治局第十一次集体学习时的讲话》,《人民日报》,2013 年 12 月 5 日。

中华民族伟大复兴的中国梦提供了理论指导和实践指南。因而只有认真学习马克思主义哲学,才能将"四个全面"战略布局理解透彻,进而协调推进"四个全面"战略布局。

二、深入学习运用习近平总书记系列重要讲话贯穿的马克思主义基本立场、观点、方法①

2017年初,党中央就推进"两学一做"学习教育常态化、制度化作出专门部署,提出明确要求。当前重要的是学习领会好习近平总书记系列重要讲话精神和治国理政新理念新思想新战略,在武装头脑、指导实践、推动工作上取得新成效,提升"两学一做"学习教育的自觉性和实效性。

1. 掌握习近平总书记系列重要讲话贯穿的马克思主义基本立场、观点、方法,增强"两学一做"学习教育的自觉性

学习习近平总书记系列重要讲话,我们深深感到,系列重要讲话作为中国特色社会主义理论体系的最新成果,作为马克思主义在当代中国的新发展,具有丰富的时代内容和思想内涵,具有重大的政治意义、理论意义、实践意义和方法论意义。系列重要讲话围绕党在新形势下治国理政,提出了一系列相互联系、相互贯通的新理念新思想新战略,涉及生产力和生产关系、经济基础和上层建筑各个环节,涵盖经济、政治、文化、社会、生态文明建设和党的建设各个领域,形成了一个系统完整、逻辑严密的科学理论体系,为坚持和发展中国特色社会主义、实现"两个一百年"奋斗目标和中华民族伟大复兴的中国梦提供了科学理论指导和行动指南。党的十八大以来这5年,党和国家各项事业之所以能开新局、谱新篇,根本就在于有习近平总书记系列重要讲话的科学指引。我们强调在思想上政治上行动上同以习近平同志为核心的党中央保持高度一致,顺利推进伟大斗争、伟大工程、伟大事业,重要的是加强思想理论引领,坚持读原著、学原文、悟原理,坚持系统学、深入学、跟进学,坚持学而信、学而思、学而行,把系列重要讲话精神的学习贯彻不断引向深入。

学习领会好系列重要讲话,既要知其然又要知其所以然。"所以然",就

---

① 这是时任中国共产党中央政治局常委、中央党校校长刘云山2017年5月16日在中央党校2017年春季学期第二批入学学员开学典礼上的讲话节选,小标题是我们加的,作为本书的结尾更能够体现习近平新时代中国特色社会主义思想专题研究的权威性。

是贯穿其中的马克思主义立场、观点、方法,就是如何运用这样的立场、观点、方法来正确看待历史、现实和未来,科学认识当今中国变革和当代世界变化的一系列基本问题。立场、观点、方法是马克思主义科学思想体系的灵魂。马克思主义经典作家反复指出,马克思的整个世界观不是教义而是方法,它提供的不是现成的教条,而是进一步研究的出发点和供这种研究使用的方法。毛泽东同志说过,我们"不但应当了解马克思、恩格斯、列宁、斯大林他们研究广泛的真实生活和革命经验所得出的关于一般规律的结论,而且应当学习他们观察问题和解决问题的立场和方法"。邓小平同志也讲过,我们"主要的是要用马克思主义的立场、观点、方法来分析问题,解决问题"。可以说,我们党取得的一切成就,都是正确运用科学的思想方法和工作方法的结果。习近平总书记系列重要讲话坚持运用马克思主义立场、观点、方法研究解决新的实践课题,提出了一系列富有创见的重要思想观点,开辟了马克思主义中国化的新境界。深化系列重要讲话的学习,就是要把握精髓、抓住根本,在认真领会基本内容的同时,深入理解和掌握贯穿其中的马克思主义立场、观点、方法。

强调学习掌握系列重要讲话贯穿的立场、观点、方法,也有很强的现实针对性。应当看到,党的十八大以来,各地区各部门认真贯彻党中央部署,通过组织日常学习、轮训培训、专题研讨、宣传阐释等多种方式,推动领导干部在学习贯彻系列重要讲话精神上取得明显成效。但如何把学原文原著同研机析理更好地贯通起来,把弄清"是什么"同弄清"为什么"更好地结合起来,还需要下很大功夫。不少干部反映,现在做领导工作,对能力和素养的要求越来越高,有许多实践课题、重大问题,需要从理论上说清楚,弄明白"怎么看、怎么办"。如果说工作中有被动的时候,很大程度上就反映为对复杂问题的辨别力、对新情况的应变力不够。这实际上也是一个立场、观点、方法的问题。习近平总书记系列重要讲话,既是世界观、价值观,也是认识论、方法论,为我们增强本领、履行职责提供了有力的思想武器。所以,深化系列重要讲话的学习、深化全党的理论武装,就要把加强立场、观点、方法的学习教育作为一项根本性任务来抓,推动领导干部提高马克思主义理论素养,提高用党的创新理论指导解决实际问题的水平,形成与所处领导岗位相称的政治眼力、理论功力、工作能力。

2. 深刻领会习近平总书记系列重要讲话贯穿的马克思主义基本立场、观点和方法

习近平总书记系列重要讲话贯穿的立场、观点、方法,内涵非常丰富,体现在治国理政新理念新思想新战略之中,体现在改革发展稳定、内政外交国防、治党治国治军的实践之中,集中反映了当代中国共产党人的政治品格、价值追求、精神风范。具体来说,有以下六个方面需要深刻领会。

第一,深刻领会习近平总书记系列重要讲话贯穿的坚定信仰信念。学习习近平总书记系列重要讲话的一个突出感受,就是充满着对共产主义、社会主义的坚定信仰,充满着"革命理想高于天"的豪迈情怀。总书记在十八届中央政治局第一次集体学习时,就形象地指出:理想信念就是共产党人精神上的"钙",没有理想信念,或理想信念不坚定,精神上就会缺"钙",就会得"软骨病"。此后几乎在所有场合讲到党的建设、思想政治工作和党员干部队伍建设时,习近平总书记都要讲到共产党的信仰,讲到共产党人的理想,讲到社会主义核心价值观,反复强调理想信念的极端重要性,强调世界观、人生观、价值观的极端重要性,旗帜非常之鲜明,阐述非常之透彻,给人以深刻的教育和启发。比如,强调马克思主义、共产主义理想是共产党人的命脉和灵魂,是经受住任何考验的精神支柱;强调社会主义初级阶段与共产主义并不矛盾,我们党的最高理想还是实现共产主义,胸怀共产主义的崇高理想是共产党人的天经地义,矢志不移贯彻执行党在社会主义初级阶段的基本路线和基本纲领也是共产党人的天经地义,并旗帜鲜明地批驳"共产主义渺茫论""共产主义过时论",指出一切迷惘迟疑的观点,一切及时行乐的思想,一切贪图私利的行为,一切无所作为的作风,都与共产党人的政治信仰、革命理想、根本宗旨格格不入。总书记还着眼实现中华民族伟大复兴的中国梦,鲜明提出"四个自信",强调坚定中国特色社会主义道路自信、理论自信、制度自信、文化自信,不断夺取中国特色社会主义新胜利,是当代中国共产党人最核心的使命;强调要保持中国共产党人的政治本色,不忘初心、继续前进。这些重要论述讲的都是理想信念问题,"精神之钙""四个自信""核心使命""不忘初心"等关键词都非常深刻生动。总书记还多次讲陈望道翻译《共产党宣言》的故事,讲信仰的味道、信仰的感召、信仰的力量。

坚定的信仰信念,是中国共产党人的鲜明政治品格,也是我们党的独特政治优势。为什么习近平总书记在事关党和国家前途命运的重大问题上有那么强的政治定力？就是因为有坚定的、钢铁般的信仰，这种信仰就是凝聚和团结8900万党员的强大力量。信仰的力量来自哪里？来自真理，来自对马克思主义的执着追求。记得2016年纪念红军长征胜利80周年时有个电视节目，有人问长征为什么能够胜利？老红军说，因为我们是跟着真理走。有真理就有力量，真理越多力量就越大，这个真理当然就是马克思主义。学习习近平总书记系列重要讲话，非常突出的感受就是充满了马克思主义的真理力量。习近平总书记多次强调领导干部要把马克思主义理论作为必修课，把学习和掌握马克思主义作为共产党人的看家本领。总书记对复杂形势清醒准确的判断，对大局大势科学的驾驭和把握，对治国理政方略科学的谋划和制定，对内政外交国防纵横捭阖的运筹，都是源于对马克思主义理论的实践和运用。习近平总书记之所以成为党中央的核心、全党的核心，既是在历史和实践中形成的，也是与总书记坚如磐石的信仰信念分不开的。

应当看到，现在世界范围内的制度博弈和价值观较量空前激烈，社会思想多元多样多变的特征日益凸显，如何坚定我们的政治信仰、保持政治定力，是对每一个党员干部的严峻考验。现实中，有人宣扬所谓"共产主义渺茫论""共产主义过时论"，还有人给讲共产主义贴上"左"的标签，以至于有人羞于讲共产主义，讲到理想常常语焉不详。不少党员干部出问题，归根结底是因为在世界观、人生观、价值观上出了问题，理想信念考试不合格。这些都说明，补精神之钙、固思想之元尤为紧要，坚定理想信念的任务一刻也不能放松。学习贯彻习近平总书记系列重要讲话，首要的就是持续做好补钙壮骨、立根固本的工作，教育领导干部始终忠诚党的信仰，以党的旗帜为旗帜、以党的方向为方向、以党的意志为意志。要深化对马克思主义基本原理的学习，深化对党的创新理论的学习，把信仰信念建立在对科学理论的理性认同上，建立在对历史规律的正确认识上，建立在对基本国情的准确把握上，增强"四个意识"、坚定"四个自信"。要正确处理公和私、义和利、是和非、正和邪、苦和乐的关系，保持强大的思想定力、战略定力、道德定力，无论遇到什么困难挫折都不改初衷，自觉抵御各种腐朽思想侵蚀，坚守共产党人的精神高地。

第二，深刻领会习近平总书记系列重要讲话贯穿的鲜明人民立场。人民立场，是我们党的根本政治立场，是我们党区别于其他政党的显著标志。习近平总书记系列重要讲话,最为鲜明的是人民至上立场,强调最多的是人民群众。比如,人民对美好生活的向往就是我们的奋斗目标,让老百姓过上好日子是我们一切工作的出发点和落脚点;群众路线是我们党的重要传家宝,要打破党群干群之间的"离心墙",以人民利益为重、以人民期盼为念,始终保持党同人民群众的血肉联系,真正解决好"为了谁、依靠谁、我是谁"的问题;坚持以人民为中心的发展思想、工作导向,坚持全民共享、全面共享、共建共享、渐进共享,朝着共同富裕的方向稳步前进;对人民群众的疾苦要有仁爱之心、关爱之心,对困难群众要格外关注、格外关爱、格外关心,要与群众一起过、一起干,不能作秀表演、不能沽名钓誉;要切实解决好人民最关心最直接最现实的利益问题,在学有所教、劳有所得、病有所医、老有所养、住有所居上持续取得新进展,增进人民群众的获得感、幸福感;全面小康路上一个都不能少,要立下愚公移山志,以"绣花"功夫抓好精准扶贫,坚决打赢脱贫攻坚战,等等。这些重要论述,是对我们党执政为民理念的生动阐释。

在践行全心全意为人民服务的宗旨上,习近平总书记也为全党树立了典范。无论是在基层、在地方,还是在中央工作,总书记最牵挂的是人民群众。总书记曾经深情地讲过,当年的7年插队生活"让我懂得了什么叫实事求是、什么叫群众","这是让我获益终生的东西"。在总书记工作过的地方,也都留下许多坦荡无私、忧乐百姓的感人故事。党的十八大以来,习近平总书记始终把人民放在心中最高位置,把人民满意不满意作为一切工作的衡量标准,想群众之所想、急群众之所急,就保障和改善民生作出一系列重要指示,亲自研究、指导和推动了一大批普惠性、基础性、兜底性民生项目的实施。特别是大力推动实施精准扶贫、精准脱贫,近年来每年农村贫困人口减少1000多万。总书记每次到地方视察工作,总是走家串户、深入群众,关心老百姓吃得怎么样、住得怎么样,关心老百姓生活得幸福不幸福,展现出亲民爱民、与群众水乳交融的真挚情怀。中国人讲人格魅力,魅力就是力量,使人心向往之的力量。

人民是党执政的根基,民心是最大的政治。我们党已在全国执政69年,长期执政面临的最大危险就是脱离群众。现实当中,有的领导干部忘了自己的根在哪里、本在哪里,只愿"盯上级""傍大款",不愿见群众。还有的奉行实用主义,把党同人民群众的血肉联系、鱼水关系变成"油水关系""蛙水关系",

或者浮在表面,融不进去;或者需要时跳到水里,不需要时就像青蛙一样跳到岸上。这种现象值得我们高度警惕。对领导干部来说,学习贯彻习近平总书记系列重要讲话,就要坚持人民创造历史、人民是真正英雄的唯物史观,坚持以人为本、人民至上的价值观,坚持立党为公、执政为民的执政观,切实解决好"为了谁、依靠谁、我是谁"的问题。要以忠诚之心践行党的宗旨,以敬畏之心对待手中权力,以感恩之心服务人民群众。要摆正同人民群众的关系,增进群众感情,增强群众观点,自觉同群众坐在一条板凳上,多问问群众的烦心事,多感受群众的真疾苦,努力提高为人民服务的本领。要把人民群众的难点、痛点作为工作的切入点,落实好保障和改善民生的各项政策,下大气力解决关系群众切身利益问题,让群众感受到更多的公平正义,过上更加美好的生活,不断夯实党执政的政治基础和群众基础。

第三,深刻领会习近平总书记系列重要讲话贯穿的强烈历史担当。学习习近平总书记系列重要讲话,可以深切体会到,贯穿其中的一个关键词、高频词,就是"担当"。大家都记得,党的十八大一闭幕,习近平总书记带领中央政治局常委同中外记者见面时说,全党同志的重托、全国各族人民的期望,是我们肩上的重大责任,这个重大责任就是对民族的责任、对人民的责任、对党的责任。在此后的一系列重要会议和重要场合,总书记反复就担当负责对全党、对各级领导干部寄予殷切期望、提出明确要求。强调人民把权力交给我们,我们就要以身许党许国、报党报国,始终坚持党的原则第一、党的事业第一、人民利益第一,有不负13亿多人民的使命担当和毅然决然;强调每一代人都有每一代人的长征路,我们这一代共产党人要接好历史的接力棒,在新的长征路上续写中国特色社会主义新篇章、创造中华民族新辉煌,努力向历史交出一份合格答卷;强调看干部就是看肩膀,看能不能负重、能不能负荷,有多大担当才能干多大事业,尽多大责任才会有多大成就,要牢记责任重于泰山,夙夜在公、勤勉工作,敢啃最硬的骨头、敢挑最重的担子;强调进行具有许多新的历史特点的伟大斗争,就要发扬斗争精神,既敢于斗争,又善于斗争,在大是大非问题上坚定不移,在改革发展稳定工作中敢于碰硬,在全面从严治党上敢于动硬,在维护国家核心利益上敢于针锋相对,等等。这些重要论述铿锵有力、掷地有声,展现了当代中国共产党人的大境界和大担当。

在担当负责这个问题上,习近平总书记先之劳之、率先垂范。记得总书记在一次接受外媒采访时说过:"我的执政理念,概括起来就是:为人民服务,担当起该担当的责任。"为人民勇扛千钧之重,就是大担当。有两句话大家很熟悉,一句叫"事非经过不知难",还有一句是"大事难事看担当"。的确,党的十八大以来,我们党和国家遇到的大事难事不少,面对的环境变化之快、改革发展稳定任务之重、矛盾风险挑战之多、对我们党治国理政考验之大都前所未有。在前所未有的难题面前,习近平总书记挑起了大国领袖的重担,给全党全国人民以巨大鼓舞和感召,也赢得了世界的高度赞誉。这些年一路下来,总书记以对党、对国家、对民族的责任担当,推动解决了许多曾经认为解决不了的问题,做了许多过去认为做不到的事情。比如,就改革攻坚来说,总书记亲自挂帅中央全面深化改革领导小组组长,以非凡的政治魄力开启全方位改革,推动重要领域和关键环节改革取得突破性进展,覆盖之广、力度之大、影响之深,都是过去难以想象的。就从严管党治党来说,总书记振聋发聩地指出,如果对党内存在的现实而严峻的问题不闻不问、当老好人,今后出了大问题,我们这些人是要被"拉清单"的,历史的如椽之笔会记下我们的责任。总书记带领全党以猛药去疴、重典治乱的决心,以刮骨疗毒、壮士断腕的勇气,坚定不移推进全面从严治党,严格正风肃纪,大力反腐惩恶,打出了一套管党治党组合拳,党风政风焕然一新。就对外工作来说,总书记深刻把握国际形势的复杂变化,坚决维护国家核心利益,强调我们不惹事,但也不怕事,任何外国不要指望我们会拿自己的核心利益做交易,不要指望我们会吞下损害我国主权、安全、发展利益的苦果,并以政治家的智慧和担当妥善处理了一系列复杂棘手的难题。如果把中国比作一艘巨轮,习近平总书记就是"中国号"巨轮的领航人,引领我们劈波斩浪、扬帆远航,向着实现中华民族伟大复兴中国梦的目标不断前进。

现在,我们正处在实现第一个百年奋斗目标并向第二个百年奋斗目标迈进的关键节点,面临的矛盾问题和风险挑战很多,新的长征路上还有许多"雪山""草地"需要跨越,有许多"娄山关""腊子口"需要征服。这是最需要担当的时候,也是最考验担当的时候。领导干部肩负着重要职务,有职就有责,有责就要担当。如果只想当官不想干事,只想揽权不想担责,只想出彩不想出力,是没有资格做领导工作的。学习贯彻习近平总书记系列重要讲话,就要强化担当精神,推动领导干部用铁的肩膀负起该负的责任,做好该做的事情,

专题十二 把握"四个全面"战略布局的哲学底蕴,提升"两学一做"自觉性和实效性

切实把推动改革发展稳定的责任担起来,把从严管党治党的责任担起来,做到守土有责、守土负责、守土尽责。作为党的干部,在大是大非问题面前,应该做战士而不做绅士,要敢于亮剑、敢于站出来说话、敢于表明态度,决不能搞"爱惜羽毛"那一套。对当前干部队伍中存在的"为官不为"现象,也要综合运用思想教育、管理监督和激励保障等措施,引导党员干部认识到为党分忧、为民尽责是天职,不担当、不作为与合格的党员标准格格不入,从而不断激发干事创业的内生动力,推动形成想作为、敢作为、善作为的良好风尚。

第四,深刻领会习近平总书记系列重要讲话贯穿的求真务实作风。求真务实,是党的思想路线的核心内容,也是习近平总书记系列重要讲话的一个鲜明特点。在这方面,总书记有许多非常鲜活、生动、精彩的论述,比如,"空谈误国,实干兴邦""一分部署,九分落实";严以修身、严以用权、严以律己,谋事要实、创业要实、做人要实;坚决反对形式主义、官僚主义、享乐主义和奢靡之风。对已经部署的重要任务、关键工作,要发扬钉钉子精神,一锤接着一锤钉下去,抓常抓细抓长,以抓铁有痕、踏石留印的韧劲抓落实,等等。这些都已为人们耳熟能详。总书记还特别强调,我们党是靠实事求是起家和兴旺发展起来的,坚持实事求是就能兴党兴国,违背实事求是就会误党误国;要从实际出发谋划事业和工作,使点子、政策、方案符合实际情况、符合客观规律、符合科学精神,不好高骛远;领导干部要坚持政贵有恒,树立功成不必在我的思想,一张蓝图干到底,不要搞那些脱离实际、脱离群众、劳民伤财、吃力不讨好的东西;要深入调查研究,增强看问题的眼力、谋事情的脑力、察民情的听力、走基层的脚力。对有的党员干部存在的唱功好、做功差,说得多、做得少,重显绩、轻潜绩,重面子、轻里子等问题,总书记提出过严肃的批评,指出抓工作不能老想着作秀,不能总在那里许愿,不能"只有哗众取宠之心,毫无实事求是之意"。

党的十八大以来,党和国家各项事业之所以能树新风、开新局,各方面工作之所以有那么大的成就,与习近平总书记求真务实、狠抓落实密切相关。总书记既注重对治党治国治军进行顶层设计、科学部署,又善于求真务实地指导和推动各领域实际工作。比如,在抓经济工作上,强调不简单以 GDP 增长率论英雄,要摆脱"速度情结""换挡焦虑",实现实实在在、没有水分的增长;对深化供给侧结构性改革,总书记抓得紧而又紧、实而又实,既注重战略

思考,又注重办法务实,多次就推进"三去一降一补"、防控金融风险、建立促进房地产市场平稳发展长效机制、振兴实体经济等重点任务作出具体指导。在抓全面深化改革上,总书记已主持召开34次深改小组会议,既研究宏观政策,又研究具体改革任务,像制定和实施老年人照顾服务项目、深化职称制度改革、推进家庭医生签约服务等,都是一件件具体实在、让老百姓有很强获得感的改革项目。在抓脱贫攻坚上,总书记要求精准扶贫、精准脱贫,坚决防止层层加码、提不切实际的口号指标,防止搞形式主义、搞花里胡哨的东西,杜绝"假脱贫""被脱贫""数字脱贫",并大力推动实施党政一把手脱贫攻坚工作责任制、脱贫攻坚期内贫困县党政正职稳定、开展东西部扶贫协作和机关定点扶贫、向贫困村派驻第一书记和驻村工作队等一系列实实在在的举措。在抓生态环保上,总书记就一些重点区域生态环境问题紧盯不放,多次作出重要指示,要求有关部门专项督查、推动落实。在抓党内教育和作风建设上,无论是党的群众路线教育实践活动,还是"三严三实"专题教育和"两学一做"学习教育,都要求坚持实践导向、问题导向、目标导向,做到不虚不空不偏、不走过场。大家印象深的还有,总书记每到一个地方调研,不是去看门面、看盆景,而是察实情、访民情。比如,总书记第一次到河北调研,去的是国家贫困县阜平,20多个小时往返奔波700多公里;到湖南调研,一下飞机首先去的是湘西州菖蒲塘村、十八洞村,实地了解党中央脱贫攻坚政策在基层的落实情况。从地方调研回京后,还要求对调研时部署任务的落实进行跟踪了解、情况反馈。可以说,讲认真、重实际、求实效,贯穿于系列重要讲话之中,贯穿于以习近平同志为核心的党中央治国理政的各个方面。

社会主义不是喊出来的,是实实在在干出来的。我国实行改革开放40年了,中国奇迹是怎么创造的,中国道路是怎么走出来的? 靠的就是求真务实、真抓实干。习近平总书记在2016年全国"两会"时强调,"干部干部,干是当头的";在2017年的新年贺词中又说,"天上不会掉馅饼",号召大家"撸起袖子加油干"。学习贯彻习近平总书记系列重要讲话,就要大力弘扬求真务实作风,认真践行"三严三实"要求,做老实人、说老实话、办老实事。要树立正确的事业观和政绩观,办实事不图虚名,求实效不做虚功,多做打基础、利长远的工作,努力创造经得起实践、人民、历史检验的业绩。要健全科学的政绩考核评价体系,形成重德才、重实绩的用人导向,让埋头苦干、真抓实干的干部真正得到重用、充分展示才华,让作风漂浮、哗众取宠的干部无以表功、受到贬责,使求真务实在全党全社会蔚然成风。

第五,深刻领会习近平总书记系列重要讲话贯穿的勇于创新精神。党的十八大以来,党和国家事业发展的一个显著特点就是开拓创新,而且这种创新是历史性、全局性、系统性、革命性的,是具有里程碑意义的。这些都得益于以习近平同志为核心的党中央继往开来、与时俱进,创造性地谋划、部署和推动工作。学习习近平总书记系列重要讲话,我们深深感到,讲话富有战略远见和理论创见,充满着对时代发展大势的敏锐洞察,充满着锐意开拓的创新精神。系列重要讲话蕴涵的治国理政新理念新思想新战略,"新"是最突出的特征,可以说是别开生面、一股新风,体现了开时代先河的创新、创造、创举。比如,提出实现"两个一百年"奋斗目标、实现中华民族伟大复兴的中国梦,进一步揭示了当代中国最鲜明的时代主题;提出协调推进"四个全面"战略布局,指明了坚持和发展中国特色社会主义的总抓手,进一步丰富了改革开放和现代化建设的顶层设计;提出完善和发展中国特色社会主义制度、推进国家治理体系和治理能力现代化,指明了新形势下全面深化改革的总目标;提出树立和贯彻新发展理念,适应和引领经济发展新常态,推进供给侧结构性改革,创造性地回答了新形势下我们要实现什么样的发展、如何实现发展的重大问题,阐明了当前和今后一个时期我国经济发展的大逻辑,为解决制约我国经济发展的主要矛盾、更好地治理经济开出了有效的对症药方,展现了中国特色社会主义政治经济学的理论光芒,为马克思主义政治经济学的创新发展贡献了中国智慧;提出创新是引领发展的第一动力,抓创新就是抓发展,谋创新就是谋未来,实施创新驱动发展战略,加快建设创新型国家,把我们党对创新的认识提到一个新的高度;提出绿水青山就是金山银山,推进生态文明建设、努力建设美丽中国等,进一步丰富和发展了马克思主义生态观;提出作风建设永远在路上,党风廉政建设和反腐败斗争永远在路上,全面从严治党永远在路上,坚持思想建党、组织建党、制度治党紧密结合,坚持"老虎""苍蝇"一起打,进一步丰富和发展了党的建设理论。总书记关于宣传思想工作、文化和文艺工作、新闻舆论工作、网络安全和信息化工作、哲学社会科学工作,关于总体国家安全观、构建以合作共赢为核心的新型国际关系、构建人类命运共同体等方面的重要思想,都是具有开创性、全局性、长远性的。

习近平总书记不仅在理论上提出了一系列富有创见的重大思想观点,而且在战略上指导作出了一系列具有前瞻性、引领性的重大部署,在改革上指导推出许多具有四梁八柱性质的重大举措,为当代中国发展注入了强劲动力。比如,总书记亲自领导和推动的国防和军队改革,其力度、广度和深度自建军以来、新中国成立以来都是少有的,在世界军事史上也不多见,正是改革的深化,使人民军队从领导体制到工作机制、从战斗力到精气神、从思想作风到工作作风等各个方面都发生了脱胎换骨式的变化。总书记创造性地提出和大力推动"一带一路"建设,指导成立亚投行、丝路基金,举办"一带一路"国际合作高峰论坛,推出一批有影响力的标志性项目,赋予古老的丝绸之路以新的时代内涵,受到沿线国家和地区人民的热烈响应,成为新形势下我国对外开放的一项历史性创举和"世纪工程"。总书记创造性地提出和亲自推动实施京津冀协同发展、长江经济带发展重大战略,设立雄安新区等,都是具有历史意义的大战略。在加强中央政治局自身建设方面,习近平总书记主持召开中央政治局群众路线教育实践活动专门会议,两次主持召开中央政治局民主生活会,这在党的历史上也是少有的。

现在,我们面临的时代条件、社会环境和形势任务发生了深刻变化,有些做法过去有效、现在未必有效,有些过去不合时宜、现在却势在必行,有些过去不可逾越、现在则需要突破,我们比以往任何时候都更需要开拓创新。习近平总书记特别强调,惟创新者进、惟创新者强、惟创新者胜,如果我们不识变、不应变、不求变,就可能陷入战略被动、错失发展机遇,甚至错过整整一个时代;强调要坚定创新自信,把握创新特点,遵循创新规律,敢于走前人没有走过的路,在独创独有上下功夫,提出更多原创理论,作出更多原创发现。这些重要论述传承了中华民族"苟日新,日日新,又日新"的精神禀赋,是对以改革创新为核心的时代精神的生动诠释。学习贯彻习近平总书记系列重要讲话,就要大力弘扬改革创新精神,坚持解放思想、与时俱进,勇于变革、勇于创新,永不僵化、永不停滞,以思想认识的新飞跃打开工作新局面。要适应新的发展实践,全面推进理论、制度、科技、文化等各领域创新,塑造更多发挥先发优势的引领型发展。要大力营造崇尚创新、鼓励创造的社会环境,尊重基层和群众首创精神,强化政策与制度激励,允许试错、宽容失误,让一切创新想法得到尊重、一切创新举措得到支持,让全社会的创新智慧竞相迸发、各方面创新成果充分涌流。

第六，深刻领会习近平总书记系列重要讲话贯穿的科学方法论。习近平总书记系列重要讲话，不仅有鲜明的理论观点、深刻的思想内涵，而且蕴涵着丰富的思想方法和工作方法，既讲是什么、怎么看，又讲怎么办、怎么干；既部署"过河"的任务，又指导解决"桥或船"的问题，读来让人豁然开朗。总书记反复强调树立辩证思维，要求全党学习和掌握马克思主义哲学，坚持和运用辩证唯物主义和历史唯物主义，从纷繁复杂的事物表象中把准脉搏、掌握规律，在对历史的深入思考中做好现实工作，更好地走向未来。强调树立战略思维，指出战略定力问题是一个政党、一个国家的根本性问题，中国是一个大国，决不能在方向性、根本性问题上出现颠覆性错误；要观大势、定大局、谋大事，善于从政治上认识和判断形势，善于从全球视野中谋划事业发展，把当今世界的风云变幻看准、看清、看透，在权衡利弊中作出最为有利的战略抉择。强调树立历史思维，要把历史作为最好的教科书，善于从历史中获取智慧，联系5000多年中华文明史来思考中华民族的前途命运，联系500年世界社会主义发展史来认识社会主义运动的前进方向，联系中国近代以来170多年奋斗史来理解中华民族伟大复兴的正确道路，联系90多年革命建设改革的历程来把握党的历史方位和历史使命，联系"两个一百年"奋斗目标来把握党和国家的光明前景。强调增强底线思维，凡事从坏处准备、努力争取最好的结果，认真评判重大决策的风险和可能出现的最坏局面，把应对预案和政策措施谋划得更充分、更周密，做到有备无患、遇事不慌，处变不惊、应对自如。强调坚持问题导向，瞄着问题去、奔着问题来，把认识和化解矛盾、发现和解决问题作为打开工作局面的突破口，解决问题要针锋相对，有什么问题就解决什么问题、什么问题突出就着力解决什么问题。强调坚持科学统筹，统筹国内国际两个大局，统筹党和国家事业全局，统筹发展和安全两件大事，学会"十个指头弹钢琴"，既注重总体谋划，又要以重点突破带动整体推进，等等。这些重要论述内涵非常深刻，给我们以重要的方法论指引。

习近平总书记不仅大力倡导科学方法论，而且带头运用科学方法来谋划和推动工作。党的十八大以来，总书记主持中央政治局集体学习，其中三次专题学习辩证唯物主义、历史唯物主义和马克思主义政治经济学，既学习基本原理也学习方法论。总书记还专门批示，要求各级党委（党组）认真学习毛泽东同志的《党委会的工作方法》,切实提高领导工作水平。党的十八大以来,总书记谋篇布局、推动工作,都是从问题入手,体现了鲜明的问题导向。比如,十八届中央政治局出台的第一项规定就是"八项规定",针对的就是当时党的作风建设方面存在的群众反映强烈的突出问题;部署开展党的群众路线教育实践活动、"三严三实"专题教育、"两学一做"学习教育,都是以问题为导向的;推进全面从严治党、严明党的政治纪律、严肃党内政治生活、建设党内政治文化、净化党内政治生态,都是着眼解决问题。总书记关于各领域工作的讲话,无论是分析形势,还是部署任务,几乎都要讲问题,直奔主题、直面问题,从不凌空蹈虚。许多党员干部反映,总书记的讲话解渴、深刻,文风生动、实在。为什么?就是因为讲话当面锣、对面鼓地谈问题。实际上,总书记到地方考察调研,更多的也是去发现问题、解决问题。总书记谋划和指导工作,还有一个鲜明特点,就是善于抓重点、抓关键、抓牛鼻子。比如,经济发展新常态下经济工作怎么抓?总书记深刻阐明我国经济发展中的问题,供给和需求两侧都有,但矛盾的主要方面在供给侧,从而做出深化供给侧结构性改革的重大决策,强调这是当前和今后一个时期经济工作的主线。对新闻舆论工作,总书记针对互联网给舆论生态带来的前所未有的复杂变化,指出过不了互联网这一关,就过不了长期执政这一关,强调把网上舆论工作作为新闻舆论工作的重中之重来抓。还有对已部署的各项任务的落实,总书记特别要求抓好"关键少数",发挥好领导机关、领导班子、领导干部的带头作用,这实际上也是党的十八大以来以习近平同志为核心的党中央治国理政的一个重要方法。

"工欲善其事,必先利其器。"科学的思想方法和工作方法是中国共产党人永远立于不败之地的利器。最近,我看了金冲及同志写的《向开国领袖学习工作方法》,老一辈革命家的思想方法和工作方法确实值得我们好好学习。新的历史时期,我们的领导干部要更好地胜任领导工作,还应当向习近平总书记学习思想方法和工作方法,这是时代发展的要求,也是事业推进的使然。所以,学习贯彻习近平总书记系列重要讲话,就要把学习掌握科学方法摆在突出位置,结合领导干部的岗位、职责和使命,认真学哲学、用哲学,把思想方法和工作方法搞对头,善于从战略上把握趋势、从全局上谋划工作,善于做好补短板、防风险的工作,始终坚持按客观规律办事,增强工作的科学性、预见性、主动性、创造性。

以上六个方面,主要谈了对习近平总书记系列重要讲话贯穿的立场、观点、方法的学习体会。这些立场、观点、方法,体现着辩证唯物主义和历史唯物主义的精髓要义,体现着中华优秀传统文化的深厚智慧,体现着我们党近百年来的奋斗实践,体现着党的十八大以来我们党与时俱进的创新创造。我们讲系列重要讲话是当代中国鲜活的马克思主义,很重要的就体现在这些立场、观点、方法上;深入学习贯彻习近平总书记系列重要讲话,很重要的就是要学深悟透这些立场、观点、方法,这不仅会让我们受益终身,也能更好地推动事业发展。

3. 以习近平新时代中国特色社会主义思想为指导,提升"两学一做"的实效性

领导干部是我们党治国理政的骨干力量,在学习贯彻习近平总书记系列重要讲话,领会习近平新时代中国特色社会主义思想,掌握运用马克思主义基本立场、观点、方法上,应当有更高的标准和要求,也应当做得更好。要坚持带着信念学、带着感情学、带着使命学、带着问题学,努力取得丰硕的学习成果。

一是要把学习成果体现到政治能力的提高上。政治能力是领导干部的核心能力,掌握马克思主义基本立场、观点、方法,是对领导干部的政治要求。学习贯彻习近平总书记系列重要讲话,一个重要着力点就是要提高政治站位,加强政治能力训练,善于从政治上观察问题和谋划工作,提高把握方向、把握大势、把握全局的能力,提高保持政治定力、驾驭政治局面、防范政治风险的能力。要自觉向总书记看齐,学习总书记的坚定信仰信念、鲜明人民立场、强烈历史担当、求真务实作风、勇于创新精神和科学方法论,牢固树立"四个意识",在政治方向、政治路线、政治立场、政治主张上同以习近平同志为核心的党中央保持高度一致,把讲政治贯穿于党性锻炼全过程,努力使自己的政治能力与担任的领导职责相匹配。

二是要把学习成果体现到主观世界的改造上。习近平总书记系列重要讲话贯穿的立场、观点、方法,集中体现了当代共产党人的价值观,是党员干部改造主观世界的有力思想武器。学习理论,既要见物,也要见人,"见人"就是要把学习成果落到思想层面、精神层面,努力实现自我净化、自我完善、自我革新、自我提高。各级领导干部都应当认真对照系列重要讲话的要求,结合自身思想实际,看一看信仰信念、宗旨观念是否坚定,责任担当、创新精神是否合格,思想品格、工作作风是否过硬,经常照镜子、正衣冠、洗洗澡、治治病,不断净化思想灵魂、提升精神境界。改造主观世界,不是一阵子的事,而是一辈子的事,重要的是始终保持自我革命的勇气,做堂堂正正的共产党人。

三是要把学习成果体现到领导水平的提升上。领导干部担负着促进改革发展稳定的重要责任。总体上看,各级干部的领导水平在不断提高,但面对错综复杂的形势和艰巨繁重的任务,有适应的一面,也有不适应的一面,而且适应的一面正在下降,不适应的一面正在上升,能力不足问题日益突出。学习贯彻习近平总书记系列重要讲话精神,就要结合工作实际,加强思想方法、工作方法的学习,针对知识上的空白、经验上的盲区、能力上的弱项,不断完善知识结构,尽快补上能力短板、素质短板、方法短板,提高领导工作的专业化水平。

经典阅读

1. 马克思、恩格斯:《马克思恩格斯选集》(第1卷),北京:人民出版社,1995年。
2. 毛泽东:《毛泽东选集》(第2卷),北京:人民出版社,1991年。
3. 邓小平:《邓小平文选》(第3卷),北京:人民出版社,1993年。
4. 江泽民:《论党的建设》,北京:中央文献出版社,2001年。
5. 《习近平谈治国理政》,北京:外文出版社,2014年。

主要参考文献

[1] 马克思,恩格斯. 马克思恩格斯全集. 第 3 卷. 北京:人民出版社,1960.

[2] 马克思,恩格斯. 马克思恩格斯全集. 第 19 卷. 北京:人民出版社,1963.

[3] 马克思,恩格斯. 马克思恩格斯全集. 第 1 卷. 北京:人民出版社,1956.

[4] 马克思,恩格斯. 马克思恩格斯选集. 第 1－4 卷. 北京:人民出版社,1995.

[5] 列宁. 列宁全集. 第 12 卷. 北京:人民出版社,1959.

[6] 列宁. 列宁全集. 第 24 卷. 北京:人民出版社,1990.

[7] 列宁. 列宁全集. 第 55 卷. 北京:人民出版社,1990.

[8] 列宁. 列宁选集. 第 1－4 卷. 北京:人民出版社,1995.

[7] 毛泽东. 毛泽东文集. 第 6 卷. 北京:人民出版社,1999.

[8] 毛泽东. 毛泽东文集. 第 7 卷. 北京:人民出版社,1999.

[9] 毛泽东. 毛泽东选集. 第 2－3 卷. 北京:人民出版社,1991.

[10] 毛泽东. 毛泽东文集. 第5卷. 北京：人民出版社，1996.

[11] 毛泽东. 建国以来毛泽东文稿. 第5册. 北京：中央文献出版社，1991.

[12] 毛泽东. 建国以来毛泽东文稿. 第4册. 北京：人民出版社，1990.

[13] 周恩来. 周恩来经济文选. 北京：中央文献出版社，1993.

[14] 邓小平. 邓小平文选. 第1-2卷. 北京：人民出版社，1994.

[15] 邓小平. 邓小平文选. 第3卷. 北京：人民出版社，1993.

[16] 江泽民. 论党的建设. 北京：中央文献出版社，2001.

[17] 胡锦涛. 胡锦涛文选. 北京：人民出版社，2016.

[18] 习近平谈治国理政. 第二卷. 北京：外文出版社，2014.

[19] 习近平总书记重要讲话文章选编. 北京：中央文献出版社，2016.

[20] 习近平谈治国理政. 第一卷. 北京：外文出版社，2014.

[21] 党的十九大报告学习辅导百问. 北京：党建读物出版社、学习出版社，2017.

[22] 科学发展观重要论述摘编. 北京：中央文献出版社、党建读物出版社，2008.

[23] 薄一波. 若干重大决策与事件的回顾. 北京：中共中央党校出版社，1993.

[24] 侯惠勤. 马克思主义意识形态论. 南京：南京大学出版社，2011.

[25] 刘林元主编. 中国马克思主义理论的丰碑. 南京：南京大学出版社，2001.

[26] 刘林元，姚润皋主编."三个代表"思想论. 南京：南京大学出版社，2002.

[27] 杨艳春. 中国特色社会主义民主论. 南昌：江西人民出版社，2015.

[28] [苏]伊利切夫. 哲学和科学进步. 北京：中国人民大学出版社，1982.

[29] [苏]叶·斯捷潘诺娃. 恩格斯传. 北京：人民出版社，1955.

后　记

　　马克思主义中国化的进程实质上是中国共产党人把马克思主义基本原理与中国实际相结合,不断解放思想、实事求是、与时俱进,坚持和发展马克思主义的过程。中国特色社会主义理论与实践进程实际上是一个运用马克思主义基本原理、原则、立场和方法来分析和解决我国社会主义建设重大问题的过程。在当代中国,马克思主义中国化的过程与中国特色社会主义理论与实践进程本质上是一致的,二者相互影响、相互作用、相得益彰。作者长期致力于马克思主义基本理论与中国重大问题的研究;长期在高校从事马克思主义理论与思想政治教育的教学科研工作,特别是近年来,一直主讲研究生公共政治课《中国特色社会主义理论与实践研究》《马克思主义与社会科学方法论》和马克思主义基本原理专业研究生课《马克思主义理论教育的基本规律和方法研究》《中国共产党执政理论专题研究》等,主要向学生讲清楚中国共产党是如何领导人民把马克思主义基本原理与中国实际相结合,在推进中国特色社会主义现代化建设的伟大实践中,与时俱进地坚持和发展马克思主义,探索中国特色社会主义发展的理论依据、实践路径和保障机制,进而开辟中国特色社会主义发展道路,不断丰富和发展马克思主义,把中国特色社会主义理论体系推向新境界,增强研究生的中国特色社会主义道路自信、理论自信、制度自信和文化自信。

为了更好地发挥马克思主义的理论武装和思想价值引领作用,培养研究生运用马克思主义基本原理、原则、立场和方法来分析和解决问题的能力,发挥研究生政治课在立德树人中的主渠道作用。我们根据研究生教育的特点,坚持"七结合"原则,采用专题教学方式,把《中国特色社会主义理论与实践研究》等研究生课程的教育教学与深入学习党的重大政治活动、理论活动与实践活动结合起来;与对马列主义经典著作的学习结合起来;与对当代重大现实问题的分析研究结合起来;与对学生的思想政治教育结合起来;与对中国传统哲学优秀思想的学习结合起来;与对西方马克思主义理论的评析结合起来;与对学科发展前沿问题的研究结合起来;提高中国特色社会主义理论与实践教学科研的科学性、系统性和针对性,提升研究生教育教学的说服力、吸引力、感染力和实效。

基于上述原因,作者结合"两学一做"学习教育,认真贯彻落实中共中央、国务院《关于新形势下加强和改进高校思想政治工作的指导意见》和习近平总书记系列重要讲话精神,组织出版本书,其内容一部分来自于我们在研究生课程的讲授内容;一部分来自于作者近年来围绕马克思主义基本原理与当代中国重大问题的研究成果,特别是主持完成的相关项目研究成果和发表的相关 CSSCI 期刊论文,形成了中国特色社会主义理论与实践研究专题。我们根据理论与实践相统一,历史与现实相结合的逻辑理路,按照马克思主义中国化的历史进程和中国特色社会主义理论的发展逻辑,精心撰写了以下十二个专题,构成了本书的基本内容。

专题一　社会主义曲折发展的哲学反思;专题二　社会主义意识形态专题:马克思主义科学性和意识形态性的当代价值;专题三　马克思主义法论专题:增强马克思主义思想和价值引领应加强方法论教育;专题四　毛泽东思想专题:毛泽东对建设中国特色社会主义的艰辛探索;专题五　邓小平理论专题:解放思想与实事求是的矛盾辩证法;专题六　"三个代表"重要思想对中国共产党执政理念的丰富与发展;专题七　科学发展观专题:科学发展观的马克思主义哲学观照;专题八、九、十、十一、十二构成了习近平新时代中国特色社会主义思想的理论体系专题,包括:习近平新时代中国特色社会主义思想;党的群众路线和思想路线的互动品质;坚持"三严三实",培育共产主义理想信念;价值观教育的马克思主义人学理路;把握"四个全面"战略布局的哲学底蕴,提升"两学一做"自觉性和实效性。

　　本书采取专题式研究,更加注重内容的科学性、逻辑性、针对性和系统性,更加注重中国特色社会主义的理论武装和思想价值引领作用,更加重视中国特色社会主义理论与实践专题研究的方法论价值教育,培养学生正确的思维方式方法,提高学生运用马克思主义基本原理、原则、立场和方法来分析和解决问题的能力,夯实研究生的马克思主义理论基础;不仅更适合研究生教育教的需要,提升研究生教育教学质量;而且有助于加强和改进高校思想政治教育,有助于推进中国特色社会主义理论体系在研究生教育中的"三进三出"工作,有助于为从事相关研究的人提供学术参考。

　　本书是以下基金项目的研究成果:

　　南昌工程学院研究生教育质量工程项目:中国特色社会主义理论与实践专题研究;南昌大学江西省高校人文社科研究基地招标项目:价值观教育的人学理论研究;江西省教育厅研究生教改项目:以四大平台建设提升研究生政治课实效性研究;江西省教育厅研究生教改项目:研究生思想政治理论课教学的生态性研究;江西师范大学马克思主义研究生点建设项目:马克思主义理论教育的规律和方法研究;南昌工程学院教改项目:社会主义核心价值观嵌入思政课教育教学研究。同时得到教育部"全国高校优秀中青年思想政治理论课教师择优资助计划"的支持,该计划旨在培养一批国家级马克思主义学科领军人物和思想政治理论课学术带头人,作者杨艳春2013年有幸入选该计划,并主持完成教育部人文社科基金专项项目(思想政治理论课):以五大平台建设,提升思政课实效性研究。本书的出版得益于上述项目立项单位和领导的支持,同时得到了江西师范大学和安徽农业大学马克思主义硕士点建设的支持,在此深表感谢;还要感谢王传峰博士、曹兴江博士、毕红芳老师、李丁宁老师、付维老师和汪钏老师等,感谢他们为本书的录音整理、材料收集和书稿校对等所做的大量工作。本书吸收了中国共产党几代领导人的一些重要讲话精神和十九大精神,合理借鉴了当前学术界相关研究成果,并得到了安徽大学出版社领导和编辑的大力支持,在此一并表示感谢。

　　尽管我们很努力,但由于水平所限,书中错误在所难免,恳请批评指正!